《中国榜样：永远的雷锋》大型丛书

雷锋精神与志愿者行动

张仲国　聂　鑫　刘淑艳
编著

中国财政经济出版社

图书在版编目（CIP）数据

雷锋精神与志愿者行动/张仲国，聂鑫，刘淑艳编著.—3版.—北京：中国财政经济出版社，2013.2
（《中国榜样：永远的雷锋》大型丛书）
ISBN 978-7-5095-4283-5

Ⅰ.①雷… Ⅱ.①张… ②聂… ③刘… Ⅲ.①雷锋精神—学习参考资料 Ⅳ.①D648

中国版本图书馆CIP数据核字（2013）第027843号

责任编辑：周桂元　张怡然　　　责任印制：张　健
封面设计：逸品文化　　　　　　版式设计：逸品文化

中国财政经济出版社出版
URL：http：//www.cfeph.cn
E-mail：cfeph@cfeph.cn

社址：北京市海淀区阜成路甲28号　邮政编码：100142
营销中心电话：88190406　北京财经书店电话：64033436　84041336
北京中兴印刷有限公司印刷　各地新华书店经销
710×1000毫米　16开　17.75印张　241千字
2013年3月第1版　2013年3月北京第1次印刷
印数：1-5000　定价：29.80元
ISBN 978-7-5095-4283-5/D·0224
（图书出现印装问题，本社负责调换）
本社质量投诉电话：010-88190744

《中国榜样：永远的雷锋》
大型丛书编委会

总　序

一个人无法选择自己所处的时代，但可以选择自己的人生道路。人所从事的职业可能要双向选择，而人生的态度完全由自己决定。雷锋，一个年轻的士兵，影响了几代人的成长，成为全国人民学习的榜样。50年来，学雷锋活动经久不息，这足以证明雷锋精神具有多么强大的渗透力和感染力。现在，几乎整个民族都在呼唤雷锋。面对社会上不尽如人意的现象，就是不情愿学习的人，也希望别人都学习雷锋了。更有人说，雷锋精神具有普世价值，是中华民族精神的集中代表，雷锋可做中国人的形象代言人。

在经过50年的学雷锋活动后，问起有关雷锋的事迹、雷锋精神的实质，仍有许多人不甚了了。这就促使雷锋的战友们、雷锋的传人们、长期坚持研究雷锋的学者们感叹不已。感叹之余，有了一个共识——组织起来，为全国的学雷锋活动做一点事情：一是还原雷锋，把一个真实可信的雷锋的光辉形象奉献给人们，使更多的人知道一个简单的道理：雷锋的一生是平凡的，谁都可以学习雷锋；雷锋精神是伟大的，谁都需要努力，才能把雷锋精神学到手。二是集50年研究成果，把理论层面上对雷锋新的认知告诉人们，使人们从中悟出道理，鼓励人们都来做社会进步的“正能量”。三是针对不同人群，编委会成员多次讨论，力求选准书名和写作内容，就这样，汇集50年的思索和探讨的成果，经过近一年的归纳和整理，就有了这样一套学雷锋的系列读物献给广大读者。这既是献给毛泽东等老一辈革命家为雷锋题词50周年的一份厚礼，更是为贯彻落实党的十八大精神，推动学雷锋活动常态化作出的一份贡献。

这套丛书有以下特点：一是具有权威性。雷锋身边的战友、培养雷锋的领导干部、看着雷锋成长的亲朋好友直接参与写雷锋，是用第一手材料叙述雷锋，其中还纠正了社会上对雷锋不恰当的传闻，还原了雷锋的真实性，维护了雷锋精神的纯洁性。二是具有完整性。有人说，这是一套既用多种形式全面地介绍雷锋事迹、系统地多专题研究雷锋精神的书籍，又是注重研究雷锋精神的时代价值，对当前学雷锋活动常态化提出了建设性意见的读物。三是具有针对性。该大型丛书分别对领导干部、企业家和职工、大学生、部队士兵等不同职业的人群如何结合本职工作学雷锋提出了参考意见，其中不乏独到之处。这些意见和看法在作者所作的多场报告中已与听众形成共识。这是一套值得收藏和系统研读的作品。对不同的读者来说，也是一套可各取所需的读物。

特别应该提到的是，2013年1月12日，中国社会福利基金会学雷锋基金管委会、辽宁省雷锋研究会、中国财政经济出版社在2013北京图书订货会上为本套丛书联合举行的推介会上，雷锋亲密战友乔安山，全国“五一”劳动奖章获得者、全国劳模李素丽，“京城活雷锋”孙茂芳，“雷锋班”现任（第二十五任）班长毕万昌等应邀亲临会场，发表了热情洋溢的讲话。“当代雷锋”郭明义虽未到会，但通过现场连线对出版本套丛书给予了很高的评价。学雷锋基金管委会名誉主任、雷锋生前战友、海军原副政委冷宽中将，学雷锋基金管委会名誉副主任、总参原兵种部政委田永清少将，分别就自己对“雷锋精神”的认识以及对本套丛书的期待作了精彩的发言。媒体及有关领导赞赏出版单位的社会责任感，高度评价图书出版活动传递的“正能量”。

学习雷锋，在于学实质——全心全意为人民服务；学习雷锋，在于行动——一言一行都为别人更幸福；学习雷锋，在于持久——一生一世讲奉献；学习雷锋，要有表率——领导干部应走在前列。

愿这套丛书助大家在追求成功的路上走得更远、更坚实。

衷心感谢在组织编写本套丛书及其开展的相关活动过程中给予我们大力支持和帮助的所有同志。

《中国榜样：永远的雷锋》编委会

2013 年 2 月

目 录

第一章 雷锋精神的本质与时代内涵

雷锋这个响亮的名字和以他的名字命名的雷锋精神，深深镌刻在一代又一代中国人的心中，影响和激励着一代又一代中国人为建设中国特色社会主义而奋勇前进。半个世纪过去了，在雷锋精神的感召下，我国涌现出无数雷锋式的先进人物，他们继承和弘扬雷锋精神，为其注入了新的内涵。雷锋精神的时代内涵，集中体现为服务人民、助人为乐的奉献精神，干一行爱一行、专一行精一行的敬业精神，锐意进取、自强不息的创新精神，艰苦奋斗、勤俭节约的创业精神。

第一节　学雷锋活动的历程探源

2013 年 3 月 5 日是毛泽东同志发表“向雷锋同志学习”题词 50 周年。50 年来，学雷锋活动在我国社会产生了重大而深远的影响，发挥了重要而积极的作用。

一、雷锋同志生平

1940 年 12 月 18 日，雷锋同志出生在湖南省望城县一个贫苦农民家庭，不满 7 岁就成了孤儿，新中国使他获得新生。1950 年 9 月至 1956 年 7 月，在望城县龙回乡清水塘荷叶坝小学读书，1956 年高小毕业，先后在乡政府、县委会担任通讯员和公务员。1957 年，在团山湖农场加入共青团。1958 年 11 月至 1959 年 12 月，在鞍钢化工总厂当推土机手，3 次被评为先进生产者，5 次被评为红旗手，18 次被评为标兵。1960 年 1 月至 1962 年 8 月，在中国人民解放军沈阳军区某部运输连任战士、班长。1962 年 8 月 15 日，雷锋同志在执行任务时不幸殉职，年仅 22 岁。在部队两年零八个月中，他在平凡的岗位上做出了不平凡的事迹，荣立二等功一次，三等功两次，获团、营嘉奖多次，被评为节约标兵和模范共青团员，被誉为“毛主席的好战士”，并被选为抚顺市人民代表大会代表。

二、新时期我国学雷锋活动的几个阶段

1963 年 3 月 5 日，毛泽东发出了“向雷锋同志学习”的伟大号召。随着时代的发展和社会的进步，尤其是改革开放以来，学雷锋活动表现出新的特点，迸发出新的生命力，成为社会主义精神文明建设和思想政治工作的重要载体。

1. 全面恢复和探索阶段（1976～1984）

从 1976 年 10 月“四人帮”覆灭到 1984 年 10 月中共十二届三中全会作出《中共中央关于经济体制改革的决定》这段时间是中国结束十年内乱、开始进入社会主义现代化建设的一个重要历史时期。本时期的学雷锋活动从内容到形式都有了较大的发展，形成了第二次、第三次全民学雷锋活动的高潮。分为三个阶段：一是两年徘徊阶段；二是正本清源、拨乱反正阶段；三是新的探索阶段。

（1）两年徘徊阶段。以 1963 年 3 月 5 日毛泽东为雷锋题词的重新发表为标志，形成继 60 年代蓬勃兴起的全民学雷锋活动的第二次高潮。雷锋的光辉形象重回到人民群众之中。但是，一方面由于在长达十年之久的“文化大革命”中，雷锋精神遭到了严重的诋毁和歪曲，在人们思想上造成的混乱难以在短期内消除；另一方面也由于当时主持中央工作的领导同志在指导思想上继续沿用了“文化大革命”中的一些错误的思想理论、政策和口号，致使在一个时期内雷锋仍然被作为“无产阶级专政下继续革命的典范”来宣传，这就给恢复雷锋的本来面貌和

正确认识雷锋精神的实质带来了一定的阻力，使学雷锋活动从走出低谷进入新的徘徊。

（2）正本清源，拨乱反正阶段。1978 年 12 月在北京召开了中国共产党第十一届三中全会，这是新中国成立以来我党历史上具有深远意义的伟大转折。十一届三中全会的伟大历史功绩，就在于它不仅结束了粉碎“四人帮”以后两年徘徊、步履维艰的局面，而且更重要的是开始全面认真地纠正“文化大革命”中被颠倒了的是非，从根本上冲破了长期“左”倾错误的严重束缚，端正了党的指导思想，作出了把全党和全国工作重点转移到社会主义现代化建设上来的战略决策，揭开了党和国家历史的新篇章。全会在正确分析国内外形势的基础上，果断地停止使用“以阶级斗争为纲”的口号，否定了“无产阶级专政下继续革命”的错误理论。思想理论上的拨乱反正，从根本上摒弃了林彪、“四人帮”对雷锋的错误宣传，使雷锋的本来面貌得到了恢复，使雷锋精神重新放出光彩，使全民学雷锋活动回归到正确的方向上来。

（3）新的探索阶段。1979 年 10 月，邓小平在中国文学艺术工作者第四次代表大会上的讲话中强调，在建设高度的社会主义物质文明的同时，还必须建设高度的社会主义精神文明。要求文艺工作者，要同教育工作者、理论工作者、新闻工作者、政治工作者以及其他有关同志相互合作，在意识形态领域中，同各种妨害四个现代化的思想习惯进行长期地、有效地斗争……恢复和发扬我们党和人民的革命传统，培养和树立优良的道德风尚，为建设高度发展的社会主义精神文明作出积极的贡献。从此，学雷锋活动开始纳入社会主义精神文明建设的轨道中来。在新形势下，形成了从 1981 年到 1983 年连续三年的以“五讲四美三热爱”活动为标志的第三次全民学雷锋活动的高潮。

2. 社会主义市场经济体制下的新探索阶段（1984～1997）

1984 年 10 月 20 日，党的十二届三中全会作出的《关于经济体制改革的决定》第一次明确提出：改革是社会主义制度的自我完善，改革的基本任务是建立起具有中国特色的、充满生机和活力的社会主义经济体制；确认我国社会主义经济是在公有制基础上的有计划的商品经济；充分发展商品经济，是社会经济发展不可逾越的阶段。1987 年 10 月，党的十三大对十二届三中全会提出的公有制基础上有计划的商品经济体制作了进一步的阐述。1984 年 10 月至 1997 年 10 月，这个时期我国改革开放步伐明显加快，经历了由计划经济体制向有计划的商品经济、建立社会主义市场经济转变的历史进程。同时我们党提出了社会主义初级阶段的理论与基本路线，完成了经济上的整顿，成功实施了建立社会主义市场经济体制的宏观调控，社会主义改革开放和现代化建设进入了新阶段。

这一阶段的学雷锋活动一方面受到了来自右的方面的严重干扰，出现了错综复杂的局面，另一方面又出现了新趋势，逐步与发展有计划的商品经济的社会环境相适应，并更加紧密地和社会主义精神文明建设结合在一起，对两个文明建设起到了重要的促进作用，学雷锋活动在不断探索中深入发展。

（1）出现与商品经济相结合的趋势。党的十一届三中全会以来确定的一系列方针、政策的基本点，就是“以经济建设为中心，坚持四项基本原则，坚持改革开放”。在党的基本路线指引下，全国的一切工作都转到了以经济建设为中心的轨道上来，学雷锋活动也不例外。立足本职学雷锋，为“四化”建设作贡献，成了这一阶段学雷锋活动的一个重要特点，出现了与发展社会主义有计划商品经济相结合的新趋势。

“争当新长征突击手”活动在全国广泛开展，是这一时期学雷锋活动为经济建设服务的集中体现。在发展社会主义有计划商品经济的要求下，为了进一步发扬雷锋那种胸怀共产主义远大理想，善于学习，勇于进取，艰苦创业，无私奉献的精神，鼓舞人们特别是广大青年增强主人翁的责任感，为社会主义现代化建设建功立业，1984 年 2 月，共青团中央发起了“为重点建设献青春，争当新长征突击手”竞赛活动。蓬勃开展的创建“青年文明岗”活动，是“新长征突击手”活动的一种形式，也是这一阶段立足本职学雷锋的又一重要体现。1986 年前后，在团中央及有关部门的积极倡导下，创建“青年文明岗”活动在各行各业，特别是“窗口”行业迅速展开，广大青年职工几乎人人都参加了这一活动。他们发扬雷锋“螺丝钉”精神，干一行，爱一行，钻一行。在各自的岗位上刻苦钻研技术，苦练业务本领，争创一流的服务。在体现雷锋精神的“新长征突击手”活动和创建“青年文明岗”活动深入发展的同时，为了引导青年充分发挥聪明才智和创造精神，为“四化”建设多作贡献，全国范围内还广泛开展了“小发明、小革新、小建议”等“五小”活动。此外，各地区还根据本地区、本行业、本单位的特点，把学雷锋活动和开展各种形式的劳动竞赛结合起来，引导职工树立主人翁意识，立足本职，爱厂如家，忘我工作。这无论在内容，还是在形式上都是对学雷锋活动的创新，既坚持了为经济建设服务的方向，并逐步地与商品经济的发展相适应，从而使学雷锋活动保持了青春和活力。

（2）学雷锋活动的新起点。进入改革开放时期以来，在党的领导下，人民的生活水平有了较大的提高，温饱问题已经基本解决，并且一部分人民的生活开始向小康水平迈进。社会主义有计划的商品经济体制正在逐步形成，国民经济的发展出现了勃勃生机，科、教、文、卫等各项事业也取得了新的发展。在新的历史条件下，党中央充分发挥我党的政治工作优势，大力加强思想政治工作，使学雷锋活动作为培养社会主义一代新人的重要途径和精神文明建设的重要组成部分，得到了进一步的提倡和发展。

1989 年 7 月召开的中共中央政治局全体会议上，通过了《中共中央关于加强宣传思想工作的通知》，提出了宣传、思想工作的指导方针、根本任务和工作部署，使新时期党的宣传、思想工作有了明确的方向，也为深入开展学雷锋活动带来了新的转机。1990 年 3 月中共十三届六中全会通过的《中共中央关于加强党同人民群众联系的决定》，再次号召：“全体共产党员和党的干部，都要带头学雷锋”。在党中央全会的决定中规定强调学雷锋这是第一次。继十三届六中全会之后，1990 年 3 月，先后召开了全国人大七届三次会议和全国政协七届三次会议。李鹏同志在人大七届三次会议上作的《为我国的政治经济和社会的进一步稳定发展而奋斗》的政府工作报告中，也特别强调要大力加强和改进思想政治工作，“深入进行坚持四项基本原则，反对资产阶级自由化的教育，广泛开展爱国主义、集体主义、社会主义、共产主义和自力更生、艰苦奋斗的教育，以及革命传统和职业道德教育。大力提倡顾全大局、勇于奉献的精神，努力提高全民族的素质，培养有理想、有道德、有文化、有纪律的社会主义新人”。接着，对学雷锋问题作了阐述，他指出：“雷锋精神是中华民族传统美德与共产主义光辉思想相结合的典范。最近一个时期以来，全国各地重新掀起学习雷锋的热潮，初步取得了良好的社会效果。我们要认真总结和大力表彰各条战线学习雷锋的先进集体和个人，宣传和推广他们的先进事迹，把作为社会主义精神文明建设重要组成部分的学习雷锋活动，更加广泛、更加扎实、更加深入持久地开展下去。”李鹏同志在就我国政治、经济形势和外交政策等问题答中外记者问时指出：“雷锋精神的实质就是全心全意为人民服务。我们每一个政府的工作人员，包括各级政府的领导人，要在学雷锋的活动中把自己摆进去。”

在人大七届三次会议的分组讨论中，许多代表强调了学雷锋问题：“学习雷锋活动，首先领导带头学雷锋”，“去年以来，党中央号召从教育入手大力加强思想政治工作，倡导学理论、学雷锋等活动，促进了政治、经济和社会的稳定”，“现在又掀起了学雷锋高潮，取得了较好的效果，政治思想战线出现了可喜的变化。”在政协七届三次会议的分组讨论中，也集中讨论了学雷锋的问题，委员们集中指出：“现在中央又号召学雷锋，90 年代不同于 60 年代，要提出更高的要求，不要重复过去的做法，要强调身教重于言教”，“文艺界要提倡学雷锋。过去几年，我们对青年人的思想抓得不够，这应该引起重视。”

这两次会议不仅为促进我国政治、经济和社会的进一步稳定发展做出了决策，而且，把学雷锋活动作为我们人民政治生活中的大事纳入会议的重要议题进行了研究和讨论，给予了格外的重视，引起了社会各界人士的普遍关注。两会关于学雷锋问题有三个第一次：国家领导人在答记者问中强调学雷锋是第一次；在人大会议上研究讨论学雷锋是第一次；在政协会议上研究讨论学雷锋也是第一次。可见其重视程度，各界

代表对学雷锋的关注，代表了社会各阶层人民群众的共同愿望。

（3）走上社会学雷锋。走上社会学雷锋是对传统学雷锋形式的继承和发展。自20世纪60年代开始学雷锋以来，各地普遍开展了走上社会学雷锋活动，在新的历史时期，又被不断赋予新的内容。主要有两种活动方式：一是在毛泽东等老一辈革命家为雷锋题词纪念日和重大节假日时，各单位组织人员上街，开展宣传、咨询和便民利民服务活动，或进行义务劳动和其他公益活动。1990年3月，全国一些主要大中城市分别组成了“为您服务一条龙”、各种“为民服务咨询网点”，“义务劳动突击队”、“雷锋精神宣传站”等几十种活动项目。这种活动方式人数多、声势大、影响面广，对动员全社会开展学雷锋活动具有一定的促进作用。二是以各种“学雷锋小组”、“为民服务队”等组织形式或个人活动为社会做好事送温暖，重点对象是孤寡老人、残疾人、困难户等，对他们的日常生活的全面服务。如蚌埠市有各种形式的学雷锋小组14830个，送温暖小组2305个，综合包户小组845个，青年服务队2643个，助耕队940个，尊老协会分会54个，形成了广泛的学雷锋社会服务网。采取这种方式学雷锋，能够深入到人们的日常生活中去，使人们深刻体会到社会主义制度的优越性和党的温暖，有力地促进了社会新风的传播。

3. 新局面的开创阶段（1997～2002）

1997年党的十五大明确回答了中国改革开放和现代化建设继续向前发展的一系列重大理论问题和政策问题，从思想上、政治上、组织上为我国的跨世纪发展提供了根木保证。以这次大会为标志，进入了高举邓小平理论伟大旗帜、推动建设有中国特色社会主义事业跨世纪发展的关键时期。2002年党的十六大胜利召开，在这次会议上，党中央对建设小康社会进行了全面部署。从十五大到十六大的五年，是中国跨世纪的五年，也是中国克服各种困难、保持经济平稳快速发展的五年。物质文明的极大丰富使人们对精神文明的要求不断提高，人们清醒地意识到学习雷锋、弘扬雷锋精神要在尊重雷锋本来面目的前提下，对雷锋精神作出新的阐释，将学雷锋活动刻上与时俱进的烙印。

（1）雷锋精神与公民道德建设相结合。弘扬雷锋精神与公民道德建设相结合，是这个时期学雷锋活动的新的重要举措。为贯彻江泽民同志依法治国与以德治国紧密结合的重要思想，针对社会一些领域存在的拜金主义、享乐主义、极端个人主义现象，2001 年中共中央下发了《公民道德建设实施纲要》。《纲要》提出了“爱国守法、明礼诚信、团结友善、勤俭自强、敬业奉献”的基本道德规范，将为人民服务作为社会主义道德建设的核心。雷锋同志对党的无限忠诚、对社会主义的坚定信念、对祖国无比热爱的政治立场，助人为乐、无私奉献、全心全意为人民服务的高尚品德，“工作上高标准、生活上低要求”的艰苦奋斗精神，干一行、爱一行、钻一行的“螺丝钉”精神都与《纲要》的精神相一致，弘扬雷锋精神也就成为加强公民道德建设的重要举措。在哈尔滨，雷锋战友杨忠和 20 多名老人走上公交车宣传雷锋精神和 20 字道德规范，并用实际行动传播雷锋精神和 20 字道德规范。天津市南开区启动“学雷锋、讲道德”10 万名市民签名承诺活动，400 条布标被下发到南开区 230 个居委会、近百所学校以及区属各机关、局、公司等单位。2002 年 3 月 5 日，雷锋班第十任班长用雷锋精神将 20 字道德规范进行了逐字解释。将雷锋精神与公民道德建设相结合已经成为人们的自觉行动。

（2）以现代化手段学雷锋。以现代化手段学习雷锋是这时期学雷锋活动的一个重要特点。互联网网站这个新生事物与宣传雷锋精神密不可分。我国当时有大约 100 个与雷锋相关的网站，这些网站遍布全国，既有官方的也有个人的。这些网站大多内容翔实、设计精美并定期举行网上直播活动，邀请雷锋战友和雷锋班班长与网友们进行网上直接交流。这此网站也吸引了国外网友的关注，十几个国家的网友访问过雷锋网站。作为雷锋精神发祥地的沈阳军区同样也采取了现代化手段学习雷锋、宣传雷锋。沈阳军区某炮兵团搜集整理了雷锋生平事迹、图文材料和团队学雷锋的经验、先进典型等资料建立了团队学雷锋网上资料库。2003 年 1 月，学雷锋专题网在团局域网上正式开通。雷锋网站的开通使越来越多的人了解了雷锋，特别是广大青少年开始关注雷锋，他们认

为这种新颖的形式更易于接受，他们觉得雷锋离他们已不再遥远。

4. 制度法制化阶段（2002 年以来）

这时期的志愿者活动是学雷锋活动进入新阶段的重要标志。一方面它标志着学雷锋活动的内容更加丰富，形式更加与时俱进，其持续性有了更好的现实基础；另一方面志愿者和义工的注册制度的实施标志着学雷锋活动制度化、法制化的开始。

青年志愿者是世纪之交学雷锋活动涌现出的一个新事物。青年志愿者活动自浙江兴起后，迅速得到全国广大青年的响应，各地纷纷组织青年志愿者活动。青年志愿者服务事业饱含着社会各界的热情支持和参与，也受到党中央的亲切关怀。江泽民同志曾亲笔题写：“中国青年志愿者”，而后他又作出重要批示：“青年志愿者行动，是当代社会主义中国一项十分高尚的事业，体现了中华民族助人为乐、扶贫济困的传统美德，是大有希望的事业。”2002 年全国有 4000 多万人次参与到青年志愿者队伍中来，他们为第四届世界妇女大会、昆明世界园艺博览会、上海《财富》论坛年会、第二十一届大学生运动会、上海 APEC 会议提供了百万人次的优质高效服务，向世界展示了当代中国青年的风采。一万多名全国各地的青年志愿者先后奔赴新疆、青海、西藏等中西部地区开展志愿者服务，积极投入开发西部的大潮。2002 年 5 月，团中央正式启动海外服务计划，首先向老挝派遣 5 名青年志愿者，以后陆续扩大实施规模。2008 年，大批青年志愿者出现在奥运会的场馆。志愿者活动倡导把服务社会、奉献他人与实现个人价值结合起来，这反映了社会对雷锋精神更加深刻的理解，是学雷锋活动在新时代的进步。同时青年志愿者活动作为广大青年学习、落实十六大精神的重要载体，作为学雷锋活动的新形式，赋予了学雷锋活动新的活力。

自党的十七届六中全会作出“深入开展学雷锋活动，推动学习活动常态化”的重大决策以来，学者们也围绕着学雷锋活动常态化进行了广泛、深入、多视角的研究。有些学者从进程视角对学雷锋活动进行历史考察，有些学者专门探讨了学雷锋活动常态化的必然性，有些学者从不同视角探讨学雷锋活动常态化的路径。有些学者提出创新载体来开展学雷锋活动，有些学者提出学雷锋活动常态化是一项系统工程，需要通盘考虑和整体推进。这些研究推进了学雷锋活动的开展，但仍有许多问题有待深入探讨。比如：总结学雷锋活动的经验教训；探索新时期、新形势下学雷锋的新载体形式；探索学雷锋活动常态化的模式和方法，等等。

学雷锋属于实践层面，雷锋精神属于理论层面，学雷锋要以雷锋精神作为理论依据，雷锋精神的大众化要以学雷锋活动作为实践载体。然而，现阶段“学雷锋”在其精神实质与实施方式上与雷锋精神相悖，这一方面导致民众对“学雷锋”的怀疑，另一方面导致民众对雷锋精神的误解。因此，要让雷锋走进千家万户，除了使学雷锋活动常态化之外，还要做到雷锋精神大众化。雷锋精神大众化既是将雷锋精神由抽象到具体、由理论到通俗、由被少数人理解到被广大民众接受和认同的过程，同时也是雷锋精神获得广大民众支持、成为民众言行的依据，最终化为民众日常生活的部分。它体现了过程与结果的统一，即雷锋精神为民众所认同和民众自觉践行雷锋精神。与学雷锋活动常态化的研究相比，雷锋精神大众化的学理研究尚未多见。教育部曾提出“把雷锋精神研究纳入高校哲学社会科学规划和全国教育研究规划，支持一批重点研究课题，推出一批有分量的研究成果”。事实上，雷锋精神大众化有许多值得理论工作者深究的问题，如雷锋精神大众化的科学内涵及基本原则；雷锋精神大众化的历史进程和基本经验；当代雷锋精神大众化的主要条件；当代中国雷锋精神大众化的主要路径；当代中国雷锋精神大众化的机制等等。

三、我国学雷锋活动的开展方法

学雷锋活动的开展方法是指在学雷锋活动中为促进活动的开展而使用的一些具体的活动形式和手段。学雷锋活动中曾使用过的方法很多，但是从学雷锋活动所经历的几个时期来看，不同时期所采用的方法各有不同。

1."忆苦思甜”报告会

“忆苦思甜”报告会是学雷锋活动初期经常采用的一种学习方法，在学雷锋活动成为一场全国性的大规模的运动之后就不再采用。“忆苦思甜”报告会是雷锋给大家作“忆苦思甜”报告，在这些报告会上，雷锋通过自己的身世向大家叙说自己在旧社会所受的苦和新中国对他的救助，基于此，雷锋感激共产党、感激新中国，所以，他拥护中国共产党，拥护社会主义制度。

1960年10月，雷锋所在部队开展“两忆三查”教育运动，该运动的内容之一就是忆阶级苦。雷锋首次在本团忆了苦。然后，经上级研究同意，从11月2日开始，雷锋开始到军区工程兵所属各单位作忆苦思甜报告。从1961年开始，雷锋应各地方要求到外地作忆苦思甜报告。雷锋所作的这些忆苦思甜报告在加强对群众的爱党、爱社会主义教育方面起到了非常重要的作用，同时，也成为对广大群众进行爱国主义教育的重要形式。这些报告不仅对开展学雷锋活动起到了很大的推动作用，同时对宣传、巩固社会主义核心价值观也起到了很重要的作用。所以，“忆苦思甜”报告会是推动学雷锋活动的一条重要途径。

2. 领导人题词号召“向雷锋同志学习”

在各个不同的历史时期，都有党和国家领导人为雷锋题词。党和国家领导人的题词充分显示了党和国家对雷锋高尚品格的认可，这对于开展学雷锋活动具有很大的推动力量。1963年3月5日，毛泽东主席题词：“向雷锋同志学习”；周恩来总理也号召：“向雷锋同志学习　爱憎分明的阶级立场　言行一致的革命精神　公而忘私的共产主义风格　奋不顾身的无产阶级斗志”。邓小平也提出：“在我们这个时代，谁愿当一个真正的共产主义者　就应该向雷锋同志的品德和风格学习。”

1977年3月，中共中央主席华国锋为雷锋题词：“向雷锋同志学习，把毛主席开创的无产阶级革命事业进行到底。”中共中央副主席叶剑英也为雷锋题词：“向雷锋同志学习，全心全意为人民服务。”杨尚昆题词：“全国人民都要向雷锋同志学习，全心全意为人民服务，为建设具有中国特色的社会主义而努力。”李瑞环题词：“雷锋精神永放光芒”。李鹏、乔石等党和国家领导人也分别为雷锋同志题词。江泽民的题词是：“学习雷锋同志　弘扬雷锋精神”。杨尚昆的题词是：“全国人民都要向雷锋同志学习，全心全意为人民服务，为建设具有中国特色的社会主义而努力。”

1994 年，在北京召开了纪念老一辈革命家为雷锋同志题词 30 周年大会，胡锦涛发表讲话指出，雷锋精神不论是在过去还是现在都具有重要意义，新时期仍然需要把雷锋精神发扬光大，学习雷锋的爱国主义精神和集体主义思想，学习他的艰苦奋斗和勤俭节约的精神，向雷锋学习，做一颗永不生锈的螺丝钉。党和国家领导人为雷锋同志题词，这既是对雷锋同志的认可和赞扬，也是对雷锋精神的倡导，对推动学雷锋活动具有重要作用。

3. 调动新闻媒体广泛宣传发动

新闻媒体是宣传雷锋精神的重要载体，在不同的时期对于宣传雷锋事迹、弘扬雷锋精神、引领学雷锋活动的方向等都发挥了重要作用。新闻媒体对雷锋的宣传和报道是广大人民群众全面了解雷锋的一条重要途径，也是推动学雷锋活动的一个重要途径。在所有的新闻媒体中，报纸与杂志是学雷锋活动进行宣传和发动的重要阵地。由于学雷锋活动在发展过程中分为几个不同的历史时期，在不同的时期宣传和学习的重点不同，报纸与杂志在对雷锋精神的宣传上也表现为不同的内容。

1963 年至 1965 年，常见诸报端的口号主要有以下几个：发扬雷锋精神，争当五好战士；像雷锋那样做毛主席的好战士；毫不利己，专门利人；像雷锋那样工作和学习；像雷锋那样活学活用毛主席著作；学雷锋不忘阶级苦，干革命紧握手中枪。1960 年 11 月 26 日，沈阳军区《前进报》用两个整版的篇幅，发表了《毛主席的好战士》的长篇通讯，报道了雷锋的先进事迹。同时还发表了杜平中将的批示：“雷锋同志的苦难是整个阶级的、民族的苦难。在解放前有过像雷锋同志那样遭遇的人比比皆是。他只是千千万万受苦受难人中的一个。解放后，全国人民在党和毛主席的领导下彻底翻了身，正为建设美好、幸福的生活而忘我地劳动。可是，有的人竟在短短的 11 年中忘了本，身在福中不知

福。因此，雷锋同志这种精神显得十分重要，值得学习。”① 1960年12月1日和1961年1月20日，《前进报》先后两次摘发雷锋日记32篇。1966年至1976年，以下口号常见诸报端：学习雷锋，积极支持革命左派；学习雷锋，做“三忠于”、“四无限”的好战士；像雷锋那样，做继续革命的先锋战士；学雷锋，认真读书，努力改造世界观；以批修整风为纲深入学雷锋。1977年至1988年，以下一些口号常见诸报端：做80年代雷锋；雷锋仍在青年战士心中；社会主义精神文明建设的丰碑；学雷锋，培养全心全意为人民服务的一代新人；学雷锋，把“四人帮”搞乱的思想纠正过来，把破坏革命传统、破坏社会风气的污泥浊水扫除干净；在新长征中发扬雷锋精神。

从20世纪90年代开始，常见诸报端的口号主要有：学习雷锋同志，弘扬雷锋精神；弘扬雷锋精神，争做时代新人；学雷锋精神，做四有新人；弘扬雷锋精神，参与志愿服务；弘扬雷锋精神，做文明中学生。1990年3月4日、5日，首都各家报纸同时刊登了中国共产党第三代领导人的题词，号召全国人民在新形势下继续向雷锋同志学习，为建设具有中国特色的社会主义而努力。《人民日报》于1990年5月6日发表评论员文章，指出：“岗位学雷锋”很重要。这是首次在党报上明确提出“岗位学雷锋”，并进行专门阐述。

此外，在20世纪80年代以前，电影是群众接触最多的一种视频形式，所以，电影也就成了宣传雷锋精神、推动学雷锋活动的重要媒体形式。《雷锋之歌》等电影的播出在宣传雷锋精神、推动学雷锋活动的开展方面具有奇效。很多人在观看了电影之后，对雷锋形象有了更加全面的认识，雷锋形象由抽象变得现实而丰满，群众更加积极地学习雷锋精神，并在生活中积极践行雷锋精神。90年代以后，《离开雷锋的日子》、《雷锋》等电影的拍摄对于新时期的学雷锋活动也起到了很大的推动作用，尤其是对于80年代以后出生的人来说，这些电影不仅是了解雷锋、真正理解雷锋精神的内涵的重要途径，也是在多元价值观背景下弘扬主

① 戴明章：《走进雷锋》，解放军文艺出版社2003年版。

流价值观念，建设社会主义核心价值体系的重要形式。

4. 充分运用各种艺术形式传播雷锋精神

20世纪60年代，歌曲、戏剧、相声、快板书等也成为宣传雷锋精神的重要艺术形式。《接过雷锋的枪》、《学习雷锋好榜样》等歌曲曾在群众中广为传唱。歌词内容以简洁而又通俗、明快的形式概括了雷锋精神，便于学雷锋活动在普通群众中的推进。1963年，沈阳军区抗敌话剧团编演话剧《雷锋》。据20世纪60年代初曾任沈阳军区抗敌话剧团团长的贾六回忆说，当时，中南海怀仁堂剧场的顶棚等设施还没建好，地板铺的是大方砖，观众坐的是小板凳，有人干脆站着看。但是，演出依然取得了轰动的效果。话剧《雷锋》演出的成功，及时地配合了全国学雷锋的热潮。根据周总理的指示，八一电影制片厂随后拍摄电影《雷锋》，1965年3月5日在全国公映。1978年3月，八一电影制片厂又拍摄了彩色故事片《雷锋之歌》。此后，《雷锋之歌》、《雷锋，伟大的共产主义战士》、《少年雷锋》、《离开雷锋的日子》、《伟大的战士》、《人民的好儿子雷锋》、《为了永恒的春天》、《雷锋，人民呼唤你》、《雷锋的故事》等影片和电视专题片先后制作完成并公开放映播出，成为以后学雷锋活动的宣传教育影片。其中的一些电影90年代以后，又被翻拍，成为推动新时期学雷锋活动的重要形式。这样，雷锋形象就被搬上舞台。通过这些艺术形式宣传雷锋，有个独特的优点，那就是它能够充分调动群众的感官，加深群众在认识雷锋时的情感体验，从而使雷锋精神在潜移默化中深入民心。

5. 表彰学雷锋先进人物

对学雷锋活动中表现突出的先进个人予以表彰是推动学雷锋活动的方法之一。在学雷锋活动中，各行业都涌现出了很多的先进个人，这些人以雷锋为学习榜样，在自己的工作岗位上做出了优秀的成绩，起到了很好的带头作用。1990年3月5日，党和国家领导人在中南海怀仁堂接见全国学雷锋先进代表，中共中央政治局常委李瑞环代表党中央发表讲话，他指出，我们要用马克思主义历史唯物主义观点来看待27年坚持学雷锋的“历史现象”。社会主义建设和改革以及对外开放和社会主义商品经济的发展，都要求我们始终坚持正确的思想政治导向，发展良好的道德风尚，建立和谐的人际关系，弘扬正气，抵制歪风，建设社会主义精神文明。同一切适应时代潮流，合乎人民需要的事物一样，雷锋精神反映了时代的呼唤和人民的要求，所以能够不断发扬，学习雷锋的活动也因此历久不衰。李瑞环的讲话很明确地表明：在新的历史时期，雷锋精神仍然有其时代意义，需要继续发扬。

四、学雷锋活动的历史作用

50年来，在毛泽东、邓小平、江泽民、胡锦涛等中央领导同志的亲切关怀和大力倡导下，学雷锋活动绵延不断地蓬勃开展，对于推进社会主义精神文明建设，丰富社会主义核心价值体系，培养具有高尚情操的社会主义建设人才，推进党的建设新的伟大工程和中国特色社会主义伟大事业产生了重要作用和深远影响。

1. 学雷锋活动孕育和发展了永不褪色的雷锋精神，丰富了社会主义核心价值体系

胡锦涛同志指出，雷锋这个光辉的名字和他崇高的精神品格，在历史发展中始终焕发着光彩。人们越来越深刻地认识到雷锋精神的价值，更加珍惜这笔宝贵的精神财富，更加努力在实践中学习和发扬雷锋精神。雷锋精神作为中华民族传统美德与共产主义光辉思想相结合的时代精神，具有持久的生命力，对于我们这个民族和社会过去具有、现在仍然具有重大价值和时代意义。发扬光大雷锋精神，仍然为我们这个时代进步所必需，仍然为党和国家事业发展所必需。

雷锋精神的重要作用和深远影响，从根本上说，就在于雷锋精神符合时代进步潮流，体现了我们党全心全意为人民服务的根本宗旨，展示了共产党人的崇高品格，继承了中华民族的优良传统，体现了伟大的民族精神，反映了广大人民群众对建设美好社会、创造美好生活的迫切愿望。历史证明，雷锋精神中所蕴涵的理想、信念、价值、品格，为社会主义核心价值体系建设提供了丰富而生动的资源，体现了社会主义核心价值体系的内在要求，已经成为社会主义核心价值体系的重要组成部分

和建设社会主义核心价值体系的着力点。

2. 学雷锋活动适应时代进步和社会发展的需要，培养和造就了一代又一代具有主人翁精神的社会主义新人

50年来，学雷锋活动作为全社会参与的一项重要活动，延续不断，经久不衰，激励、培养、造就了一代又一代社会主义新人。在改革开放和社会主义现代化建设新时期，人民依然崇尚、学习雷锋精神，道德进步、社会和谐已经离不开雷锋精神，它已经渗透到人们的思想意识中，体现在人们的实际行动中。张华、徐虎、李素丽、杨善洲、丁晓兵、李国喜、吴菊萍、郭明义、余文丽、刘真茂以及改革开放以来其他数百位全国道德模范和各条战线涌现的成千上万的先进模范人物，在重大灾害发生时奔赴抗灾一线的数十万志愿者，在北京奥运会、上海世博会、广州亚运会义务服务的大学生和各界人士，还有更多拾金不昧、尊老爱幼、扶贫济困、助人为乐的默默无闻的普通人，他们在不同时代、不同地点、不同岗位坚定不移、持之以恒地践行雷锋精神，体现出顾全大局、忠于职守、克己奉公，处处以国家、人民和集体利益为重的主人翁态度。他们让雷锋精神融入社会的血液和细胞，为我们事业的发展提供了不竭动力，使中华民族焕发出昂扬向上的力量。

3. 学雷锋活动推进了社会主义精神文明建设，促进了公民道德水平的提升和良好社会风尚的形成

50年来，学雷锋活动作为社会主义精神文明建设的重要组成部分，不断弘扬雷锋平凡中见伟大的高尚品格，大力宣传来自基层、真实可信的道德楷模和典型人物，对广大群众产生了强大吸引力，营造了积极向上的社会氛围和社会风尚。学雷锋活动的开展，让每一个普通公民都真切感受到，做一个对社会有益的人并不是想象中的那样难，从而使越来越多的普通人以日积月累的平凡小事传承和弘扬雷锋精神，自觉做中华民族传统美德的传承者、社会主义道德规范的实践者、新型人际关系的倡导者，以自己的实际行动促进相互尊重、团结友爱、助人为乐、诚实守信、见义勇为、和谐融洽等良好社会风尚的形成，促进了整个公民道德水平的提升。在发展社会主义市场经济的今天，学习雷锋活动必将对

建设中华民族共有的精神家园、构建社会主义和谐社会，产生更加积极的作用。

4. 学雷锋活动为推进中国特色社会主义伟大事业和党的建设新的伟大工程提供了强大动力

50年来，我们党坚持把学雷锋活动同党和国家中心工作紧密结合起来，同改革开放和社会主义现代化建设实践结合起来，同群众性精神文明创建活动结合起来，不断充实活动内容，拓展活动领域，创新活动形式，营造浓厚的学习雷锋的社会氛围，充分调动广大人民群众的积极性、主动性、创造性，最大限度地凝聚各方面的智慧和力量，形成开拓创新、攻坚克难的强大合力，为改革发展提供了强大动力。我们党坚持把学雷锋活动与加强党的自身建设结合起来，强调广大党员干部要从自身做起，把学雷锋活动同党风廉政建设、加强党的先进性建设、创先争优等活动结合起来，有力地激励了各级党组织和广大党员学先进、赶先进、争先进，以实际行动保持和发展党的先进性，以良好形象赢得人民群众的信任和拥护，为保证我们党始终走在时代前列，始终成为中国特色社会主义事业的坚强领导核心提供了强大动力。

五、学雷锋活动的启示

回顾学雷锋活动的历程，总结学雷锋活动的历史经验，有助于我们在新的历史条件下，更好地推动学雷锋活动深入开展。

1. 把握雷锋精神的内涵和实质，是深入开展学雷锋活动的基本前提

在学雷锋活动中，党和国家领导同志一再强调把握雷锋精神的内涵和实质。江泽民同志指出，学习雷锋，要有一定的活动方式，但更重要的是要抓住实质。要继续在全国开展学习雷锋的活动，学习雷锋公而忘私的共产主义风格，学习雷锋的奉献精神，学习雷锋全心全意为人民服务的精神。胡锦涛同志指出，发扬光大雷锋精神，就要像雷锋那样把有限的生命投入到无限的为人民服务中去。全心全意为人民服务，仍然是我们每一个共产党员所必须遵循的根本宗旨，仍然是我们这个社会所需

要大力倡导的价值观念和道德风尚。社会主义市场经济越发育，就越要求我们牢固地树立为人民服务的思想。在改革开放和全面建设小康社会的历史条件下，只有准确把握雷锋精神的实质和丰富内涵，才能避免对雷锋精神的各种误解，不断把学雷锋活动推向深入。

2. 坚持社会主义核心价值体系的引领，是深入开展学雷锋活动的时代要求

雷锋精神虽然产生于50年前，但在持续不断的学习活动中，我们党始终坚持把学雷锋活动与时代要求相结合，不断赋予雷锋精神新的时代内涵。在新的历史时期，把学雷锋活动推向深入，就要坚持社会主义核心价值体系的引领。

党的十七届六中全会报告提出："坚持用社会主义核心价值体系引领社会思潮，在全党全社会形成统一指导思想、共同理想信念、强大精神力量、基本道德规范。"在新的历史条件下，学雷锋活动最根本的就是坚持马克思主义指导地位，坚定中国特色社会主义共同理想，弘扬以爱国主义为核心的民族精神和以改革创新为核心的时代精神，树立和践行社会主义荣辱观。将学雷锋活动与建设社会主义核心价值体系有机结合起来，形成用体系建设引领学习活动，用学习活动展示体系建设成效的生动局面。

3. 不断创新内容和形式，是提高学雷锋活动群众性、针对性、有效性的重要途径

在新的历史条件下，社会利益和人们的思想观念、价值取向、道德标准以及行为方式等发生了许多新变化，出现了许多新情况，学雷锋活动要适应形势发展变化的要求，力求在内容和形式上有所创新。一是坚持典型引领。要挖掘不同领域、不同类型的学雷锋先进典型，大力宣传那些来自基层、真实可信的道德楷模和典型人物，使雷锋精神更加贴近实际、贴近生活、贴近群众，更富时代气息，更能打动人心。二是创新载体形式。随着改革开放的深化和社会主义市场经济的发展，学雷锋活动也要有新角度、新载体、新平台。比如，通过志愿服务、扶贫、赈灾、助学、助老等形式，使学雷锋活动扎实有效地开展。三是注重群众

性，融入日常工作生活。雷锋是一个普通青年，他的成长进步完全体现在现实生活中和平凡岗位上，对于我们每个人来说都是可感、可知、可信、可学的。因此，学雷锋活动要以群众喜闻乐见的形式，引导人们把雷锋精神融入本职工作和日常生活，从我做起，从点滴做起，爱岗敬业，助人为乐，永远保持雷锋精神对广大人民群众的吸引力和凝聚力。

4. 加强领导，创新体制机制，是推动学雷锋活动制度化、常态化、深入持久开展的重要保证

学雷锋活动从一开始就是在党的统一领导下，在各级组织积极倡导和具体指导下进行的。各级党政领导机关、领导干部积极组织引导，党、政、军以及工会、共青团、妇联等群众团体相互配合、同心协力、共同推进。新形势下，学雷锋活动要创新体制机制，营造良好氛围，提高活动的科学化水平，防止简单化、形式主义、“一阵风”现象和搞运动的方式，扎扎实实、深入持久地开展下去。一是要把宣传、组织学雷锋活动作为经常性工作之一，摆上各级党委和政府的议事日程，真正做到齐抓共管、形成合力。二是要紧紧依靠人民群众，充分调动社会各方面参与的积极性和主动性，根据不同地区、不同行业的特点，完善志愿者机构等组织形式。三是要把学雷锋活动作为社会主义文化建设的重要内容，与其他工作同步推进、同步实施。四是通过先进事迹报告会，图书、电影、戏剧等文艺载体，网站、微博等新媒体形式，在全社会大力营造学习雷锋的氛围，激发人们的学习热情。

第二节　雷锋精神的结构、特点

从理论上全面系统地阐述雷锋精神的结构、特点，是一项重要的工作，这项工作的完成，对帮助人们正确认识和理解雷锋精神，发扬雷锋精神，推动社会主义精神文明建设，具有积极的意义。

一、雷锋精神的要素结构

雷锋精神是雷锋把马列主义、毛泽东思想和中国优秀的道德思想运用于自己的实践活动而创造出来的文明成果，是一个以道德精神（包括人道主义精神）为基本特征的多层次的思想体系。从要素结构看，它包含三个层次的内容：

1. 民族传统道德思想和社会公德

中国传统道德文化深厚而广博，产生于具有古老文明的中国土地上的雷锋精神，自然从中国传统道德文化里面吸取营养，艰苦朴素、勤劳节俭、尊老爱幼、扶弱济困、以义节利、克己内修……这些传统美德在雷锋精神中得到了充分的体现。正因为雷锋精神之树植根于民族传统道德文化的深厚土壤之中，它才能够枝繁叶茂、历久不衰。

雷锋精神中的社会公德成分也浸透着浓重的传统道德文化色彩，例如，遵守社会秩序，爱护公共财物、关心和帮助同志等思想意识，与入乡随俗、宽厚待人、乐善好施等传统思想极为相似。这些道德内容是劳动人民朴素善良本性的反映，从这一层面上看，雷锋精神是平凡、朴实的，是与现实社会生活、与普通老百姓息息相通的。因此，雷锋精神有着广泛的群众基础，它并非像有些人所想象的那样是高不可攀、可望不可及的。

2. 社会主义思想道德和职业道德

雷锋精神产生于20世纪60年代，它必然与当时的政治、经济、文化状况相联系，即与社会主义公有制、与人民民主专政的国家政治制度，与马列主义、毛泽东思想在精神文明领域的指导地位相联系。可以说，雷锋精神是中国社会主义道德规范和时代精神的集中体现，它具有强烈的爱党、爱社会主义、爱祖国、爱人民的思想特征，具有“爱憎分明”的原则立场，“奋不顾身”的英雄气概，具有努力学习、刻苦钻研的“钉子”精神，追求进步、奋发有为的进取精神和艰苦奋斗、忘我劳动的创业精神。它是当时中国社会主义建设事业蓬勃发展、社会人心积极向上的时代风貌的反映。

雷锋精神中的职业道德，由于受社会主义思想的影响，所以其水准和要求更高。它不仅具有敬业爱岗、忠于职守、钻研业务，即“干一行，爱一行，专一行”的职业要求，而且还有团结协作，以国家和人民的利益为重，个人利益服从集体利益的思想特点。

3. 共产主义思想

共产主义思想主要包括大公无私、乐于奉献，全心全意为人民服务的思想，以及对社会、对人类的热忱关怀和深深的爱。它反映了雷锋博大的胸怀和“厚德载物”的仁爱之心，也反映了人类所特有的理性精神和崇高理想。它是雷锋精神的升华和最高境界，它超越了特定的历史阶段和地域的限制，成为全社会和全人类共同享有的精神财富。从这个层面来说，雷锋精神既属于中国，也属于世界；既属于现在，也属于未来。

由以上分析而知，雷锋精神是一个以传统美德和社会公德为基础，以社会主义思想道德（含职业道德）为主体，以共产主义思想为核心的思想系统，它具有深厚的民族性、广泛的群众性、鲜明的时代性、优越的先进性，它集历史、现实、未来于一体，具有强烈的生命力和感召力。

以上指出了雷锋精神的诸多要素，揭示了它的要素构成，但这并不意味着我们已经了解了雷锋精神的全部内涵，理解了它的全部意义。因为：

第一，雷锋精神作为一个整体，很难用列举和归类的方法穷尽它“是什么”，因为“整体大于部分之和”。这里还有一个心理构成和功能的问题。例如，“勤劳节俭”是雷锋精神的组成要素，而勤劳节俭有不同的表现形式和作用。

第二，雷锋精神的形成虽然受各种外部条件的影响，但它并不是对各种思想观念的被动接受，不是各种思想观念的简单集合，它在很大程度上依赖于思想主体的主观努力，是主体自我要求、自我提高的结果。雷锋精神通过其心理机制作用把外在的先进思想、道德观念内化为自己的思想素质和自觉行动。因此，要全面地了解和认识雷锋精神，就还要对其思想主体的内心世界和主观努力过程进行分析，从中把握其思想特点。

二、雷锋精神的心理结构

1. 言行一致，知行合一的实践精神和人格力量

衡量一个人的道德水平，主要不是听他说了什么，而是看他做了什么。讲信用、重践履，这既是道德自身的要求，也是中国历代思想家的主张，更是雷锋精神所具有的显著特点。孔子说，“君子欲讷于言而敏于行”，荀子《效儒》篇说，“知之不若行之”，朱熹更明确提出：“善在哪里？自家却去行他，……未能行，善自善，我自我”，这就是说，有善德的人只能是有善举的人。所以，《易经》说：“履，德之基也”。雷锋正是一个重视道德践履、“知行合一”的人。就“知”的方面而言，雷锋有正确的是非善恶观念，有坚定的道德意志，有高度的道德评价和道德选择能力；就“行”的方面而言，一是对已严格要求，二是对他人和社会无私奉献。他具有言必信、行必果的思想品格和但行好事，不问前程，不计名利的人生态度，具有“笃实躬行”、正人先正己、身教重于言教的道德风范和榜样力量，它与那种理论脱离实际的思想作风和口是心非的伪君子形成鲜明的对照。雷锋不是靠高谈阔论来打动人，也不是凭权力地位让人敬畏，他是靠一件又一件好事，靠无数实实在在的道德行动赢得人们的赞誉。

2. 严以律己，自省自励的修养方法和道德境界

一个人的道德水准决定于两个因素，一是对己的道德修养，二是对他人和社会的道德施予。一般来说，对己的道德修养越高，对社会的道德施予就越多，其道德价值（或社会价值）也就越大。雷锋之所以有显著的道德贡献（或社会贡献），也在于他有很高的道德修养。他的修养方法，一是自省，即敢于剖析自己的思想，克已内修，努力克服自身的缺点；二是自励，即能够不断地鞭策和勉励自己，不断地充实和提高自己，争取有所作为。“如果你是一滴水，你是否湿润了一寸土地，如果你是一线阳光，你是否照亮了一分黑暗，如果你是一颗粮食，你是否

哺育了有用的生命……”这富有诗意的语言正是他自我反省、自我鞭策的写照。雷锋的自省是经常的：1961年9月的一则日记记载，他把自己与白求恩刻苦钻研、精益求精的工作态度和能力作了比较，他在赞赏白求恩的同时，也感到了自己的“惭愧和渺小”，于是他决心“要不断地加强学习”，“随时清除思想上的毛病”。这种反省、思索，就成了他提高觉悟和思想升华的契机与动力，通过反省、思索、实践，他的思想品性在提升，道德力量在增长，生命潜能在扩充，渐渐地，他的思想被推向了崇高的境界，树立了共产主义的人生观、价值观：“我活着，只有一个目的，就是做一个对人民有用的人”，“我要把有限的生命，投入到无限的为人民服务之中去”。这是道德修养的最高境界，也是人生价值的最高体认。从此，他无怨无悔，矢志不渝，“贫贱不能移，富贵不能淫，威武不能屈”。

3. 一个“仰之弥高，钻之弥坚”的雷锋凛然出现在我们面前

雷锋，令每一个有心向善的人对之肃然起敬。雷锋的可贵之处不仅体现在他的思想主体通过反躬内省而发展自己的“独善其身”的人格修养上，而且还体现在他的思想主体自觉地把个人需要与社会需要联系起来，把社会需要当成自己的需要，把自己积聚的能量释放出来，体现在“博施于民”、“兼善天下”的人生追求之中。

4. 自我觉悟，自主超越的道德悟性和人生智慧

雷锋的道德修养和道德行为已经表明他有很高的道德悟性。什么是道德悟性？作者认为，道德悟性就是人的道德良知，亦即道德主体通过长期的道德实践而形成的判断是非善恶和行为价值并依此作出行为选择的思维方式和能力。它有三层含义：第一，道德悟性是通过实践（学习、反省、体验、践履等活动）而获得的，它既不是在人的头脑中先天固有的，也不是道德修养功夫差的人所能拥有的。第二，它有认知功能，也是一种理性活动，但它是直觉的，是体认、领悟。它不同于实证的科学方法和逻辑的推理方法，也不同于形象思维方法。第三，从行为选择和行为方式来看，它是道德主体从自己的道德理想和道德价值观出发，凭借自己的道德判断采取的行动。不管面对如何错综复杂、变化万

端的外部环境，也不管面对什么样的诱惑和干扰，道德主体都能够十分自觉、敏锐地作出“谁是谁非”的判断，并作出符合道德规范的行为选择。这种行为选择不同于一般情况下那种权衡利害得失的清醒和聪明，不同于军事上为战胜敌人所作的巧妙谋划，也不同于商业上牟取利润的精明算计。具有道德悟性的人，是不计利害得失、临危不惧、“大智若愚”的。1982 年 7 月，年轻的大学生张华为抢救一位年老的农民而献出了生命，有的人认为他不值得。这里，张华是在道德悟性思维的支配下行动的，在这种思维定式下，“救人”是当时唯一符合道德要求的选择；除此之外，别无选择。那些认为张华不值得的人，就在于他们缺少道德悟性思维。

三、雷锋的道德悟性及人生智慧的表现

1. 超越自我生命的有限件，寻求生命存在的永恒价值

认识到生命（人生）的有限而企图超越这种有限，寻找与无限相连接的方法和途径，这是数千年来令人殚精竭虑的问题。中国的道教企图通过炼就长生不老之丹来实现；印度佛教企图通过修行（克欲行善）成佛来实现；西方基督教企图通过皈依上帝、灵魂升天来实现；中国两千多年前的叔孙豹主张通过“德业事功”的完成来实现：“太上有立德，其次有立功，其次有立言，虽久不废，此之谓不朽”。他的观点基本代表了中国儒家的思想。古代中国的另一位伟大哲人——庄子，则主张从精神上超越，他认为，人活着要活得顺心，要顺其真心本性来生活，要善于保持自我内心的独立、清醒、自由，力超物累，“不为物所物”；死则要死得安心，不要恐惧和哀伤。所以，对于妻子的去世，他可以鼓盆而歌。这是庄子看透死亡之后的清醒、安详、自由，他的精神胜利，不同于“阿 Q”式的盲目、无知和自妄。

古代哲人们的超越意识给现代人提供了不少的启示，所谓的超越，并非个体生命在现实物质世界中长生不死——任何人都逃脱不了肉体生命的死亡，这是人所共知的，但人却可以找到某种在精神上转移、提高、战胜，或在德业事功上扩大、延伸的方式和途径。细观雷锋所为，

正是如此。首先，他通过提高德性修养，培养高尚志趣，从有限的事物中体会出崇高、伟大、永恒的意义，乐于谋“道”。1960 年初夏，雷锋为本溪路小学建筑工地义务运砖，当别人问他为何来参加义务劳动时，他作了“为社会主义多添一块砖！”的回答，他把运砖当做中国社会主义宏伟事业中的一部分来认识，从而赋予了“运砖”以广阔深远的社会意义。其次，他通过树立远大理想，提高个体能力，从为社会群体事业的奋斗中来实现生命的延续与扩展。“我要把毕生精力和整个生命为人类解放事业——共产主义全部献出”——把个体力量投入到许多代人为之奋斗的共产主义事业中去，就意味着在时间上延续了个体生命；“我在把有限的生命投入到无限的为人民服务中去”——把个体力量投入到无限的为人民服务中去，就意味着在空间上扩展了个体生命及其价值。雷锋对有限生命的超越是在正确的人生观、价值观指导下，即在道德悟性思维的支配下实现的，如果是那种叹“人生苦短”而“及时行乐”的人，那种热衷于谋取一己私利、甚至谋财害命的人，是不可能实现这种超越的。

2. 超越人生际遇中的具体制约，实现精神世界中的自由洒脱

人生在世，会有各种各样的际遇如苦、乐、贫、富、祸、福、荣、辱、达、困等。际遇是人（主体）与他人或环境（客体）相互联系，相互作用的过程和结果，它反映了主客体之间的关系。一方面，具有不同人生观、价值观的主体对人生际遇有不同的态度和理解，另一方面，主体的人生观、价值观不同又对人生际遇的形成产生不同的影响。对待人生际遇，雷锋表现出了独特的悟性和智慧。例如，对于苦乐、荣辱问题，首先，他用意志、德性战胜和超越了具体的苦、辱，其次，通过提高自己志趣和德性的品位，实现个人兴趣爱好的升级和转移，使自己成为“一个高尚的人”，“一个有益于人民的人”，以人民之苦为苦，以人民之乐为乐，以为人民服务为荣，以自私自利为耻（辱）。他看见厕所脏了，就利用休息时间把它掏干净，这是一种“苦”。但是他不以苦为苦——人能若是，那还有什么苦可言？苦既已超越，“乐”便留于心中。他说：“我能帮助人民克服一点困难，是最幸福的”，“为人民做点

好事，再苦再累也觉甜。”于是，有人说他“傻”，他却说，如果做一个有利于人民、有利于国家的人也是“傻”，“那我是甘心愿意做这样的‘傻子’的”他把公共厕所掏干净了，有人开玩笑说他是“大粪夫”，他却说：“我觉得当一个大粪夫是非常光荣的”。本来，雷锋作为有血有肉的人，也有个人需要，也有喜怒哀乐，生活中也会碰到困难和烦恼，但由于他有良好的德性修养，他就可以用理性和德性调节个人的喜怒哀乐，节制个人的欲望，看破个人的苦乐、荣辱、恩怨，不因个人得失而耿耿于怀，他所拥有的是一个活泼、愉快、洒脱、壮美的内心世界和“亦余心之所善兮，虽九死其犹未悔”的道德信念。那些认为雷锋“傻”的人，是“以小人之心度君子之腹”。

雷锋的上述心态既是道德悟性的体现，也是人生智慧的体现。人生在世，若能把个人志趣、德性提高一点，对个人利欲节制一点，对个人的名利、地位、得失、荣辱看淡一点，不是可以减少一些不必要的烦恼、争斗和算计吗？此外，雷锋的智慧还体现在仁、智、勇三德兼备，以仁为本、以智辅仁，以勇利仁的品性结构上。他对待同志“像春天般的温暖”，而对敌人却“残酷无情”；他对国家和人民“万分忠诚”，而对敌人却“越诡诈越好”。以上分析表明，雷锋精神具有“博施于民”的外化的实践精神和自省自励的内化的修养方法，具有至善至刚的道德品性和自觉自主的道德悟性思维，它是一座既有人格魅力（道德力量），又有思想魅力（智慧力量）的精神宝库，值得我们好好挖掘、研究、学习、发扬。

四、雷锋精神的特点

1. 雷锋精神闪耀着共产主义的思想光辉，具有无产阶级的先进性

雷锋是在我们党的培养下成长起来的，雷锋精神是在毛泽东思想哺育和共产主义思想教育中产生出来的。大家知道，雷锋出身很苦，童年是个穷孩子，参加革命后是一名工人和战士。阶级地位的深刻变化，新旧社会的鲜明对比，使他憎恨旧社会和阶级敌人，热爱新中国和共产党。他积极投身到社会主义革命和建设的洪流中去，用革命理论武装自

己，以革命先烈的献身精神激励自己，在艰苦的环境中磨炼自己，逐步树立起共产主义世界观和人生观，使自己成为“坚决听党的话，一辈子跟党走”的无产阶级先进分子，成为“为人类解放事业奋斗终生”的共产主义战士。

从雷锋成长的道路可以看出，爱憎分明的阶级立场，是雷锋精神产生的阶级基础，忠于党、热爱社会主义，是雷锋精神产生的政治基础；刻苦学习马列主义、毛泽东思想，是雷锋精神产生的理论基础；全心全意为人民服务，是雷锋精神产生的思想基础。正是这四个基础，使雷锋精神闪耀着共产主义的思想光辉，具有无产阶级的先进性。

任何社会都存在着先进、一般、落后三种思想。代表低下落后的陈腐观念和道德，严重阻碍社会的发展，理所当然地受到人们的唾弃。作为一般水平的思想观念，普遍存在于现实社会中，为广大人民所接受和拥护。但是，社会要发展，思想要进步，用什么标准引导人民向先进的目标迈进呢？落后的肯定不行，中间的也不行，唯有先进的才行。先进取代落后，是事物发展的必然规律。毛泽东同志指出：先进阶级的先进思想一旦为群众所掌握，就会变成推动社会前进的巨大物质力量。先进的思想立足于现实，面向着未来，代表社会发展的方向。中国共产党从诞生那天起，就把实现共产主义作为最高行动纲领，并为之前赴后继、英勇奋斗了九十多年。正是有这个先进思想作指南，我们才实现了社会变革和发展。同样，我们今天进行的现代化建设，也完全是为了实现明天的共产主义大目标，离开明天的大目标，今天的努力就会迷失方向，一事无成。雷锋就是怀着共产主义远大理想而努力奋斗的典型。他的理想、信念和道德，正是反映了社会主义朝着共产主义方向不断发展和进步的趋势，反映了大多数社会成员不断提高思想道德水平的主观愿望。所以，小平同志明确指出：“谁愿当一个真正的共产主义者，就应该向雷锋同志的品德和风格学习。”

当今，我们有些同志理想淡漠，精神恍惚，庸庸碌碌，无所作为，究其原因就是胸无大志、目光短浅。而雷锋同志的可贵之处，是他胸怀大目标，把自己所做的一切，自觉地同实现共产主义理想联系在一起。

当然，共产主义思想的普及是一个渐进的过程，需要长期努力，目前还只有少数先进分子才具有这种崇高的理想和信念。所以，雷锋精神作为一面先进的旗帜，为我们指明了前进的方向，作为一种榜样的力量，引导着我们朝着理想的目标去追求，去奋斗。这就是雷锋精神的伟大力量所在。

目前，我们正面临着国外敌对势力妄图在中国搞“和平演变”的危险，面临着国内资产阶级与封建意识及其行为向社会主义和共产主义思想的挑战。有些国家政治局势的急剧逆转，更加使我们看到了演变与反演变、渗透与反渗透、复辟与反复辟斗争的复杂性和尖锐性。在关系到党和国家前途与命运的时刻，只要我们像雷锋那样，做党和国家利益的捍卫者，坚决拥护党的领导，矢志不渝地走社会主义道路，坚定共产主义必胜的信念，我们就能够彻底粉碎敌人的阴谋，在这场“没有硝烟的战争”中，永远立于不败之地。

2. 雷锋精神再现了社会主义时期一代新人的精神风貌，具有鲜明的时代性

社会存在决定社会意识。在人类发展的每一个历史阶段，都会出现体现历史发展趋势、反映时代特色的人物和思想。雷锋就是在社会主义时代产生并具有这个时代特点的典型人物，雷锋精神就是孕育、生成于社会主义时代并镌刻着这个时代印记的思想观念。

在社会主义时代，以公有制为基础的社会主义制度的确立，要求人们有集体主义思想，一心为公，无私奉献；要求人们以主人翁的态度对待工作，用助人为乐、团结协作的道德风尚处理人际关系；要求人们埋头苦干，诚实工作，刻苦钻研，奋发进取，建功立业。这些崭新的思想道德，构成了社会主义时代精神的主体。雷锋精神正是在这个时代应运而生，并且体现了这个时代人们的精神追求。

今天，我们进入了大力发展和完善社会主义市场经济的新时期。这虽然与雷锋生活的环境有很大的不同，但社会主义时代本质特征没有改变，即公有制为主体的经济基础没有变，四项基本原则为支柱的政治基础没有变，人民当家做主的社会基础没有变。在现代化建设的进程中，

雷锋精神既是商品经济健康发展的强大动力，又是保证改革开放顺利进行的有力武器。我们的改革，是社会主义制度的自我完善，我们的市场经济，是社会主义市场经济。这种性质决定了我们不仅要发扬除旧布新的开拓精神，而且要保持坚定正确的政治方向。在这个根本问题上，我们很需要以雷锋崇高的理想和信念来统一思想、凝聚人心；很需要以雷锋为党尽力、为国分忧的奉献精神努力工作；很需要以雷锋克己奉公、艰苦奋斗的思想和作风抵制资产阶级思想的侵蚀；很需要以雷锋对社会的责任感和助人为乐之心。建立和谐的人际关系，使社会形成良好的道德风尚。可以设想一下，如果个人主义、功利主义成了社会的道德规范，拜金主义、“一切向钱看”成了人们的行为准则，我们的国家将会成为什么样子呢？近几年社会上不断出现的假冒伪劣商品、卖淫嫖娼、吸食贩卖毒品、赌博、坑蒙拐骗，甚至见人落水看热闹、救人公开讲价钱等丑恶现象，从反面告诉我们，这些精神病毒和社会瘟疫与时代精神是背道而驰的，而雷锋精神与我们的时代要求是多么的合拍。所以，越是改革开放、发展市场经济，就越要发扬雷锋精神。雷锋精神正是在这个历史性重大变革中，成为凝聚人民沿着社会主义道路前进的强大精神力量。

我们还应该看到，目前有些人用不正确的人生观和价值观理解时代精神，曲解雷锋精神，认为人生的价值就是“自我”，时代精神就是“自我价值”的实现。在以“我”为轴心的观念驱使下，这些人信仰丧失、心理失衡、意志衰退、道德缺失、人际关系冷漠、价值观念扭曲。怎样正确理解人生价值，雷锋讲得很深刻。他说，要使自己活着，就是使别人过得更美好，我能帮助人民克服一点困难，是最幸福的，我活着只有一个目的，就是做一个对人民有用的人，人的价值根本在于劳动，在于创造，在于为社会多作贡献。有人说他“傻”，他甘愿当“傻子”，有人说他“亏”，他却不怕“吃亏”。他的价值观就是，为人民服务最幸福，为社会贡献最值得，为革命当“傻子”最光荣。他的价值标准就是，有益于党，有益于人民，有益于国家。当然，这个标准并不排除个人价值，共产党人不是“苦行僧”，党组织尊重个人价值，并为人的价值的实现创造良好的条件。但是，一个人有没有价值、价值大小，自身是无法衡量的。只有把个人追求融入人类的进步事业中去，把个人的需要同国家、集体联系起来，同对社会的责任和贡献联系起来，在服务于人民，服务于社会中，才能找到个人价值的准确位置，实现自我价值。离开责任和贡献搞主观上的自我膨胀和扩张不仅没有价值，还会跌入极端利己主义的深渊。这就是具有鲜明时代性的雷锋精神为我们揭示出的人生价值的真谛。

3. 雷锋精神继承和发扬了中华民族优良传统美德，具有深厚的民族性

中华民族有几千年的文明史，在改造自然和社会的斗争中，逐步形成了有自己特色的灿烂文化，优良传统和高尚道德，从而铸造了伟大的民族精神，为人类的文明和发展作出了杰出的贡献。古往今来，可歌可泣的民族精神贯穿于华夏历史。像“天下为公”的大同理想，“国家兴亡、匹夫有责”的爱国主义精神，“克己为人”的道德情操，“四海之内皆兄弟”的平等互助观念，“扶危济贫”的助人为乐风尚，“自强不息”的坚定意志，“威武不屈”的浩然正气以及吃苦耐劳、勤俭节约的高尚品德等等，都体现了中华民族的精神。那些在历史上曾为传播和发扬民族精神作出过贡献的英雄豪杰都被传为千古佳话，为后人所敬仰。正如鲁迅说的那样。“我们从古以来，有埋头苦干的人，有拼命硬干的人，有为民请命的人，有舍身求法的人……这就是中国的脊梁。”正是这些“脊梁”，铸成了民族精神，代代相传，使中华民族在几千年的风风雨雨中，历经艰难困苦而不屈，屡遭内忧外患而不垮，坚如磐石般地屹立于世界之林。

这种民族精神，岂止古人有之？翻开中国现代革命史的史册，我们就会看到，无论是革命战争年代，还是经济建设时期，都涌现出了成千上万的英雄人物。他们的崇高品德和思想境界大大超过了古人，集聚着更加丰富的民族精神。雷锋的成长就受到了中华民族优秀传统文化的熏陶和影响。从雷锋自己活着就是为了使别人过得更美好的人生价值观，到他对同志要像春天般的温暖的友爱精神，从他忠于职守，干一行爱一

行、干一行钻一行的“螺丝钉”精神，到先人后己、公而忘私的高尚风格，从他奋发向上、勇于进取、刻苦学习、钻研业务的“钉子精神”，到勤俭节约、艰苦奋斗、不谋私利的“傻子精神”，无不放射出中华民族传统美德的光彩。雷锋精神与民族精神有着不可分割的联系。可以肯定地说，雷锋精神决不是民族传统美德的简单再现或重复，而是一种继承和发扬，是一种质的升华和飞跃。因为雷锋精神注入了马列主义、毛泽东思想的科学内容，闪耀着共产主义的思想光辉，大大超越了中华民族历代前贤们的思想境界。从某种意义上说，雷锋精神是中华民族传统美德和共产主义光辉思想的完美统一，是历史的民族精神和现实的时代精神的有机结合。

中华民族的传统文化是一种宝贵的精神财富。“文化大革命”使民族传统文化遭到了空前劫难，近几年一些所谓“政治精英”全盘否定民族传统文化，用民族虚无主义泯灭民族精神。在我们工作中，也存在把社会主义精神文明建设同弘扬民族精神和传统文化割裂开来的倾向。现实生活中，我们会发现这样的反常现象：一个孕妇或病人挤上公共汽车后，起来给他们让座的往往是中年人，甚至是一些拄着棍子的老年人，而熟视无睹的则往往是一些青年人。这说明我们民族的传统美德在一部分青年人中越来越少了。问题出在哪里呢？我认为关键在于我们的思想教育没有把“五讲四美”、“四有”这些好思想、好品德同中华民族所固有的传统美德融合在一起。马列主义如果不同中国革命的具体实践相结合，必然会变成僵死的教条。同样的道理，共产主义思想品德如果不同中华民族的传统美德相结合，便不能在人民中传播。

如果说，在五六十年代共产主义思想与中华民族优良传统美德铸成了伟大的雷锋精神，那么今天，我们就应该紧紧把握住雷锋精神再宣传、再教育这一契机，自觉地把共产主义思想教育与弘扬中华民族的优秀传统文化紧密地结合起来，培养出更多具有民族精神和共产主义精神的一代新人。这就是我们探索雷锋精神的民族性所要达到的目的。

4. 雷锋精神集中反映了人民群众的愿望和要求，具有广泛的群众性

抚顺是雷锋生活和战斗过的地方。他从参军到因公殉职，在抚顺度

过了一生中最闪光的年华。早在20世纪60年代初，雷锋的先进思想和动人事迹就在抚顺人民中广为传颂。雷锋同志牺牲后，有十几万群众自发地走上街头为雷锋送行，可见人民对雷锋的感情之深。50年来，学雷锋活动虽然出现过许多曲折，雷锋精神也遇到过种种挑战，但雷锋在社会中的地位，在人民心中的形象，始终是那样的牢固和高大。他的名字已成为毫不利己、专门利人崇高思想和行为的化身。当人们看到谁为人民做好事，立即就会说：他是活雷锋；当人们看到道德缺失、社会风气不正时，又总是问：雷锋在哪？近几年人们看到精神滑坡，更加强烈地呼唤雷锋精神的归来。人们钦佩、怀念雷锋，是人民需要这样的榜样，希望有更多的雷锋。这是蕴藏在人们心底的意愿和需要。有一家报纸对人们的心态作了一次民意测验，让大家填写心中最崇敬的典型，结果百分之九十的人回答是雷锋。

雷锋之所以会在社会中有这样广泛而深厚的群众基础，是因为雷锋具有全心全意为人民服务的思想，这是雷锋精神的核心。他热爱党，热爱人民；他干一行爱一行，努力为人民工作；他助人为乐，走到哪里就把好事做到哪里；他勤俭节约，艰苦朴素，始终保持劳动人民本色。这些高尚的品德集中到一点，就是“把自己有限的生命投入到无限的为人民服务之中去”。雷锋同志的这些思想、品德和行为是人民所期望的，必然为人民称赞、鼓励和效仿。人民培育了雷锋精神，雷锋精神鼓舞了人民，这就是雷锋精神的群众性。

全心全意为人民服务，同群众保持血肉联系，是我们党的优良传统和作风。我们党赢得人民的拥护和信赖，是它代表了人民的利益，为人民谋幸福。陈毅同志在淮海战役后说过一句意味深长的话：“淮海战役的胜利是山东人民用小车推出来的。”今天，在为实现四化而奋斗的时候，我们每一个党员，特别是领导干部，都要紧紧地依靠人民，做人民的忠实公仆。但是，应该看到，我们确有一些党员、干部，经不起执政和改革开放的双重考验，忘记了党的宗旨，颠倒了主仆关系。他们以权谋私、贪污受贿、奢侈挥霍，什么人民的疾苦、群众的冷暖，统统抛在脑后，只想房子、孩子、票子、车子，严重地脱离了群众，损害了党在人民群众中的形象，败坏了党风。因此，学雷锋，首先要领导干部带头学，先解决为什么人的问题。每一个领导干部，都要发扬雷锋精神，做掌权不谋私的好干部，廉洁奉公的好党员，为人民服务的好勤务员，吃苦在前、享受在后的好带头人。

5. 雷锋精神体现了言行一致的高贵品德，具有强烈的实践性

雷锋精神，是以雷锋为代表的众多先进人物在党的领导下，为社会主义、共产主义事业而奋斗的伟大实践的产物。离开实践，就不可能有世人传颂的雷锋精神，它的先进性、时代性、民族性和群众性就无法体现。正因为如此，周恩来同志在概括雷锋精神的基本内容时，把言行一致作为雷锋精神的重要特征。

言行一致是我们共产党人应有的品格。雷锋言行一致的精神，具体表现在三个方面或者说具有三个显著特点：

其一，理想与现实的统一。理想是人们奋斗的目标和前进的动力。我们共产党人的理想就是在全人类实现共产主义。雷锋是一个热情的理想主义者。他具有崇高的理想和坚定的信念，决心“把毕生精力和整个生命为人类的解放事业——共产主义全部献出”。同时，雷锋又是一个清醒的现实主义者。他知道理想的实现要靠一代一代人不懈的努力，“用自己的努力使它变得更美好”。雷锋不是空想家、空谈家，没有沉湎于幻想之中，而是立足于本职工作，扎根于现实的土壤中。他把对共产主义的执著追求，转化为一件件具体的实际行动。通过实践，雷锋把理想和现实有机地结合起来。

在我们的现实生活中，许多人没有处理好理想与现实的关系。他们要么把理想写在纸上，挂在嘴上，就是不愿付出辛勤的劳动和汗水，要么就是一味地追求眼前的实惠，放弃或忘掉共产主义大目标。这两种倾向都是错误的。我们正处在社会主义初级阶段，共产主义对我们来说还是遥远的将来。但是，没有今天的努力，就没有明天的共产主义。我们每个同志都应该像雷锋那样，既是共产主义理想的坚定信仰者，又是共产主义思想的模范实践者，胸怀远大目标，脚踏实地地工作。

其二，理论与实践的统一。雷锋的一生之所以做到了言行一致，就

是因为他保持和发扬了我们党的优良传统和作风，坚持理论联系实际的原则。雷锋怀着对党的热爱，对人民领袖的敬仰，孜孜不倦地学习马列主义、毛泽东思想，把革命理论比作“粮食、武器、方向盘”，刻苦钻研。雷锋学习理论，不是为了装潢门面，而是为了改造世界观，指导自己的工作，学习和生活。革命理论使他明白了做人的道理，了解了人生的价值。正如他自己所说。“我觉得人生在世，只有勤劳，奋发图强，用自己的双手创造财富，为人类的解放事业——共产主义贡献自己的一切，这才是最幸福的。”他在工厂里是好工人，在部队里是好战士，他走到哪就把为人民服务的思想带到哪，为人民做了数不清的好事，成为一颗“永不生锈的螺丝钉”。

我们有一些同志往往缺乏雷锋这种精神。他们理论上讲一套，实际上做一套，台上一套，台下一套；当面一套，背后一套，理论和实际在这些同志身上就是统一不起来。我们应该像雷锋那样，坚持理论联系实际，说真话、办实事，说到做到，言行一致。

其三，平凡与伟大的统一。雷锋的事迹的确是平凡的。他没有董存瑞炸碉堡的壮举，也没有黄继光堵枪眼的伟绩，有的只是那些平平凡凡的“小事”。雷锋做的事，只要我们大家去做，都是可以做到的。但是雷锋又是伟大的。他的伟大之处就在于时时处处替他人着想，在别人看来是微不足道的不屑于做的小事，他却能持之以恒，高高兴兴地去做，这一点是常人难以做到的。正如毛泽东同志所说：“一个人做点好事并不难，难的是一辈子做好事不做坏事，这才是最难最难的啊!”雷锋就是一辈子做好事，因而他是伟大的。他是在平凡细小的工作当中，干出不平凡的业绩，正是平凡的事迹显示出伟大的精神。伟大出自平凡，平凡孕育伟大。雷锋同志的一生就是平凡而伟大的一生。

在我们的现实生活中，有些同志小事不愿做，大事做不来，老说空话大话，就是不办实事。古人曰：一屋不扫何以扫天下。愿我们的同志都能像雷锋那样，从点滴小事做起，真正做一个有益于人民的人，一个脱离低级趣味的人，一个高尚的人。

理想与现实，理论与实践，平凡与伟大，三者统一的基础是实践。

今天我们学习雷锋精神，弘扬雷锋精神，就必须坚持实践的原则，把雷锋精神溶化在日常的工作、生活、学习之中，在履行职责的过程中学习和发扬雷锋同志言行一致的革命精神。

雷锋是一个很全面的典型，雷锋精神有着丰富的内涵。雷锋精神所具有的先进性、时代性、民族性、群众性和实践性这些本质特征，充分体现了雷锋忠于党，热爱社会主义，艰苦奋斗，助人为乐，无私奉献，全心全意为人民服务的精神实质。同时，这些本质特征彼此间不是孤立的，而是紧密联系的、有机融合的。雷锋精神是民族精神、时代精神和共产主义精神的综合体现，是中华民族传统美德和共产主义崇高思想的完美统一，是民族精神与时代精神的完美统一，是先进性和群众性的完美统一，是个人价值和社会价值的完美统一，是平凡人生与伟大人格的完美统一。正是雷锋精神这些本质特征的完美统一，使它能够在人民心中常驻不衰，风范长存，能够被不同层次、不同性别、不同年龄，甚至不同肤色的人所接受，显示出强大的生命力，具有普遍的社会意义，成为我们民族以及整个人类的宝贵精神财富。

第三节　雷锋精神的本质特征、时代内涵

雷锋精神充分体现了共产主义的崇高思想，体现了社会主义崭新的时代风貌，体现了中华民族优秀的传统美德，体现了同人民群众的血肉联系。正是雷锋精神的先进性、时代性、民族性、群众性和实践性，显示出了强大的生命力和影响力，使雷锋的英名伴随着我国社会主义事业发展的进程，鼓舞着我们沿着社会主义道路勇往直前。

一、雷锋精神的本质特征

半个世纪以来，学雷锋活动在全国各地蓬勃开展，在人民群众中传承弘扬雷锋精神，显示出鲜明的本质特征。所谓雷锋精神，就狭义而言，是对雷锋的言行和事迹所表现出来的先进思想、道德观念和崇高品

质的理论概括和总结；就广义而言，它已经升华为以雷锋的名字命名的、以雷锋的崇高品质为基本内涵的精神价值。

1. 时代精神与中华民族传统美德的有机结合

雷锋精神既是时代精神的体现，又是中华民族传统美德的彰显。社会主义发展的各个时期，雷锋精神始终与时代并肩前进。社会主义建设时期，人们学习雷锋精神，弘扬对党和社会主义的高度忠诚、对远大理想坚定追求、对人民群众无限热爱、对本职工作精益求精、对个人自我严格要求的精神；改革开放和发展社会主义市场经济条件下，人们学习雷锋精神，在全社会倡导全心全意为人民服务的精神、顾全大局的精神、讲究诚信的精神和奉公守法的精神。

时代精神离不开传统美德的滋养和支持，它内在地融入了传统文化特别是民族美德的内容。雷锋精神鲜明地体现了中华民族的传统美德，是对中华民族传统美德的宣示。忠诚无私、顾全大局、乐于助人、勤俭自强、自强不息、锐意进取等精神气质，都是对中华民族传统美德的继承和发扬。时代精神与中华民族传统美德的有机结合决定了雷锋精神始终与时代保持开放互动的格局，在时代精神的润泽下，雷锋精神始终保持着强大的生命力，永远不落伍；而中华传统美德的内化、支持也使得雷锋精神在中华民族的物质与精神世界中始终根深叶茂，成为中华民族的重要精神标志。

2. 崇高远大理想与平凡务实行动的统一

建设中国特色社会主义是伟大崇高的事业，需要人们脚踏实地地去奋斗。雷锋胸怀远大的理想，他把有限的生命投入到无限的为人民服务之中，要求自己做一个毫无利己之心的人，为国家、人民的利益和社会、集体的利益不惜牺牲自己的利益直至生命。雷锋全心全意为人民服务、为共产主义而忘我奋斗的崇高追求和品格，是社会主义实践的产物，是广大人民群众自觉适应社会主义建设需要进行道德建设的结果。雷锋精神的伟大在于把远大崇高的理想与平凡的工作紧紧地结合在一起，落实在自己日常的学习、工作和生活之中。雷锋的一生平凡而朴实，雷锋的伟大，乃是在平凡行动中彰显出伟大；雷锋的平凡，乃是把远大理想落实于当下实践中的伟大。雷锋把服务人民、助人为乐的奉献精神与脚踏实地、平凡质朴的务实精神融合在一起，与干一行爱一行、专一行精一行的敬业精神融合在一起。雷锋精神是先进性、崇高性与广泛性、平凡性的融合与统一。雷锋精神不仅是以雷锋为原点的雷锋式优秀人物崇高思想和优秀品质的结晶，而且转变和汇聚为千千万万社会主义普通建设者在各自的平凡岗位上脚踏实地、爱岗敬业、默默奉献，建设社会主义的合力。

3. 集体奉献与个人创造的统一

作为社会的人、现实的人，总是社会性与个体性的统一。社会主义与共产主义的实践是人类历史上最为宏伟的事业，它需要亿万群众坚持不懈的努力，同时也需要作为个体的每一个社会成员发挥自己的能动性与创造性为之不懈努力。雷锋精神是集体奉献与个人创造的统一。雷锋干一行爱一行钻一行，对工作精益求精，雷锋确实表现出个人努力奋斗、自强不息的优秀品质，但他绝不是个人主义者或个人英雄主义者。相反，雷锋强调集体的作用，他总是把个人积极性、创造性的发挥与集体奉献紧密地融合在一起。在雷锋看来，一个人的力量再大也是有限的，只有发挥每一个人的力量，只有大家团结在一起，为着一个共同目标去奋斗，才会产生无比巨大的力量。只有发挥群体的力量，才能实现集体与社会的发展和进步。在雷锋精神的历史传承中，涌现出了无数雷锋式的普通、平凡、朴实、伟大的人物，他们在各自的岗位上团结群众、默默奉献、自强不息，他们以雷锋服务人民的奉献精神为宗旨，团结在雷锋这一光辉形象的周围，众志成城，发挥个人的道德创造力，使雷锋精神汇聚为跨越社会主义不同历史时期的精神洪流，不断绵延。雷锋精神，自它诞生的那一天起，就不仅仅是雷锋个人的思想、品质和行为的凝结，而是以雷锋为代表的广大社会主义建设者的道德实践与道德创造的凝聚，并在这种共同的创造和凝聚中彰显出它的价值和意义。

二、雷锋精神的时代内涵

1. 雷锋精神的内涵

雷锋精神有狭义和广义之分。狭义的雷锋精神是指对雷锋的言行和事迹所表现出来的先进思想、道德观念和崇高品质的理论概括和总结。广义的雷锋精神则已经升华为以雷锋的名字命名的、以雷锋的崇高品质为基本内涵的精神价值。半个世纪以来，雷锋精神随时代的变迁不断丰富和发展，已经具有十分深刻的内涵，这些内涵可以归纳为：坚定不移的共产主义崇高理想和信念；热爱党、热爱祖国、热爱社会主义的真实情感；服务人民、奉献社会、扶危济困、乐于助人的无私奉献精神；干一行爱一行、专一行精一行，立足本职、恪尽职守的敬业精神；艰苦奋斗、勤俭节约的创业精神；锐意进取、自强不息的创新精神。总括起来，雷锋精神的核心就是全心全意为人民服务。这种精神体现了中华民族的传统美德，反映了社会主义道德的本质要求，彰显了共产党人的先进本色，是当代中国人民最为宝贵的精神财富。

2. 雷锋精神的时代内涵

雷锋精神自产生至今，已经过去半个世纪了。虽然时代在不断发展，雷锋却并没有走远，他一直活在人们的心中，我们也为拥有这样一个不朽的英雄而无比骄傲。一代又一代的中国人在雷锋精神的强力感召下，一方面继承和弘扬着雷锋精神的核心品质，另一方面又在不断地为雷锋精神注入了新的时代内涵，雷锋精神也因此永葆活力。

（1）服务人民、助人为乐的奉献精神。“雷锋”这个名字，已经成为了人们心目中热心公益、助人为乐、扶贫济困、服务人民、奉献社会的代名词。只要是人民所需要的，不管是分内的还是分外的事情，他都乐意干，他付出自己的全部力量去工作、去助人，并以帮助他人为乐。因此，可以说服务人民、助人为乐的奉献精神是雷锋精神的核心。助人为乐，是中华民族的传统美德，是道德范畴里的东西，它展示了一个人内心深处的真善美，是一种值得向往的美好品质。助人为乐的美德在中国流传数千年，时至今日仍在发扬光大：汶川地震发生后，举国上下陷

入沉重的悲恸中，社会各界踊跃捐款捐物，成千上万志愿者及解放军官兵冒着生命危险赶赴灾区救死扶伤。这就是助人为乐的精神。现如今，我们国家经济快速发展，社会不断进步，人民生活水平也大幅度提高，与雷锋当年所生活的艰苦岁月有了巨大的变化。但是，即便如此，解难助困的任务还很重，需要帮助的人还很多。据有关部门统计，我国2011年救助受灾群众7500万人（次），需要社会提供帮助的60岁以上老人1.7亿人，需要救助的农村低保人口5300多万人，需要社会提供帮助的残疾人8200多万人。面对这个现实，发扬雷锋助人为乐精神，显得尤为重要。在我们生活的当今社会中，人人都可以成为被服务的对象，人人又都可以主动地为他人提供服务。大力弘扬服务人民、助人为乐的奉献精神，必将使我们的社会更加安定团结，人与人之间的关系更加融洽和谐，我们国家和民族也将更具有凝聚力和战斗力，从而实现民富国强的伟大目标。

（2）干一行爱一行、专一行精一行的敬业精神。雷锋当过通讯员，当过推土机手，当过汽车兵。不管从事什么样的工作，他都兢兢业业、一丝不苟、勤奋努力、脚踏实地，都是干一行爱一行、专一行精一行，工作在哪里，就在哪里闪光发热，螺丝钉精神在他身上永放光芒。作为一个由亿万民众组成的发展中国家，只有当每一个个体都能兢兢业业、尽职尽责地做好自己的本职工作时，我们的集体才会因之而强大，我们的国家才会因之而富强。因此，雷锋的敬业精神值得我们每一个人学习，这一精神也促使我们把个人选择和社会的需要、人民的需要有机地结合起来，在各自具体的工作岗位上尽职尽责、善始善终，不负人民、不负时代。

（3）锐意进取、自强不息的创新精神。雷锋靠着人们广为称道的“钉子”精神，挤出时间，刻苦钻研驾驶技术，他不仅钻技术，还把毛泽东思想当做“粮食、武器、方向盘”，他善于联系自己的思想实际，刻苦地学习革命理论。他写出的日记是留给我们时代的精神典籍。雷锋的“钉子”精神，就是一种追求卓越的锐气，是一种自强不息的创新精神。当今世界是一个大发展的世界，也是一个大变革的世界。科技和文化已经成为国际舞台上各国综合国力竞争的锐利武器，也是衡量一个国家综合国力的重要指标。在这种大环境下，党和政府提出了建设创新型国家的宏伟目标，把增强自主创新能力作为发展的战略基点，要求大力推进理论创新、制度创新、科技创新、文化创新以及其他各方面的创新。其一，要大力推进理论创新，就应该坚持“实践是检验真理的唯一标准”，摒弃那些不合时宜的观念、做法和体制，把思想认识从对马克思主义的错误的和教条式的理解中解救出来，从主观主义和形而上学的桎梏中解放出来，从而不断赋予当代中国马克思主义以鲜明的实践特色、民族特色、时代特色；其二，要大力推进制度创新，就应该不断完善社会主义市场经济体制，进一步解放和发展社会生产力，使中国特色社会主义始终充满生机和活力；其三，要大力推进科技创新，就应该实现科学技术的跨越式发展，使科技成为我国经济社会发展的强劲动力，为建设创新型国家奠定坚实的基础；其四，要大力推进文化创新，就应该实现社会主义文化大发展大繁荣，提高国家文化软实力，努力将我们的祖国建设成为社会主义文化强国。我们一定要发扬雷锋锐意进取、自强不息的创新精神，不断开创改革开放事业的新局面，攀登改革开放事业的新高峰。

（4）艰苦奋斗、勤俭节约的创业精神。艰苦奋斗、勤俭节约，是雷锋精神极具特色的内容，它秉承了中华民族艰苦奋斗、发愤图强的民族精神，发扬了艰苦创业、勤俭建国的革命传统。雷锋在工作上处处为国家着想，事事精打细算。雷锋有一个“百宝箱”，他把平时捡拾到的各式各样的物件收纳在他的百宝箱里面，而这些东西随时可以派上用场，既为国家节约了财物，也为他人提供了方便，还能够提高自己的工作效率。这种勤俭节约、艰苦奋斗的优良作风在今天已经少有见到，也正是因为如此，这种精神在物质财富日益富足的今天显得更加可贵。然而，随着社会的大转型，个人主义、享乐主义之风越吹越盛，受各种腐朽思想的影响，有些人开始认为艰苦奋斗、勤俭节约已经不再适用于当今社会，认为雷锋精神也已经过时了，因此，贪图享受、铺张浪费的习气滋生了，也随之助长了一些不良社会风气。随着改革开放和现代化建设的发展，生产力水平的不断提高，社会财富的日益增加，我们鼓励科学合理的消费，对人们求富求美的需求也不再简单否定，但这与艰苦奋斗精神并不冲突。当下，我们提倡的艰苦奋斗、勤俭节约，反对的只是那些过度的超前消费、铺张浪费、讲排场、摆阔气的不良风气，尤其是挥霍奢侈的作风，这一点不但与在全社会大力倡导富国富民进取精神与新时代的创业精神不相矛盾，反而与之是相得益彰，互相促进的。我们要清醒地看到，我国仍然并将长期处于社会主义初级阶段的基本国情没有变，我国仍是世界上最大的发展中国家，全面建成小康社会、基本实现现代化依然任重道远。因此，我们决不能贪图享受，停滞不前，必须增强忧患意识，始终居安思危，踏实肯干，艰苦奋斗，勤俭创业，去战胜目前的一切困难，去攻克前进道路上的层层障碍，以实现全面建设小康社会的宏伟目标。

第二章

我国学雷锋活动常态化的实施

“雷锋叔叔没户口，三月里来四月走”，这句流行语反映了群众对学雷锋活动临时化、形式化的不满。之所以出现这一现象，主要是以往没有从长效化的高度来规划学雷锋活动。如何克服这一尴尬局面？党的十七届六中全会站在时代发展和战略全局的高度，作出必须“深入开展学雷锋活动，采取措施推动学习活动常态化”的重大决策，这是在党的文件中第一次对学雷锋活动提出新要求。那么，如何理解学雷锋活动常态化？为何要推动学习活动常态化？怎样推动学习活动常态化？

第一节　学雷锋活动常态化的时代意义和必然性

一、学雷锋活动常态化的时代意义

任何一个国家和民族，都需要用一种伟大的精神来凝聚前进力量，用一种崇高的道德来引领社会风尚。雷锋精神就是历经几代人传承和丰富发展的高尚精神。在当今深化改革开放、加快推进中国特色社会主义建设新的历史条件下，深入开展学雷锋活动，在全社会大力弘扬雷锋精神，必将为更好地凝聚全党全国各族人民的共同思想道德基础发挥极其重要的作用。正是适应这种时代呼唤和社会需求，党的十七届六中全会才明确提出了“深入开展学雷锋活动，采取措施推动学习活动常态化”

的战略要求。这是党中央在科学分析我国社会思想道德建设新形势、顺应人民群众精神文化新需求基础上向全党和全国人民提出的一项重要任务。

1. 推动学雷锋活动常态化是建设社会主义精神文明的迫切需要

社会主义精神文明是社会主义社会的重要特征，建设社会主义精神文明是发展中国特色社会主义的重要任务。改革开放以来，我国精神文明建设取得了巨大成效，但同时我们也应当看到，我国精神文明的发展程度同人民日益增长的精神文化需求还不能完全适应，一些领域道德失范、诚信缺失，一些社会成员人生观、价值观扭曲的现象还很严重，加快建设社会主义精神文明成为摆在我们面前的一项紧迫而艰巨的任务。雷锋是精神文明的典型化身，雷锋精神是精神文明建设的重要资源。雷锋身上所体现的爱党爱国、遵纪守法、助人为乐、敬业奉献、锐意进取、自强不息、勤俭节约、艰苦奋斗等精神，正是今天建设社会主义精神文明所要大力提倡的优秀精神。通过把学雷锋活动常态化、持久化，可以极大地提高我国公民的思想道德素质和社会文明程度，为发展中国特色社会主义提供强大精神力量。

2. 推动学雷锋活动常态化是建设社会主义核心价值体系的内在要求

社会主义核心价值体系是兴国之魂，它决定着中国特色社会主义的发展方向。通过建设社会主义核心价值体系，在全社会形成统一的指导思想、共同的理想信念、强大的精神力量和基本的道德规范，是我们发展中国特色社会主义的一项重大战略任务。雷锋精神体现了社会主义核心价值体系的根本要求。在新的历史条件下，坚持把学雷锋活动常态化、持续化，始终用人们景仰的先进人物来规范自身言行、用人们信服的榜样模范来激发精神力量，这对进一步增强人们认同和践行社会主义核心价值体系具有十分重要的作用。

3. 推动学雷锋活动常态化是实现社会主义文化强国战略目标的根本要求

党的十七届六中全会明确提出了建设社会主义文化强国的战略目标

和任务。文化强国的核心是思想强国、精神强国、道德强国。要建设社会主义文化强国，必须大力推动社会主义精神文明和物质文明全面发展，提高全体国民的思想道德素质和科学文化素质。雷锋精神是中华民族精神和时代精神的优秀典范，是提高国民思想道德素质和科学文化素质的最佳榜样。只有把学雷锋活动常态化、持续化，才能不断提升国民思想道德素质和科学文化素质，切实增强国家文化软实力，努力实现建设社会主义文化强国的战略目标。

二、学雷锋活动常态化的根本要求

1. 推动学雷锋活动时代化

雷锋精神是中华民族精神和时代精神的重要体现，是社会主义核心价值体系的当代诠释。雷锋精神不是僵化不变的，而应随着时代发展和社会进步不断与时俱进。只有把雷锋精神融入当前的社会主义核心价值体系建设过程中，融入马克思主义中国化最新成果教育、理想信念教育、民族精神和时代精神教育、社会主义荣辱观教育之中，才能真正使之成为激励全国人民奋力开拓中国特色社会主义事业新局面、实现中华民族伟大复兴的强大精神力量，增强学雷锋活动的针对性和实效性。

2. 推动学雷锋活动创新化

雷锋精神需要与时俱进，学雷锋活动同样需要与时俱进。要适应时代和社会发展的新要求，不断拓展活动主题、丰富活动内容、创新活动载体、更新活动方法，不断增强学雷锋活动的吸引力和感染力。要发挥互联网等新兴媒体的优势，运用信息网络载体开展学雷锋活动；把学雷锋活动与新兴公益活动有效结合起来，积极倡导扶贫帮困、慈善捐赠、捐学助老等活动，增强学雷锋活动的时代感；充分发挥好“志愿者服务”等活动载体的作用，在实践中不断创新活动内容和形式。

3. 推动学雷锋活动全民化

学雷锋是一种广泛的社会活动，必须发动社会各界群众自觉参与。这么多年，雷锋精神之所以影响深远，关键就在于广大人民群众始终对雷锋精神表现出高度认同，始终对学雷锋活动保持巨大热情。推动学雷锋活动常态化，很重要的一点就是要使这一活动进一步全民化、社会化。要充分发挥人民群众的首创精神，使学雷锋活动真正成为全体社会成员自觉参与的社会活动。

4. 推动学雷锋活动制度化

制度更具有根本性、长期性和稳定性，推动学雷锋活动常态化最关键的是要使这项活动进一步规范化和制度化。要把学雷锋活动自觉纳入精神文明建设和公民道德建设的总体规划，建立和完善精神文明建设指导委员会统一领导、党委宣传部门牵头组织、有关部门各负其责、社会团体积极配合、各方面广泛参与的学雷锋活动领导体制和工作机制，形成齐抓共管、协调推进的规范化、制度化工作格局。

三、学雷锋活动常态化的必然性

按百度百科词条的解释，常态是指正常的状态，常态化就是指趋向正常的状态，或是使某事物更趋近于合情合理的状态。依此理解，“学雷锋活动常态化”一方面是指学雷锋活动要经常化、长期化和长效化，另一方面也是指学雷锋活动要平常化、日常化和生活化。这也就是说，要把学雷锋融入公民的日常工作、学习和生活中，使学雷锋变成一种行为习惯和生活常态，经常不断地和深入持久地开展下去，引导人们自觉传承中华民族传统美德、努力践行社会主义道德规范。

半个世纪以来，雷锋形象始终留存于人们心底，人们从未遗忘雷锋这位全心全意为人民服务的道德楷模。在当代中国，雷锋仍是一个闪亮的道德符号，他身上所“体现出的爱党爱国、助人为乐、敬业奉献、锐意创新、艰苦奋斗的崇高精神和高尚品格”，继承了中华民族的传统美德，体现着社会主义道德的本质要求和现代社会对公民素质的基本要求，具有跨时代的普遍意义。所以在当前深入开展学雷锋活动、推动学习活动常态化，不仅合乎时宜，而且也有其客观必然性。

1. 学雷锋活动常态化是解决当前道德建设所面临问题的迫切需要

近年来，我国道德状况总体是健康的，但也存在局部领域道德失范的严重问题，如幼童被汽车碾压，过往行人“见死不救”；老人摔倒路上，因怕惹祸上身而没人敢扶；一些商贩唯利是图，制假售假坑害消费者等。这说明当今部分社会成员丢失了爱心、责任心、助人为乐和诚实守信的良好品德，也说明了当经济飞速发展、物质不断丰富的时候，更需要提升我们的精神境界。

如何解决“小悦悦事件”、扶老难题、“地沟油”、“毒胶囊”等道德困扰的问题？如何凝聚社会共识、激发道德力量？有识之士纷纷从雷锋精神中寻找可以挖掘的道德资源。这是因为对全国人民来说，雷锋“是社会主义中国的一座精神丰碑，哺育和激励了一代又一代人成长”。所以“在加强道德建设、培育良好风尚的社会期许中，雷锋的名字再次成为时代的呼唤”。置身利益分化、价值多元的当代社会，人们越来越意识到学习和弘扬雷锋精神的社会意义。当前我国局部领域道德失范成因复杂，影响广泛，不可能在短期内消失，需要我们耐心地打“持久战”。对全国人民来说，雷锋并不陌生，他是人人可学习、人人能效仿的道德楷模。通过推动学雷锋活动常态化，可以激发人们心中蕴藏的美好思想品德，激发人们参与思想道德建设的热情，自觉地从我做起，从身边事做起，进而逐渐在全社会形成共同的道德理想和价值遵循。这正如《爱的奉献》中所唱的，只要人人都献出一点爱，这世界将从此变得美好起来。

2. 学雷锋活动常态化是巩固和发展学习活动成果的内在要求

长期以来，我们在学雷锋活动上积累了许多好经验好做法，但也有诸多不足之处，这主要表现在学习活动存在“一阵风”现象，即在每年的“学雷锋日”，全国各地各种活动铺天盖地而来，过后就无声无息。在此，我们不能否定组织学雷锋、上街学雷锋的象征意义和动员作用。学雷锋要有一定形式，但不能搞形式主义。如果每年总是“一阵风”式地进行，缺乏一套长效机制做保障，那势必影响学雷锋的社会声誉，也不可能巩固集中活动的成果，更不可能推动学习活动的可持续发展。

无数事实证明，一项活动要持之以恒地开展下去，不可能靠轰轰烈烈来维持，而必须从常态化的高度来统筹谋划，学雷锋活动也不例外。

为了避免和消除学雷锋“搞形式”、“走过场”的现象，我们必须推动“学习雷锋好榜样”细水长流地开展下去。在现阶段，尤其要将组织的统一活动与个人的平时活动、业余活动结合起来，将学雷锋与其他活动融合起来，实现学雷锋同其他工作相互融合、协调推进，以此巩固学习活动的成果，不断推动学习活动向纵深发展。

3. 学雷锋活动常态化是构建社会主义核心价值体系的有效载体

党的十七届六中全会指出：“社会主义核心价值体系是兴国之魂，是社会主义先进文化的精髓，决定着中国特色社会主义发展方向。”因而推动社会主义文化大发展大繁荣，必须紧紧抓住社会主义核心价值体系建设这个根本任务，巩固与发展全党全国各族人民团结奋斗一的共同思想道德基础。

那么，如何构建社会主义核心价值体系？胡锦涛指出：“建设社会主义核心价值体系非一日之功，既是当前的紧迫任务，又是长期的战略任务，必须通过坚持不懈、持之以恒的努力”，借助一定的活动方式或载体形式落到实处，并长期坚持下去。雷锋是实践社会主义、共产主义道德的楷模，雷锋精神是党和人民极为宝贵的精神财富，是以爱国主义为核心的民族精神和以改革开放为核心的时代精神的重要组成部分，是建设社会主义核心价值体系的丰厚精神资源。在努力构建社会主义核心价值体系的今天，我们不仅要把雷锋精神作为社会主义核心价值体系的重要内容和有机组成部分，而且要通过推动学习活动常态化，使其成为社会主义核心价值体系建设不断向广度和深度发展的重要途径和有效载体，在深入推进公民道德建设和社会主义精神文明建设方面发挥其应有的作用，引导人们做民族传统美德、良好社会风尚的传承者、实践者和创造者。

4. 学雷锋活动常态化是保证社会主义市场经济顺利发展的重要动力

改革开放以来，我国经济社会发展取得的巨大成就，极大振奋了中华民族的民族精神，但一些不利于改革发展的深层次矛盾和社会问题也日益凸现。如在市场经济的大背景下，一些社会成员的人生观、价值观扭曲，个人意识被推向极端，对他人漠不关心，造成人与人之间的冷漠与疏离；一些社会成员越来越关注自身的利益得失，造假欺诈、见利忘义、损人利己、以权谋私等丑恶现象屡有发生。所有这些都让道德领域呈现复杂图景，让人们面临艰难选择，极不利于改革开放和社会主义市场经济的发展。

有效地解决和预防这些问题，固然需要制度的改进、法治的昌明，同样也需要道德诚信的社会环境。雷锋乐于助人，勇于承担责任，“恪守‘自己活着，就是为了使别人生活得更美好’的格言，并言行一致，表里如一”。雷锋精神无疑“是匡正道德失范、矫正诚信缺失现象的一剂良药”，“在人类迈向现代化的变迁和观念碰撞中，雷锋精神所焕发出的人类良知的恒久魅力正在为越来越多的世人所向往、所仰慕”，当然也是今天我国建设社会主义市场经济所必须倡导和坚持的。在我国这些年的经济快速增长中，人们已逐渐意识到仅有物质的丰富和欲望的满足，社会是不可能正常发展的。越是改革开放和发展社会主义市场经济，就越要弘扬雷锋精神。我们要在2020年建成小康社会，更是离不开崇高信念、先进文化的引领。而通过推动学雷锋活动常态化，大力弘扬雷锋精神，为人们提供判断是非、善恶、美丑的基本准则，形成“我为人人、人人为我”的良好氛围，将有助于人们处理好个人与他人、个人与社会的竞争与合作关系，从而有力地推动我国改革开放和社会主义市场经济的健康发展。

第二节　建立践行雷锋精神的长效机制

雷锋精神已经成为了中华民族的实践理性，鲜明体现了中华民族在社会实践中合理地改造和完善自我的能力。践行雷锋精神最重要的就是要建立一种长效机制，保证践行雷锋精神活动的常态化。

一、坚持先进性和群众性相统一

践行雷锋精神应针对不同群体的不同特点，提出不同的要求，采取不同的方法和途径，坚持把先进性要求与群众性要求结合起来，区分层次，着眼多数，鼓励先进，循序渐进。共产主义道德精神如大公无私、毫不利己、专门利人、舍己为人、全心全意为人民服务等是社会主义阶段道德建设的目标，应该用这种精神去净化人们的灵魂，提升人们的精神层次。广大的党员干部及先进分子应该发扬和践行雷锋的“无私奉献”精神，牢固树立正确的权力观、地位观、利益观，坚持立党为公、执政为民，切实做到权为民所用、情为民所系、利为民所谋，团结带领人民群众积极投身改革开放和现代化建设实践，起到率先示范作用。对广大群众，要提倡和鼓励他们践行雷锋的“助人为乐”、“互帮互利”的团结友善精神，这是公民道德建设的内容，是人民群众应当遵守的行为规范，同时又要引导人们向更高的道德境界攀升。

二、坚持走向社会和立足岗位相统一

践行雷锋精神是通过人们各种各样的社会活动，把雷锋精神承载的对人、对社会、对国家、对未来的美好愿望付诸实践。践行雷锋精神既要走上社会又要立足岗位。一方面，要组织各种活动，形成行之有效的载体，促进团结友爱、利人利他的良好社会风气的形成。另一方面，要把雷锋精神融入本职工作，从我做起、从点滴做起，爱岗敬业，立足于本职工作来践行雷锋精神，是真正可靠、真正有生命力的途径。只有把雷锋精神同具体的工作学习紧密结合起来，才能使学雷锋活动具有更深刻的社会性和经常性，使践行雷锋精神成为日常生活、工作学习的重要组成部分，才有看得见摸得着的切实内容。这样才能处处、时时学雷锋，不断激励人们奋发上进。

三、坚持将传承精神和服务时代相统一

雷锋精神中的爱人助人、敬业奉献的道德要求，蕴涵着人类对人所

应有的精神品质的理想价值取向。今天的时代与雷锋生活的时代相比已有很大的改变，但人们依然需要理想的陶冶和激励，需要精神的给养和牵引，雷锋精神仍然闪耀着时代光芒，仍能给予我们丰富的精神营养。我们应该立足于新的时代、新的要求，不断赋予雷锋精神新的时代内涵。发扬螺丝钉精神，不是要让人们放弃人才流动和职业竞争，而是要具有爱岗敬业的职业精神。热爱本职工作，干一行、爱一行，钻一行、精一行，就是要在工作上不断创新，追求自己职业上的完美、一流和卓越。发扬勤俭节约精神，并不是要求人们一定像过去那样穿补丁衣服，更不是要大家过“苦日子”，而是保持量力而行的生活方式，不过分追求超越现实条件的物质享受，反对挥霍奢侈、骄奢淫逸。

四、坚持个体内化和机制保障相统一

雷锋精神只有内化于心、外见于行，才能发扬光大，才能深入持久。因此，要积极促进群众由自发学习雷锋精神向自觉践行雷锋精神转化，把雷锋精神真正内化为个人的精神追求，自觉自愿把践行雷锋精神作为一种人生价值的体验活动。践行雷锋精神需要个体的内化与自觉，也需要建立起健全的保障机制，让雷锋精神在全社会得到大力弘扬，使雷锋精神的实践进入良性发展的轨道。首先，加强组织和领导，强化组织保障，发挥各部门各团体协调联动机制的作用，齐抓共管，凝聚合力，提高践行雷锋精神活动的实效。其次，营造人人学雷锋、人人做雷锋的浓厚氛围，大力宣传来自群众、有血有肉、可亲可信、可敬可学的模范人物，坚持用身边典型教育引导身边人，让人民群众学有榜样、赶有目标、见贤思齐。再次，制定保护学雷锋先进人物的政策，不能让学雷锋典型吃亏，关心和爱护学雷锋典型，让典型真正得到社会的尊重，让学雷锋典型感到温暖、感到关怀，以此激发人们践行雷锋精神的积极性和主动性。

第三节　推动学雷锋活动常态化的路径选择

推动学雷锋活动常态化是一项系统工程，这不是仅仅依靠某一方面某一环节的改进或完善就能达到的，而需要通盘考虑、共同给力和整体推进。

一、强化日常宣传

在全国范围推动学雷锋活动常态化，需要营造良好的舆论环境，为此，报刊、广播、电视、网络等媒体责无旁贷。首先，各种媒体应共同给力，策划和设置学雷锋的专题栏目，及时推荐学雷锋的先进典型，一起抓好雷锋精神的宣传教育，促使雷锋事迹和雷锋精神深入人心；其次，媒体宣传应日常化，各类媒体不能仅仅在每年的3月5日搞突击宣传，过了之后就“偃旗息鼓”，而要将集中宣传与平时宣传有机地结合起来，日常化报道发生在基层群众中学雷锋的先进典型，并以这种常态化宣传推动学雷锋活动常态化开展。

此外，雷锋是好人的典范，是为人民服务的典范，但雷锋并非完人，他的所作所为也并非道德神话，他是一个在平凡中坚持做好事的人。所以，在对雷锋及其先进事迹的宣传报道上，媒体必须力求全面、真实和人性化，纠正长期以来的拔高、理想化和过于纯化的偏颇，以更加理性的态度、从更加人性的角度来诠释雷锋和雷锋精神，让雷锋“归队”，回归到中国许许多多先进人物的谱系中去，给公众还原一个真实的、可信的和可以接受的形象。这样的雷锋尽管不那么神圣了，但却与我们贴得更近了，是一个有亲和力有吸引力的人，也是人人可学、人人能学的人。唯有如此，学雷锋活动才能经久不衰。

二、坚持岗位敬业

雷锋的一生没有惊天动地的壮举，他的崇高精神主要体现在平凡岗位、日常活动中。在一定意义上说，雷锋精神的实质就是敬业爱岗的责任心，这种敬业精神不会因时代的变迁而更易。所以，推动学雷锋活动常态化，不能只限于“学雷锋日”，更不该作秀，而应将雷锋精神融入工作、学习和生活中，关键是从自我做起，贵在坚持。这是雷锋做“好人好事”的重要启示，也是长期坚持学雷锋的最好体现和根本要求。

提倡“岗位学雷锋”，可以使绝大多数群众认识到雷锋不是高不可攀的，雷锋精神也不是高深玄奥的，而是可学可及的。为此要求广大群众努力做到如雷锋那样，立足自己的岗位，从本职工作做起，从身边事做起，从小事做起，这有利于各行各业加强职业道德建设。同时，强调在日常生活中学雷锋、坚持不懈地学雷锋，把雷锋精神内化为个人的自觉追求和价值取向，让践行雷锋精神成为人们自觉自愿的行为，这有助于人们形成公共精神和强化公德意识，从而推动学雷锋活动更加深入持久地开展下去。

三、树立典型引领

从榜样的感召力来看，人们身边涌现的学雷锋典型对人们更有吸引力、教育意义也更大。所以在现实中要将学雷锋与学英模相结合，树立一批体现时代精神的学雷锋先进典型，不断展示雷锋精神的时代风采，丰富和深化学雷锋活动的时代内涵，让广大群众学有榜样、赶有目标、见贤思齐，这样才能使雷锋精神得到更好的传承和发展，也才能使学雷锋活动常学常新、与时俱进。

正因为雷锋精神的生命力是依靠一个个具有鲜明时代特征的先进典型来延续的，所以我们要推动学雷锋活动常态化，就要结合时代特点、地区（行业）实际，注重挖掘不同领域、不同类型的学雷锋典型，通过组织发动、媒体发现、社会推荐等方式，不断推出雷锋式的先进人物，并通过举办报告会、宣讲会、座谈会和图片展等形式，在人民群众中广泛宣传、介绍他们的感人事迹。实践表明，一个社会之所以要不断推出新的学习榜样，其目的在于发挥先进人物的示范效应，表明这个社会的价值导向，而将学雷锋与学身边先进典型结合起来，可以更好地发挥道德榜样的引领和带动作用。广大群众通过身边这些可信可学的好人的所作所为，认识到了只要足够努力，人人都能学雷锋，这对于促使模范人物的先进事迹转化为大家的共同行动，推动学雷锋活动的大众化、日常化和长期化是有极大促进作用的。

四、纳入群众活动

马克思主义认为，人民群众是历史的创造者和实践的主体，所以，推动学雷锋活动常态化，必须坚持不懈地发动群众广泛参与。离开人民群众的参与，学雷锋活动就成了无源之水、无本之木。而开展学雷锋活动常态化，有利于广大群众进行自我教育、自我服务和自我管理。那么，在当前深入开展群众性学雷锋活动有无可能性呢？答案是肯定的。半个世纪以来，雷锋的名字伴随着好几代人在成长。自 20 世纪 60 年代初毛泽东号召全国人民学雷锋以来，学雷锋活动虽时有起伏，但从未真正停止过。这反映了尽管社会在变迁，人们对雷锋是个好人的崇敬之情从未改变，人们对崇德尚义的向往和追求也从未泯灭。

开展学雷锋活动常态化，关键是发动群众、人人参与。在现阶段，我们要把学雷锋融入各种群众性精神文明创建活动中，吸引更多的人加入到学习活动中来，就必须坚持面向基层、面向群众、面向青少年的原则，充分发挥工会、共青团、妇联等群众性组织的作用，借助群众性精神文明创建活动这一平台，广泛开展各类群众性学习实践活动，将学雷锋纳入到创建文明城市乃至文明社区、文明单位的活动中，纳入到争先创优各项活动中，深入开展形式多样、寓教于乐的各种主题实践活动把统一组织活动与自发开展活动结合起来，把集中活动与日常学习、生活结合起来，在全社会推动人人学雷锋、长期学雷锋，弘扬雷锋助人为乐的奉献精神，努力营造“知荣辱、树正气、促和谐”的社会风尚。

五、创新载体形式

近年来，各种志愿者活动、义工服务将雷锋精神与现代公益慈善活动相结合，凝结了中华民族的优秀品德，闪烁着社会主义的道德光辉，构成了新时期学雷锋活动的重要载体和有效形式。当前推动学雷锋活动常态化，一方而要与开展各种志愿服务活动结合起来，通过切实发挥志愿服务活动这一载体形式的作用，使传统单一的做“好人好事”形式逐步转变为经常性的社区服务活动，真正使学雷锋活动长效化；另一方而也要以开展各类志愿服务作为重要抓手，推动建立参与广泛、形式多样、活动经常、机制健全的志愿服务体系，以制度化实现学雷锋活动的可持续发展。

值得指出的是，雷锋精神是几十年来历史积淀的结果，也是今天中国社会发展的内在要求，雷锋精神的内核（爱岗敬业、助人奉献）不会过时，但学雷锋的方式方法却要与时俱进。随着改革开放和社会主义市场经济建设的深入发展，人们的行为方式、生活方式以及价值取向、道德标准等都在发生深刻变化，我们要因时而变、积极探索，不断开辟群众乐于接受的渠道，搭建便于群众参与的平台，创新有利于吸引群众广泛参与而又简便易行的载体形式，使学雷锋活动更加贴近生活实际，增强时代感和吸引力，推动学习活动经久不衰、历久弥新。

六、融入国民教育

深入开展学雷锋活动，让雷锋精神内化为每个人心中的道德律令，离不开持久而有效的养成教育。学校是教育人、培养人的最重要的场所之一，青少年是祖国的未来、民族的希望，也是开展学雷锋活动的重点群体。深入开展学雷锋活动，有利于净化青少年成长环境、有助于促进青少年健康成长。因此，推动学雷锋活动常态化，学校教育肩负着重要使命。

在大中小学生中广泛开展学雷锋活动，第一，必须把弘扬雷锋精神作为加强思想道德教育、推动社会文明进步的一项重要任务融入国民教育全过程，把雷锋精神作为德育课程的重要内容，借助和运用讲座报告、展览展示、辩论会等多种方式，推进雷锋精神进教材、进课堂和进头脑；第二，必须把学雷锋活动作为加强未成年人思想道德建设和大学生思想政治教育的重点课题，借助互联网等技术手段，设计一些青少年乐于接受、愿意参加的实践活动形式，使雷锋精神真正为青少年所感知、所认同，以充分发挥青少年在学雷锋活动中的骨干作用；第三，必须“制定完善考评措施，把学雷锋活动纳入青少年思想道德教育和大学生思想政治教育工作质量评价体系，纳入学生综合素质评价体系”，通过持之以恒的养成教育，引导广大青少年自觉养成良好的行为规范。

七、提供理论支持

雷锋精神是历经几代人传承和丰富发展的高尚精神，体现了中华民族的传统美德，构成了社会主义核心价值体系的有机组成部分。因此，深入开展学雷锋活动，不能仅限于做“好人好事”上，还要“把雷锋精神研究纳入高校哲学社会科学规划和全国教育科学研究规划，支持一批重点研究课题，推出一批有分量的研究成果”，“积极探索构建雷锋精神学术研究体系”，充分发挥高校、科研院所、社科研究基地特别是雷锋精神研究会的作用，着力推出一批影响深远的精神食粮，为全社会深入开展学雷锋活动提供有力支撑。目前学雷锋活动首先要做的事情有：第一，要将学雷锋作为推动社会主义核心价值体系建设的一项重要活动来谋划，力求把现阶段为何要学雷锋以及如何学好雷锋等问题讲清楚讲明白；同时，积极寻求与市场经济相适应的、有利于构建社会主义和谐社会的学雷锋的载体形式，吸引群众广泛参与。第二，要认真总结以往学雷锋活动的经验教训，为深入开展学习活动提供借鉴；此外，还要积极探索新形势下如何延续雷锋精神，以及如何使学习活动常态化、机制化的模式与方法，力求对策有可行性。第三，要对雷锋精神及学雷锋活动进行系统研究。一是在弘扬雷锋精神方面，应着重探究雷锋精神的本质，深入阐释雷锋精神的时代内涵，不断挖掘雷锋精神的当代价值，避免肤浅化、表面化现象；二是在学雷锋活动方面，应对学习活动的具体内容、方法以及如何增强针对性、实效性、综合性、持久性等问题进行深入研究，力戒学习活动的口号化、阶段化和形式化倾向。第四，要结合时代特征和群众关切的问题，注重研究如何用群众语言说理、用通俗语言说话，深入浅出地宣讲雷锋精神等。可以说，对雷锋精神的深入探究，必将有力地助推学雷锋活动的常态化。

八、重在干部表率

干部带头学雷锋是广大群众的热切期望。但在现实中，一些干部台上宣讲道德头头是道，台下却言行不一，甚至连基本的法律法规都不遵守，他们的行为有极强的负面效应，对群众的社会信任感冲击很大。在全党上下积极贯彻十七届六中全会和十八大精神、深入开展学雷锋活动之际，党员干部理应带头学雷锋，切实将学雷锋融入自己的工作、学习、生活和品德修养的全过程。这是党员干部加强政德修养的重要途径，也是学雷锋活动取得实效的重要保证，更是推动学雷锋活动常态化的关键举措。可以说，学雷锋活动的普及程度取决于党员干部的示范力度。

深入持久地开展学雷锋活动，党员干部需要带头学、坚持学，如此才能告别雷锋精神“三月里来四月走”的尴尬。首先，党员干部学雷锋不应只是停留在口头号召上，而必须率先垂范。其次，党员干部也不应只是满足于带一时之头、给群众做做样子，而必须坚持不懈地学习、自始至终地践行。一方面应在本职岗位上把弘扬雷锋精神与践行党的宗旨有机结合起来，自觉贯彻以人为本、执政为民的本质要求，“像雷锋那样尽心竭力为群众排忧解难，而不是对群众疾苦漠不关心、对群众利益麻木不仁；像雷锋那样爱惜民力勤俭节约，而不是吃则山珍海味、喝则茅台拉菲；像雷锋那样钻研本职攻坚克难，而不是躲着问题走、甘当太平官。”另一方面要当好“领头羊”，以德修身、以德服众，主动肩负起传承雷锋精神的责任，用实际行动担当雷锋精神“代言人”，带动全社会践行雷锋精神，把广大群众的向善向上之心凝聚起来，促进全社会道德水准的提升。

毛泽东曾说：“一个人做点好事并不难，难的是一辈子做好事，不做坏事。”谢觉哉也说过：“雷锋同志是平凡的，任何人都可以学到；雷锋同志是伟大的，任何人都要努力才能学到。”正因为此，推动学雷锋活动常态化，是一项长远而艰巨的系统工程。它不可能一蹴而就，也不可能一劳永逸，而必须形成合力、齐抓共管和常抓不懈。学雷锋活动常态化的开展，对于巩固和发展学雷锋活动成果、化解当前道德建设所面临的种种问题、构建社会主义核心价值体系和提高全社会文明程度，都具有重要的现实意义。

九、制度保障

制度既包括非正式约束的习惯和道德，也包括正式约束的法律。制度在对人际关系的约束和协调方面具有时间上的稳定性和空间上的广泛性，即一旦作为制度而存在，就不会朝令夕改，而是在一段时间内保持不变，同时，制度在所约束的人数上具有空间上的广泛性。所以，学雷锋活动中一系列相关制度的建立对于保障学雷锋活动在全国范围的长期稳定开展具有重要作用。

1. 定期学习制度：设立年度“学雷锋纪念日”

1962 年，雷锋同志因公殉职。1963 年 3 月 5 日，媒体发表毛泽东主席为雷锋同志题词：“向雷锋同志学习”，从此，3 月 5 日就被设为“学雷锋纪念日”，每年的这一天都会开展一定的活动来纪念雷锋同志，这成为一种定期学习制度。随着雷锋同志去世时间越来越久远，人们对雷锋同志的记忆也会不断淡化，再强调向雷锋同志学习就会比较困难，这就会影响学雷锋活动的开展，而“学雷锋纪念日”的设立不仅起到了一个定时唤醒人们对雷锋同志的记忆的作用，同时还能为学雷锋活动的开展提供一个好的制度平台。在每年的“学雷锋纪念日”都会有各单位组织的学雷锋队伍走上街头，为需要帮助的人提供服务与帮助。这些学雷锋活动不仅服务了群众，方便了大家，而且弘扬了中华传统美德。所以，“学雷锋纪念日”作为一种学习制度，它的设立对学雷锋活动的开展来说是个很好的制度保障。

2. 奖励表彰制度：各行各业评选“雷锋式”人物

奖励表彰制度是指对在生产劳动或工作中做出优异成绩的劳动者给予奖励的制度。中华人民共和国成立后，颁布了一系列关于奖励制度的法律法规。奖励包括精神奖励和物质奖励，其中，精神奖励亦称荣誉奖，如授予光荣称号、颁发奖状和奖章等；物质奖励是给予奖金、奖品等实物进行奖励。

通过物质的和精神的各种形式对在各领域表现优异的人进行奖励表彰既是对他们工作的认可，也是对他们进一步努力做出更加优异成绩的鼓励。鼓励先进的同时也是对后进的鞭策，所以，通过奖励表彰制度的建立既可以鼓励先进也可以鞭策后进，从而促进生产建设与社会发展。

在学雷锋活动中，奖励表彰制度也被派上了很好的用场。各行各业开展行业内的竞赛，比思想、比生产。通过奖励表彰制度的运用，鼓励群众向雷锋学习。在思想与工作方面表现突出的人就被评为“雷锋式”先进个人或行业劳动模范、带头人、标兵等。奖励表彰制度的引入对群众向雷锋学习是一种激励，所以，奖励表彰制度有力地促进了学雷锋活动的开展。

3. 教育制度：学雷锋活动融入国民教育全过程

教育制度是指一个国家或地区各级各类的教育机构与组织的体系及其管理规则。教育不仅能够促进文化传播起到文化传承的作用，同时教育还具有促进经济发展、推动社会发展等作用，其中，在促进政治的稳定与发展方面教育也具有其独特的作用，所以，掌握政治统治权力的阶级为了实现政治一体化往往就会重视并利用在这方面的作用。学雷锋活动是新中国建立初期中国共产党在特定的时代背景下发起的，确立共产主义信仰在意识形态的主导地位是开展学雷锋活动的重要目标之一，所以，当时为了促进学雷锋活动的全面推进，就把学雷锋融入了国民教育全过程，以教育制度建设为学雷锋活动提供制度支持和保障。具体表现是：第一，将有关雷锋的经典故事选入课本。这些故事生动而形象，同时在课文中还配有插图，以喜闻乐见的形式对学生们进行榜样教育。学生们通过雷锋的故事了解雷锋并学习雷锋。第二，唱关于雷锋的歌曲。《学习雷锋好榜样》的歌曲在学生中广为传唱，甚至影响了几代人。第三，在学校评优制度中有关于“雷锋式好少年”的评选。学校评选制度的建立是为了奖励先进、鞭策后进，所以，“雷锋式好少年”的评选既能够进一步鼓励思想觉悟高的学生也能够对思想觉悟有待提高的后进生产生一种激励作用。因此，“雷锋式好少年”的评选有利于促进青少年向雷锋学习，有利于促进学雷锋活动的开展。第四，组织学生课外开展学习雷锋助人为乐的活动。这种活动的开展使得“街头小雷锋”不断涌现，这也成为学雷锋活动由理论走向实践的一条路径。

4. 学雷锋活动的组织协调制度

组织协调制度是指按照活动开展的目的、任务和要求对该活动的具体开展加以组织与安排，使活动的各参与主体在活动中能在意见及行动上协调一致，从而使活动的开展有组织、有秩序地进行，达到既定目标的一整套运作制度。在学雷锋活动中，组织协调制度也是促进活动有序开展所必不可少的。具体说来，学雷锋活动中的组织协调制度是指通过对学雷锋活动的运行进行有计划、有目标的组织，使得学雷锋活动在部队官兵、工人、农民、学生中分别以适合不同人群的方式开展，并且对运动的开展进行合理的引导与控制，与学雷锋活动相关的社会部门之间相互配合共同把学雷锋活动推向前进。这一整套的运作模式就可以当做学雷锋活动的组织协调制度。

在学雷锋活动中，组织协调制度的运用不仅保证了整个运动开展的有序而且保证了运动的高效率，如果不是组织协调有力，学雷锋活动是不会在一个很短的时间里就达到当时的大范围与大规模的，也很难取得如此大的成效。

十、做到“五化”

推动学雷锋活动常态化是一项系统工程，需要各级领导和相关部门高度重视、周密部署。当前，推动学雷锋活动常态化需要从以下方面作出努力：

1. 推动宣传活动常态化

要进一步加大宣传力度，努力在全社会营造一种学雷锋活动的长效舆论氛围。各级各类宣传媒体要设立相对固定的“学雷锋”栏目，通过专题节目、新闻报道、嘉宾访谈、言论评述、理论探讨、公益广告等多种形式，宣传开展学雷锋活动的经验做法，传播新时代道德模范的感人事迹，弘扬雷锋精神的时代价值，在全社会形成学习践行雷锋精神的良好社会氛围。

2. 推动教育活动常态化

用雷锋精神教育广大青少年是推进学雷锋活动常态化的重要环节。要把雷锋事迹和雷锋精神融入国民教育全过程，使雷锋事迹和雷锋精神进教材、进课堂、进学生头脑，让广大青少年通过系统了解雷锋事迹，感受雷锋的高尚品格、崇高境界和精神魅力，使雷锋精神真正“入脑、入心、入行动”。

3. 推动研究活动常态化

推进学雷锋活动常态化还必须加强对雷锋精神的理论研究。要成立雷锋精神研究会等学术性社会组织，每年列出一批研究课题，纳入社科研究规划，不断推出有分量的研究成果，为推进学雷锋活动提供强有力的理论支撑。

4. 推动载体建设常态化

多年来的实践证明，志愿者服务是学雷锋活动的重要载体，也是推进学雷锋活动常态化的重要抓手，必须持之以恒地坚持下去；要充分发挥好雷锋纪念馆、展览馆和其他红色教育基地的重要作用，努力打造一批学雷锋活动的重点教育基地。

5. 推动实践活动常态化

学习的目的是为了实践。要紧密结合不同行业特色和部门实际，精心打造有特色有影响的学雷锋实践活动平台，在企业、农村、军营、社区和各类服务行业、窗口单位和公共场所开展丰富多彩的学雷锋活动，努力形成人人参与学雷锋活动、人人践行雷锋精神的良好社会风气。

第三章

我国志愿者行动的由来、比较及演进脉络

中国青年志愿者行动是共青团十三届二中全会的产物，并且作为共青团中央实施跨世纪青年文明工程的一项重要内容，郑重写进了《在建立社会主义市场经济体制进程中我国青年工作战略发展规划》。弄清这一活动的历史由来，深入研究我国目前开展这一活动的现状，借鉴国外的一些成功经验，以使我国的青年志愿者行动及早走上正规化道路，从而更好地为我国的社会主义市场经济建设添砖加瓦。

第一节　我国志愿者行动的由来、现状

我国志愿者行动，是共青团中央实施的“跨世纪青年文明工程”的一个重要项目，自 1993 年 12 月实施以来，已经赢得了社会各界的普遍欢迎和广大青年的积极响应。全国上千万的青年，包括一些其他年龄层的人群都热情地投身于这一行动。实践证明，志愿者行动从实施至今，为改善社会风气、融洽人际关系起到了积极的作用。然而，由于我国的志愿者行动起步较晚，经验尚在积累，在体制建设、运行方式以及经费补给等方面还需进一步加强与改善。因此，深入研究志愿者活动的起源与现状，借鉴国外一些成功的经验，结合我国的实际情况，创建一条具有中国特色的志愿者行动的路子，无疑对我国的两个文明建设具有重要的现实意义。

一、志愿者的历史由来

何为“志愿者”呢？要弄清这一概念，先要弄清什么是“志愿服务”。“志愿服务”是一种非政府系统的组织行为和服务行动，是民间系统服务于社会的群体行为或个人行为，即民间组织或个人利用自己的知识、技能、体能或财富，通过各种服务性的行动去实现和体现对社会事业的服务与奉献，或实施和完成对有困难的社会群体及个人的服务与保障（志愿服务所体现的核心精神是人道主义）。而“志愿者”就是指具有一定专业技能，热心社会服务和公益事业，以招募方式自愿参加志愿服务工作的青年。志愿者在国际已有先例，国内亦有典型。

1. 国际社会志愿者

国际社会志愿者行动起源在国际社会，志愿者源于对战争的人道主义援助，和平时期在建立良好社会风气和人际关系、帮助弱者、保护环境、维护和平中得以发展壮大，成为人们道德水准的一种体现。从某种意义上说，19 世纪 80 年代成立的国际红十字会就可以看做“志愿者”活动的最初表现形式，只不过国际红十字会在人员构成、服务范围等诸多方面还与志愿者组织存在着较大的差异。在 20 世纪前半期，许多国家虽然已有了形式多样的青年义务服务，但在组织形式上还是比较松散的，处于一种“自发”的、“无组织”的活动阶段。如墨西哥在卡德纳斯总统执政的 1936 年就出现了大学生社会服务活动，然而当时的服务范围只是集中在为农村提供医疗服务，而且也没有任何组织作为依托。20 世纪中后期，随着经济的发展，在美、英、加拿大等西方发达国家普遍兴起了“义工”活动，并且日益向组织化、规范化方向迈进。如 1961 年美国成立的为亚、非、拉和东欧许多发展中国家服务的和平队；1965 年成立的旨在“向贫困开战”的美国志愿服务队；加拿大则于 1971 年成立了可以使参加者在农业、社会工作、教育、媒体等领域从事志愿活动的“加拿大世界青年”，等等。诸如此类的志愿者组织在许多发达国家大量涌现出来，人数不断上升，规模不断增大，而且收到了良好的社会效果。据美国盖洛普民意研究所在 20 世纪 80 年代中期举行的民意测验显示：年龄在14岁以上的美国人中，有占半数的人做过义工。在当时，美国义工每周平均工作时间就已达三个半小时左右，发展到今天，美国的义工大军已经有上千万人，全美范围内至少有80个大型的义工团体。

2. 我国志愿者行动

我国志愿者行动起源于20世纪60年代开始的学雷锋活动，“向雷锋同志学习”是毛泽东主席当年向全国人民发出的号召，学雷锋就是学习他那种无私奉献、敢于牺牲的共产主义情操，发扬他那种不怕苦、不怕累的钉子精神，从而更加自觉地树立正确的人生观、世界观和价值观。志愿者行动就是近年来在学雷锋活动的基础上将学雷锋活动从“自上而下”、有组织的活动向自觉的活动转变而做的有益探索，是对学雷锋活动的继承、丰富和发展。

志愿者活动较之于学雷锋活动又有如下一些新的特点：

（1）志愿者行动本身是有组织的，并且采取招募的方式，这样更有利于活动的经常化和长期性。

（2）志愿者行动的领域更为广泛，它着眼于社区服务、扶贫开发、抢险救灾、支持大型社会活动等多方面。

（3）它更强调自主、自觉、自愿，充分尊重青年主体地位和自主意识，使青年从消极被动变为积极主动。志愿者行动克服了学雷锋活动的某些行政色彩，变“要我参加”为“我要参加”，充分调动了青年的主动性和积极性。

在总结各地所开展的“学雷锋、献爱心”活动的基础上，1993年12月，在共青团十三届二中全会上，“志愿者”这个响亮的名字应运而生，并且作为共青团中央实施“跨世纪青年文明工程”的一项重要内容，郑重地写进了《在建立社会主义市场经济体制进程中我国青年工作战略发展规划》。经过近一年的实践与摸索，1994年12月5日，“中国青年志愿者协会”在北京正式成立，胡锦涛向大会致信祝贺，荣毅仁亲自到会，并发表热情洋溢的讲话。从此，我国的志愿者终于有了自己的组织机构，走上了适应市场经济发展的规范化道路。我国的志愿者活动自开展以来，就受到了全国上下的普遍重视，广大青年积极响应，热情地投入到这一轰轰烈烈的事业中。从铁路系统的职工，到校园内的大中学生，从工厂的干部，到农村的普通青年，不计其数的人们加入到这一队伍中来，仅1994年的暑假，在全国的山乡村寨就有几万支大中专学生志愿者队伍在开展工作。

二、我国志愿者及其行动特点

1. 成为一名志愿者应办理的手续

要成为一名志愿者，应该办理下列手续：

（1）由本人向所在地的志愿者组织提出申请，或在所在地志愿者组织设立的志愿服务站申请、登记，并填写必要的表格，写明自己的姓名、年龄、特长、职业及可参加活动的内容、时间等基本情况；

（2）志愿者组织在确认申请人具备志愿者的条件后，要提出审核意见并通知本人；

（3）经过本人申请并审核合格的志愿者，必须服从志愿者组织或青年志愿服务站的安排，并切实履行志愿者的义务。

如果您具有大专以上学历，年龄在40周岁以下，可以报名到贫困地区去当中小学教师，或从事农业科技、文化、医疗等方面的志愿服务，当然，需要您身体健康、具有志愿服务精神。招募单位将向服务期间无工资收入的志愿者提供基本生活费，并提供住院医疗保险、人身意外伤害保险和往返共两次探亲路费。

2. 我国志愿者行动的宗旨

我国志愿者行动的宗旨是：通过开展青年志愿服务，推动社会主义精神文明建设，促进社会主义市场经济体制的建立和完善，提高青年整体素质，为经济社会的协调发展和全面进步作出贡献。

志愿者行动是随着社会主义市场经济的发展应运而生的，它着眼于服务改革、发展、稳定的大局和人民群众基本的生产生活需求，为促进社会主义市场经济体制的建立和完善服务，为社会主义精神文明建设服务。

开展志愿者行动，就是要立足社会需求，在党政关注、群众急需、青年热心的好事和急事上有所作为，通过志愿者的实际行动，在社会上倡导团结友爱、助人为乐、见义勇为、无私奉献的新风和正气，弘扬爱国主义、集体主义和社会主义精神，促进社会风气的进一步好转，同时也使青年在服务社会、帮助他人的过程中树立适应社会主义市场经济发展要求的社会公德意识和责任、义务观念，提高自己的思想道德和科学文化素质。

实践表明，志愿者行动是新的历史时期我国青年运动的新发展，是广大青年参与社会主义精神文明建设的新载体，是青少年在实践中经受锻炼、完善自己的新课堂，是共青团服从服务于全党全国工作大局、发挥助手和后备军作用的新途径。

3. 我国志愿者行动的口号

我国志愿者行动的口号是：爱心献社会，真情暖人心。

开展志愿者行动，就是要在当代青年中树立适应社会主义市场经济发展要求的责任、义务观念和社会公德意识，用实际行动倡导团结友爱、助人为乐、见义勇为、无私奉献的新风正气，弘扬爱国主义、集体主义和社会主义精神，促进社会风气进一步好转。促进人与人之间进一步形成和发展团结互助、和谐融洽的新型的社会主义人际关系，促进社会的和谐与稳定。同时，志愿者在服务社会、帮助他人的过程中，不断充实和提高自己，实现自身的价值，使自身情操得到升华。

4. 我国志愿者精神

广大志愿者奉献给社会的不仅仅是服务，同时也向全社会昭示了一种精神，那就是“奉献、友爱、互助、进步”的志愿者精神。

志愿者精神是对中华民族团结友爱、助人为乐、见义勇为、尊老爱幼、尊师重教等传统美德的继承和光大。中华民族拥有五千年的悠久文化和灿烂的东方文明，虽未曾举起过“志愿者”的旗帜，但从“乐善好施”的先哲千年古训到“助人为乐”的雷锋精神，无数仁人志士早已吟唱出人类道德情感的华美乐章。尤其是雷锋精神，已教育和培养了几代人。中华民族的传统美德，是我们宝贵的精神财富。志愿者行动既从中华民族的传统美德中汲取营养和力量，同时也是对中华民族传统美德的发扬和光大；志愿者精神闪烁着中华民族传统美德的光芒。

志愿者精神是社会主义时代精神的弘扬和体现。以共同富裕为目标的社会主义市场经济既追求效率、利润，鼓励竞争，同时也注重公平、道义和爱心。社会主义市场经济强调的是一种公平竞争、共同富裕，而不是唯利是图、弱肉强食、不择手段、不讲公德。市场经济要尊重价值规律和利益原则，但不能把社会关系都变成经济关系，一切向钱看，任何事情都讲经济利益和物质报酬，甚至连问路、救人都要收费，这恰恰是对市场经济的曲解。市场经济不仅需要建立完善的经济秩序，同时也需要建立良好的道德秩序和必要的社会保障。竞争作为市场经济运行手段是无情的，但社会主义社会应该是有情的。人们希冀在建立高度发达的物质文明的同时，也渴望真情，渴望精神文明随之发展，社会风气不断好转，建立互助友爱、和谐融洽的人际关系。建立社会主义市场经济体制，是一项任重而道远的全新事业，同样需要艰苦创业、无私奉献的精神。志愿者行动正是适应了社会主义时代精神的要求，着眼于帮困扶贫，救急救难，有助于公正合理的经济秩序、和谐互助的人际关系的建立，有利于为发展社会主义市场经济创造良好的社会环境和必要的社会保障。

志愿者精神也是对人类文明成果的吸收。志愿服务是一个国际性口号，在一些市场经济发达的国家已有了几十年的历史。早在第一次世界大战中，一些善良而又勇敢的人士，本着人道主义的精神，自愿奔赴战场救死扶伤，成为世界上最早的志愿者之一。第二次世界大战期间，更多的志愿者活跃在抵抗法西斯的战场上和大后方，我国人民所熟悉的白求恩大夫便是其中的杰出代表。在和平时期，志愿服务事业在有些国家又有了长足的发展，涉及环境保护、扶弱助残、赈济贫困、救灾抢险、社区建设、公益活动等越来越广泛的领域，志愿者身上所洋溢着的自我牺牲的品格、奉献敬业的境界、高度的社会责任感以及对社会进步的执著追求，深受人们的推崇和敬佩，也无疑是我国志愿者所称颂和效仿的。

总之，志愿者精神是我国传统美德、时代精神和人类共同文明的有机结合。我们深信，随着志愿者行动的深入开展，志愿者精神将更加深入人心，更加充溢社会，成为经济和社会发展的促进力量。

5. 我国青年志愿者的标志

1994 年 1 月 13 日，“我国志愿者标志征集”在《中国青年报》刊出。经由新闻界、美术界有关专家和团中央有关负责同志组成的评选委员会评审，确定清华大学美术学院教师陈磊的作品为我国青年志愿者标志。

标志的整体构图为心的造型，是英文“志愿者”的第一个字母“V”，红色。图案中央是手的造型，也是鸽子的造型，同时是英文“青年”的第一个字母“Y”，白色。

标志寓意为我国青年志愿者向社会上所有需要帮助的人们奉献一片爱心，伸出友爱之手，表达“爱心献社会，真情暖人心”的志愿者主题。

我国青年志愿者帽子为宝石蓝色，在帽檐儿上方正面印有“中国青年志愿者”白色字样，其下正中为志愿者标志。

各级、各类志愿者组织开展志愿服务活动时，其志愿者可以头戴志愿者帽子。

6. 我国志愿者行动的原则

1994 年 2 月，中共中央政治局常委、书记处书记胡锦涛同志在参加“为老科学家、老教育家、老干部献爱心”志愿者活动时指出，开展志愿者行动，一定要坚持自愿参加、量力而行、讲求实效、持之以恒的原则。这是开展志愿者行动必须遵循的基本原则。

“自愿参加”主要是强调参加青年志愿服务的自觉性。自愿参加是志愿者行动的主要特征之一，也是开展青年志愿服务活动的前提。只有“自愿”才能成其为“志愿者”，只有“自愿”才能持久。对于参加者而言，志愿者行动的魅力就在于它变“要我参加”为“我要参加”，充分尊重青年的主体地位，注重调动青年自身的积极性、主动性。

“量力而行”就是要根据自己人力、物力、财力条件允许的程度来开展工作。首先，要研究服务客体，也就是要研究服务对象，搞清楚服务需求。现实生活中服务需求是多方面和多层次的，志愿服务一定要从共青团和青年的实际出发，从各地、各条战线、各个行业的实际出发，从社会需求的实际出发，把主观愿望和客观实际结合起来，把社会需求和服务能力结合起来，实事求是，量力而行，不搞一刀切。要分清什么是现在能做到的，什么是下一步才能做到的，什么是将来才能做到的，还有什么是我们做不到的。我们既不能无所作为，也不可包打天下。要循序渐进，逐步发展，切不可操之过急，否则欲速则不达。

“讲求实效”首先就是要办实事。志愿者行动的出发点和立足点，就是要上为政府分忧，下为群众解难，为社会、为群众办实事。其次是要抓落实。面上的示范性的活动要搞，但工作重点是狠抓在基层的落实。青年志愿服务只有落实到基层，落实到具体人、具体事，真正成为基层广大青年的经常行为，才有生命力和发展前途。再次是求实效。求实效的集中表现就是在实践中使社会和群众体验和享受到志愿服务的成效。办实事、抓落实、求实效三者缺一不可。

“持之以恒”就是指青年志愿服务要做到经常化、长期化。志愿者行动是一项跨世纪事业，必须以办事业的精神和方法来推进。开展志愿服务活动必须与建立多层次社会保障体系结合起来，必须着眼于建立有中国特色的青年志愿服务体系，必须建立必要的机制以保障志愿者行动经常化、长期化、规范化、制度化。要健全组织，稳定队伍，建立基金，制定规章，形成机制，坚持长久。要保持工作和人员的相对稳定性和连续性。

“自愿参加”、“量力而行”、“讲求实效”、“持之以恒”是相互联系的一个整体。只要自愿参加才能“持之以恒”，自愿是持久的前提，自愿才会任劳任怨、坚持不懈。“量力而行”也是“持之以恒”的重要因素，只有“量力而行”，才不会力不从心，虎头蛇尾，半途而废。也只有“讲究实效”，实实在在地为社会、为群众做好事、做实事，使青年志愿服务落实到基层，深深地扎根于人民群众生产生活的基本需要之中，才有强大的生命力，才能“持之以恒”。

7. 我国志愿者行动的基本任务

我国志愿者行动的基本任务包括以下几个方面：

改善社会风气和人际关系，为发展社会主义市场经济创造良好的社会环境；

适应社会主义市场经济发展的需要，推动青年志愿服务体系和多层次社会保障体系的建立和完善；

培养青年的公民意识、奉献精神和服务能力，促进青年健康成长；

为城乡发展、社区建设、扶贫开发、抢险救灾以及大型社会活动等公益事业提供志愿服务；

为具有特殊困难以及需要帮助的社会成员提供服务；

规划、组织青年志愿服务活动，协调、指导全国各地、各类志愿者组织开展工作；培训志愿者；

开展与海内外志愿者组织和团体的交流。

8. 我国志愿者行动的服务对象

一是志愿者行动以人为主的服务对象主要有：

（1）企业的困难职工和离退休职工。志愿者应把这一事关国家经济发展和社会稳定的大事当成自己的任务，认真实现为困难企业排忧解难志愿者行动，努力协助有关部门做好下岗或待业职工的就业咨询和指导、培训、择业介绍等服务，组织志愿者开展“送温暖”活动，为离退休困难职工提供医疗保健及日常生活等方面的志愿服务。

（2）有突出贡献和有特殊困难的老干部、老科技工作者、老教师。胡锦涛同志曾强调指出：“老同志为革命作出了贡献，是党和国家的宝贵财富，全社会，特别是青年为他们做些事情是应该的。广大志愿者为作出突出贡献和有特殊困难的老知识分子、老干部、老劳模服务，是在社会主义市场经济条件下建设精神的一种好形式。”通过志愿者上门入户为他们提供医疗保健、整理资料以及生活服务等，既为他们解决了生活上的困难，又使志愿者从老同志身上受到了许多教益，收到了良好的效果。

（3）农村青年文盲。据统计，我国有文盲约 1.5 亿人，其中青壮年文盲有3500万人，这是制约当地经济发展和社会进步的重要因素。共青团中央和国家教委组织实施了中国大中学生志愿者扫盲与科技文化服务行动，组织大中学生志愿者利用暑期深入老、少、边、穷地区或国家规定的扫盲重点地区开展扫盲与科技文化服务活动，并建立相对稳定的联系。同时开展科技扶贫、送医下乡等志愿服务活动。

（4）见义勇为英雄及家属。近几年，全国各地涌现出一大批为保护国家和人民生命财产安全见义勇为、舍生忘死的英雄，为了不让“英雄流血又流泪”，志愿者们纷纷行动起来，以爱英雄、帮英雄、学英雄为主题开展志愿服务，分别承担了英雄及其家属的生活料理、医疗保健、子女家教等任务，体现了“正义与真情同在，青年与英雄同行”，使志愿者行动的服务对象延伸到了为帮助别人的人提供志愿服务上来。

（5）孤寡老人、孤残儿童。这些社会成员除需要获得必要的物质生活保障外，还需要在生活、健康等方面得到全社会的关心和帮助，为此，各地志愿者把他们作为重点服务对象之一，开展“帮孤助残献爱心”等主题活动，志愿者们深入敬老院、福利院、孤儿院，通过为他们提供生活、文化、教育、医疗保健等方面的志愿服务，使他们感受到了社会主义大家庭的温暖。

（6）灾区及贫困地区的困难群众。近几年来，各地志愿者围绕着为受灾地区群众送温暖和帮助贫困地区尽快脱贫致富，组织开展了为灾区困难群众捐款捐物和其他形式的送温暖慰问活动，为贫困地区开展科技开发、培训科技人员、文化扶贫、助耕助收、扫盲支教等服务活动，深受农民群众欢迎。另外，由一些乡镇青年企业家、农村星火带头人等组成的志愿服务队为边远、贫困地区引进项目，开展农业新知识、新技能的普及和推广，也取得了一定的经济效益和社会效益。

（7）民工。如何引导“民工潮”有序合理的流动、安置好民工的工作和生活以及解决好他们在教育、文化、娱乐等方面的问题，一直是党政部门关注的大事。志愿者行动应该在这方面有所作为，组织志愿者为他们提供教育、培训、咨询、职业介绍、文化娱乐等方面的志愿服务就是一个切实有效的途径。

二是以社会事业为主的服务对象主要有：

(1) 社区。主要是以青年志愿服务组织（如：志愿服务站等）为依托，以“一助一”长期结对、青年志愿服务广场为基本形式，组织志愿者为社区成员开展志愿服务和社区成员之间开展互助型的志愿服务。

(2) 自然环境。随着科技和社会的进步，环境保护问题越来越突出，引起了社会各界的广泛关注。志愿者行动开展以来，不仅在植树、治沙、净化风景区、美化环境、为重点工程开展志愿服务等方面作出了贡献，同时也以自己的实际行动呼吁人们增强环保意识，共同维护人类的生存和发展环境。

(3) 社会治安。共青团组织结合党政领导关注、社会关心的治安问题，开展社会治安综合治理志愿者活动，组建治安联防、反扒队等志愿者服务队，深入社区、街道、农村，协助公安机关维护社会秩序。

(4) 公益事业。根据社会急需，为抢险救灾、大型社会活动等提供突击性、应急性的志愿服务活动，深受群众欢迎和党政领导好评，同时扩大了志愿者的社会影响，带动了更多的人加入志愿服务的行列，在全社会树立了志愿者的良好形象。

9. 我国志愿者行动的基本特征

我国志愿者行动在蓬勃兴起的过程中，呈现出符合时代要求和青年要求的鲜明特征：

一是时代性。志愿者行动顺应了时代发展的要求，它着眼于为建立社会主义市场经济体制创造良好的社会环境，在建立和完善多层次社会保障体系方面有所作为；它弘扬新风正气，是新时期动员青年参与群众性精神文明建设活动的有效途径；它上为政府分忧，下为百姓解愁，帮困扶贫，救急救难，促进了改革、发展和稳定；它引导当代青年在服务社会的实践中成长成才，成为跨世纪的合格人才，具有鲜明的时代特征。

二是自愿性。志愿者行动以激发基于道义良知、同情心和公民社会责任感等青年内心行为动机为主要动员手段。组织者公开招募，参与者自愿报名，充分尊重了当代青年平等参与的意识。正是由于志愿者行动以自愿参加为前提，参加行动的动力来自参与者本身，因而参与者更具有积极性和责任感，比较容易坚持，有利于活动的持久和深入。

三是群众性。由于符合青年的愿望和社会的需求，志愿者行动具有强烈的社会感召力和广泛的群众基础，是一项以青年为主体、全社会广泛参与、充满生机与活力的群众性活动。它已超越了空间、时间、职业等方面的局限，遍及、深入到社会生活的各个方面、各个层面，在全社会形成了强烈的辐射效应。各地、各条战线、各个行业的团组织结合自己的实际开展活动，使志愿服务从内容到形式都呈现出多样性。志愿者行动的参与面、发动面和服务面都比较广泛。

四是实践性。志愿者行动是一种生机勃勃的群众性社会实践活动，它既是实实在在的社会服务活动，又包含着深刻的思想政治教育内容，是两者有机的结合，具有帮助他人、完善自己、服务社会、弘扬新风的功能。志愿者实实在在的服务实践，使服务的主体和客体都发生深刻的变化。

五是开放性。志愿者行动立足现实，着眼未来，服务社会，教育青年，是一个开放的动态的系统，无论是内容还是形式，都具有丰富的内涵和极强的吸纳能力。志愿者行动是一项面向社会、面向世界、面向未来、充满勃勃生机和跨世纪事业，它鼓励和需要人们大胆探索，勇于实践，不断创造、丰富和完善它的内容和形式；它充分尊重和大力倡导各地各类志愿者组织在志愿服务方面的自主性和创造性，形成丰富多彩、富有特色的志愿服务活动和模式。

六是社会性。从发展目标来看，志愿者行动要逐步成为社会成员的一种日常行为，成为全社会广泛参与的一项社会事业。就推进手段而言，志愿者行动从组织发动、开展服务到机制建设，都十分注重开发和利用社会资源，调动社会各方面的积极性，形成合力，共同推进。

七是事业性。各地都坚持以办事业的精神和方式推进志愿者行动，非常重视研究和积极探索使志愿者行动坚持长久的途径、方式或机制，在开展活动的同时注意健全组织，稳定队伍，建立基金，形成项目，并创造和完善了使活动经常化、规范化的“一助一”、“包户”、“结对”、“三定三包”等志愿服务形式以及在志愿者招募、使用、管理、培训、评价、奖励等方面逐步形成较为规范的制度，努力使志愿者行动成为一项跨世纪的事业。

10. 新时期志愿者行动的时代意义

志愿者行动是“跨世纪青年文明工程”的重要组成部分，是以“奉献、友爱、互助、进步”为宗旨，以倡导青少年利用业余时间，志愿无偿地参与扶贫帮困和社会公益事业为主要内容的一项社会服务活动。近年来，志愿者在社会保障、社区服务、救援抢险、大型活动、城区建设、环境保护，以及促进社会稳定中发挥了重要作用。

志愿者行动把服务社会与教育青年有机地结合起来，契合时代发展步伐，合乎社会进步潮流，符合青年成长特点，已经成为共青团组织在社会主义市场经济条件下动员青年的有效手段，成为新时期青年思想政治工作的重要载体。

第一，志愿者行动倡导的“志愿、奉献”的精神。“志愿、奉献”精神是中华民族“助人为乐”传统美德和新形势下弘扬雷锋精神又一实际行动的有机结合。志愿者伸出友爱之手，为老英模、军烈属，为见义勇为的英雄模范人物提供无偿服务，为贫困山区、革命老区的孩子捐款助学，为农村带去了科学，送去了科技文化，也带去了文明，推动了社会进步。同样，广大青年在城市社区开展志愿服务活动，服务社会，服务老人，服务困难职工，都体现了“志愿、奉献”的精神。每一个时代的青年都是最有理想、最进步、最活跃的群体。志愿者行动所体现的时代精神，所体现的中华民族的传统美德，正是当代青年的精神追求。

第二，志愿者行动服务于人民群众生产生活的基本需求。随着社会主义市场经济体制的建立和发展，人民群众的需求日益多样化。在城市，随着政府职能的转变、各项改革制度的推进，人们的组织方式已经或正在发生变化，传统的“单位人”概念淡化，每一个人都是社会的一员，都将成为“社会人”。为此就需要构建社会保障机制和社会互助的体系，为“社会人”，特别是一些弱势群体提供各种各样的服务。我们在城区开展志愿者活动，满足了人民群众的这些需求。在农村特别是在贫困地区，人民群众有脱贫致富的强烈愿望，志愿者“三下乡”和扶贫接力计划，就是服务于他们的这些需求。为人民群众的基本需求服务，是志愿者行动的生命力所在，它的时代意义所在，也是全心全意为人民服务精神在志愿者身上的具体体现。

第三，志愿者行动成为精神文明建设的新载体。志愿者行动将分散的、各自的道德理性和道德热情融入规范化、制度化的社会服务体系中，有效地承载了社会主义精神文明建设这一历史重任。精神文明建设活动是体现于人们社会生活中的友爱、奉献、互助、守信与公平，并以其为载体。寓精神文明建设于青年志愿服务之中，更贴近时代的发展，更符合青年的特点和愿望，更能为社会公众所接受，从而产生较为显著的社会影响。志愿者行动对精神文明建设的作用不仅在于道德的呼唤和重建，更重要的是它广泛调动了社会青少年的参与意识和主体能动性。在一定意义上，精神文明的内涵蕴藏在青年志愿服务的行动和理想中，对道德理想的呼唤又能够促使更多的青年去为社会服务，从而在具体的行动中贯彻精神文明建设的要求，成为社会主义精神文明建设中的生力军。

第四，志愿者行动探索出了一条育人的途径。志愿者行动已经成为当代青年思想政治工作的一条有效途径。在社会主义市场经济条件下，青年思想政治工作面临着很多新的情况。那么，在新形势下如何加强青年思想政治工作？我们通过志愿者行动进行了有益的探索和尝试。做好新形势下青年思想政治工作，空洞的说教不行，大而无形、大而不当不行，要针对青年的思想实际，符合青年的实际需求。志愿者行动满足了这些方面的需求，广大青年以力所能及的方式参加各种社会活动，既拓宽了自己的生活范围，又丰富了自己的人生阅历；既表达了自己的同情心，又明确了自己对人生观和人类良知的理解；既锻炼了社会工作能力，又提高了自己的思想修养和精神境界。可以说，志愿者这一德育载

体，能够使青年深刻认识到“人人为我，我为人人”的理念，引导青年用高尚的情操塑造自己、用科学的理论武装自己、用现代知识提高自己，使青年成为有理想、有道德、有文化、有纪律的一代新人，勇敢地肩负起历史赋予的重任。

第二节　中外志愿活动比较

当今世界上很多国家和地区都对志愿活动给予了极大的关注，联合国把 2001 年定为国际志愿者年，在全球范围内掀起了志愿活动的浪潮，为推进我国志愿活动的发展，借鉴国外在这一领域的经验是很有必要的。

一、西方志愿服务概况

1. 美国

在美国，对志愿者精神的热忱一直激励着其成员在社会的各行业领域，如提供社区服务、捐赠、做义工等等，美国人普遍认为，这种组织形式能有效地将民众团结起来，致力于加强公民道德修养和提升人的精神境界，通过为邻里提供充满爱心和乐趣的人性化服务项目，为公民参与社会、体验助人乐趣、满足精神领域的深层次需求创造了机会。

美国志愿服务的特点较为鲜明。首先，很大一部分美国人积极参与志愿服务的目的在于履行基督教徒的责任。这种被推崇的价值观和道德标准在美国主流社会中占有主导地位，正是由于有这种传统的道德力量的影响，在美国社会极力推崇正义、平等、民主、爱心和互助。这说明在对志愿者精神的培育中，传统文化或宗教的力量是强大的。其次，美国的志愿者一般都有报酬。例如，参加“美国全国民事社区服务队”的志愿者在 18 ~ 24 岁的，通过十个月的服务期满能够得到一笔相当可观的津贴或一次性奖学金。此外，有的志愿者在加入并服务期满后，能够得到选择联邦职业的免除考试资格。这种非金钱的福利在不同程度上也令民众对志愿服务很有热情。第三，美国的志愿组织拥有严格的内部规章制度。参加志愿服务的人拥有明确的责任和义务，并且必须接受相应的培训，严令禁止志愿者在志愿活动中为个人牟利，并且要求制定明确的工作计划和按照计划行事。

2. 英国

在英国，其志愿服务成功的重要原因是社会力量的强力支撑，整个志愿服务的主体可以理解为是社会力量在运作。资金大量来源于社会，除了个人和企业的募捐外，英国有大量的社会公益基金，如儿童公益基金、千年志愿者公积金欧洲慈善基金、健康部门与志愿行动基金等。政府投入仅占 36%，已经包括了政府委托志愿组织的项目经费。志愿组织的公信力被认同，在 2002 年，63% 的公众表示信任志愿服务机构，相比之下，只有 15% 的公民表示信任政党，37% 的公民表示信任议会。

英国的志愿服务活动可以追溯到早期的民间慈善活动与自助团体，志愿服务对英国整个国民经济的贡献巨大。英国志愿服务的特征主要体现在以下几点。第一，英国志愿者对慈善募捐的工作专注度极高。在其境内，拥有很多大规模的国家级慈善组织，志愿者通常分布在这些组织的地方或分支机构进行志愿服务活动，这就使得志愿者的专业性和资金的安全性得到了很大保证。第二，英国志愿者在志愿服务活动中不仅投入大量的时间在组委会中工作，并参与协助志愿者组织的日常运作及管理。第三，社会福利工作在英国的志愿服务工作中占有重要的地位，这些工作和教育的联系最为重要，志愿者和志愿活动是社会公共部门服务的重要补充。此外，英国的志愿服务活动的成功经验还在于政府的大力扶持。对参与志愿服务的组织，英国政府有返还所得税等制度，为其发展制定相关优惠政策。将志愿服务与公民的成才就业以及公司利益等联系起来，建立了广泛的民众基础。

3. 新加坡

新加坡的志愿服务活动开始于 1972 年，新加坡政府将每年的 7 月作为志愿者服务月，并且为志愿者提供广泛的精神奖励，措施有颁发社会服务奖，甚至在每年的国庆日由总统或总理亲自颁发奖章，这种精神荣誉对于志愿者来说尤为珍贵。

新加坡志愿服务的特点：首先，志愿服务工作纳入国家法律体系。政府的官员在有限的社会团体中或者志愿者组织中亲自担任董事，对志愿服务工作进行直接的指挥和领导，政府对其进行政策支持和法律保障。在新加坡从事志愿服务的机构多是法定机构，是通过法律确认的，政府为雇员支付薪水，并允许其开展募捐。其次，志愿组织的机构及活动机制完善，志愿服务工作社会化。工作的重点突出，其服务对象和内容也根据不同的时间和阶段而相应改变。最后，志愿服务的资金和服务活动场地充足。

4. 德国

德国在经历了两次世界大战之后，对志愿服务的认识更为深刻，这种意识使德国的志愿活动开展得十分活跃。第一，政府对于志愿服务的活动提供了强有力的支持，于 1964 年通过了《促进志愿公益年法》，确定了青少年参与志愿活动的途径。第二，德国志愿者从事志愿活动基本无偿，因此政府制定了一些相关的优惠政策，如减免税金等，用这种方式对志愿者的付出给予补偿。第三，德国的志愿服务活动具有强烈的组织性。志愿活动绝大多数由协会或者各种以志愿活动为主的基金会、项目委员会组织实施。他们具有一整套志愿活动实施方案，对招募志愿者时关注志愿者的性格、心理及职业等，对志愿者的参与要求不是一时的心血来潮，而是持久的信念。民众认为志愿活动是人生重要的组成部分。

二、志愿活动含义的区别

对志愿活动的含义在目前国际上有着很多不同的认识。研究发现，不同国家的人对于志愿活动的含义存在不同的理解。在一些国家被认为是志愿活动的事情，在另外一些国家被视为仅仅是相互帮助和相互关照，或者视为政治活动；在一些国家被视为志愿活动的工作在另外一些国家则可能被视为是低报酬或劳动密集型工作；一些人以不要报酬为特征来界定志愿活动，另外一些人则以自愿提供服务为特征来界定。可见，志愿活动受到历史、政治、宗教和区域文化的深刻影响，是一个非常复杂的概念。

中国对于志愿活动的界定，主要从精神文明建设的角度，把志愿活动作为人们精神活动的内容，以无偿服务、助人为乐为基本特征。从我国目前最大的志愿者组织——中国青年志愿者协会对于自己组织目标和任务的界定，可以看到国内人们对志愿活动的一些看法："志愿者行动是在总结学雷锋活动和借鉴国外志愿者工作经验的基础上，由团中央1993年下半年发起的，并在全国青少年中广泛开展的以倡导青少年利用业余时间，志愿无偿地参与扶贫帮困和社会公益事业为主要内容的一项社会服务活动"，"志愿者是指热心社会服务和公益事业，具有一定专业技能，利用业余时间，无偿地参加社会志愿服务工作的青年。"

当然，中国青年志愿者并不能完全代表所有的中国志愿者，特别是那些民间组织志愿者例如"自然之友"、"绿家园志愿者"等等，有人认为中国志愿者根植于中国的传统文化，"中国也是具有志愿者生长土壤的。中国传统文化中'先公后私'、'公而忘私'，无一例外地成为志愿者行动的文化底蕴。而今天，在继承传统文化的基础上，志愿者行动又把传统美德推向了一个新的高度，并赋予它以时代内涵，志愿者行动的最高理念在于自觉自愿，"

"在以国家为单位的调查中，人们往往假定在这个国家文化背景下，志愿活动的含义是一样的。其实不然，即使在同一种文化中，志愿活动的含义都有很大差别。"美国、新加坡、以色列、匈牙利等国家都存在这种情况。从韩国来看，韩国经历了漫长的农业社会，所以在其社会中留下了许多相互帮助的传统和形式，这类互助在各个社会形态中都曾存在过，现在也都被称为志愿活动，因为他们是无偿的。韩国学者把20世纪韩国人民自觉抗击外国入侵行为也称为志愿活动。在韩国，传统的志愿活动概念局限于利他行为和慈善活动的人类服务。这类服务的特征是自愿、没有立即的物质和金钱回报，使自己以外的他人受益。

鉴于志愿活动的上述特点，如果我们要对志愿活动的有关概念进行界定的话，必须与其民族的历史、文化、政治等因素相关联。否则便难以准确把握其含义。一般意义上认为：志愿活动是指任何人志愿贡献个人时间和精力，在不为获取物质报酬的前提下，为推动人类发展、社会进步和社会福利事业而提供的服务。志愿精神的产生乃基于个人对人类及社会的积极认识，对于社会发展的积极价值取向，而这个取向又来自个人的背景、教育和经验，也来自于社会环境的作用。志愿精神是个人对生命价值、社会、人类和人生观的一种积极态度。志愿者是指那些具有志愿精神，能够主动承担社会责任而不关心报酬的人，或者说是不为获取报酬而主动承担社会责任的人。在实际生活中，人们以不同的方式开展志愿活动。

在目前，我们不主张把志愿活动界定在一个非常狭窄的范围内，也不主张以某一个国家的志愿者作为标准，因为每个国家的志愿活动都根植于这个国家的历史和传统，不能一概而论。志愿精神有着明显的文化内涵，从鼓励志愿精神这样一个角度来说，保持这个概念的宽泛含义是非常必要的。我们主张尊重历史传统和社会背景，尊重文化多元体系中的不同类型的志愿精神。

三、志愿活动的差异

由于历史、文化、经济、政策等背景的不同，在志愿活动方面各国间的差异十分明显。

1. 中国志愿者的参与人数比重还较小

从志愿者的参与人数占整个人口的比重可以看出一个国家对志愿服务的认可程度及其志愿活动贡献的大小。在以色列的全部人口中，有22%以上的人参加志愿活动，平均每个月服务16个小时。[①] 而中国，根据民政部的统计，2010年全国有志愿者超过3000万人，但仅占全国总人口的2.4%，远远低于以色列和其他发达国家。在一些西方发达国家，志愿者占国民的比重达30%，有的高达60%，从总体上来说，中

① 徐建华等：《中国慈善事业发展的若干问题研究》，《中国东西部合作研究》2005年第2期。

国的志愿活动还不甚发达，还处于初期阶段。

2. 国外的慈善事业历史较久

国外基督教，特别是新教各派的教会是慈善事业的主要力量，从“爱人如己”的信念和社会义务感一直是国外慈善事业的精神支柱。国外基督教教会的慈善事业在其历史发展的进程中，形成了自己的志愿主义传统，不仅扶弱济贫，而且推动参与社会改革，在一定程度上形成一种“公众权利”，成为社会中不可忽视的政治力量。美国是基督教国家，据1989年统计，教会和与教会有关的慈善团体控制了捐赠的2/3和志愿者人员的34%，美国从事慈善工作的志愿者达1040万人，每月平均有10小时为教会的计划项目工作，其中有52%的志愿者从事宗教工作，48%的志愿者从事教会的其他项目，诸如小学、中学和高等院校的志愿工作。

中国的慈善机构在开展志愿活动方面进行了积极的努力，但是志愿者活动的主体不在慈善机构，而在共青团系统和民政部系统，这也是由中国的现行体制决定的。

3. “民办”与“官办”的不同

西方的慈善事业、志愿者活动具有民办的性质，特别是由宗教团体来办，这与中国传统的“官办”是有所区别的。民间活动在社会进步和社会福利方面的努力，可以弥补社区政治的不足，对于社区政治和经济发展都具有积极的意义。同时，民间活动范围广、涉及人群多，活动方式多样，可以补充政府的不足。社会事业更多的是在政府的指导下靠公众参与和公众支持来进行。

国外一些民间团体和民间社会在公共部门和私人部门之间、贫困群体与富裕群体、贫困社区与发达社区之间发挥沟通的作用，通过公民社会组织的活动，可以使私人部门强化他们对于社会问题的责任，强化公众对于社会问题———环境问题、犯罪问题、老年人问题、家庭问题、文化问题等等的认识和责任。

中国志愿活动大部分是配合政府的工作展开的，如社区服务志愿者。社区志愿者主要配合街道办事处和居委会开展工作，其内容与目前中国正在开展的社会福利和社会保障制度建设密切相关。自从政府关注下岗职工再就业问题以来，社区志愿者又把注意力投放到帮助下岗职工的再就业方面。这一方面说明，中国的志愿者活动与政府政策导向关系密切，同时也反映中国志愿活动与现实的经济社会发展状况密切结合。只有密切反映社会的实际，志愿者和志愿工作才会具有旺盛的生命力。中国青年志愿活动情况也基本类似。

当然，中国还有另外一些志愿者，他们的“民间”性质更为明显，这特别表现在一些环境保护的非政府组织的行动和活动中。“自然之友”最初是自发形成的，并根据环境保护和可持续发展的原则开展一系列的活动，赢得了众多社会人士的关心，队伍不断扩大，后来才得到政府的肯定和支持。“绿家园”、“地球村”等等，也是类似的情况。当然，这些组织也或多或少与政府机构保持着联系，配合政府开展工作。例如，1999 年“国际保护臭氧层日”，北京市环保局组织“让我们共同行动，还京城碧水蓝天——公众参与环境保护百日行动”，在北京的各家环境保护非政府组织和他们的志愿者都参与了这项活动。

4. 国外企业的捐赠活动普遍

在西方，特别是在美国，企业支持慈善事业是天经地义的事情，是非常普遍的现象。一般来说，在西方有社会影响的大企业，都按传统的办法创办基金会来支持慈善事业。中小企业对于慈善事业也极为关心，但他们多以少量资金和物资来支持慈善事业。不少企业对于所在社区慈善事业给予积极的支持。在美国，志愿组织的资金来源如下：公共部门 43%、私人部门 47%、私人捐赠 10%，私人部门超过公共部门的资金投入。

目前中国企业对于志愿活动的资助还不十分明显，也不构成中国志愿者活动资金来源的主要部分，这一方面归因于中国的企业基本都处于创业时期，自身的状况都很一般，并且面临激烈的市场竞争；另一方面，中国的企业没有资助志愿者的传统，中国也没有这样的传统，政府对于企业也没有这方面的要求。

5. 有些国家提供资金和税收方面的支持

有些国家政府对于志愿者提供税收方面的优惠和支持，保证其建立合理的资金筹措方式和渠道。马来西亚政府社会福利部，每年拨出一笔资金，用于志愿者参与为老人、儿童、青少年和残疾人进行的各类扶助计划。1993 年马来西亚政府拨给 136 个志愿团体共计折合人民币 690 万元补助金。志愿原则得到马来西亚政府的充分认可。

到目前为止，中国政府除了在国家发展计划以及领导人的讲话中倡导开展志愿者活动外，还没有在资金支持方面作出任何规定。这使得中国志愿者在资金问题上面临极大的困难。资金问题是中国志愿者面临的最大问题之一。

6. 国外志愿者组织和民间团体往往与政府形成伙伴关系

国外志愿者组织和民间团体与政府的主要合作形式有“民办、官办、商办、官商共办”等等，不管如何，民办是其主要特征，只有民办才能发挥公众参与的积极性和创造性，才能避免“官僚主义”的形成。当然，这种“民办、官办、商办、官商共办”的伙伴关系并不意味着对于公民社会组织的放任自流。政府通过财政支持和税收等经济手段来调节公民社会组织的发展方向。

英美发达国家对于非政府组织的活动、社会地位都有明确的法律规定，这些组织也因此得到法律的保护。例如在筹集资金方面，国外对于非政府组织、民间团体、志愿人员组织的规定都非常明确，这些组织可以依法进行资金筹措、参与法律规定的经营活动。

中国政府对于社会团体管理、民间非企业单位管理作出过法律定位。虽然政府文件和领导人大力倡导志愿者活动，新闻媒体也对志愿者活动进行了大量报道，但是对于志愿者的法律地位没有任何规定。

7. 国外的志愿活动扩展到社会福利活动之外的其他领域

扩展到学龄前儿童日托、老人日托、学龄前儿童课余活动、保护妇女、移民难民安置、社会义举、民权、社会正义、文化和艺术、社区开发、卫生和医院，如有计划地支持残疾人、艾滋病患者。此外，国外教会还从事国际慈善事业，诸如卫生、和平、安全、人权、社会正义、农业开发、国际救济等等。

中国目前的志愿者活动领域基本限于文化、体育、娱乐、个人社会服务、宗教、国际志愿者、卫生和环境保护、就业和扶贫等领域。对其他相关领域的拓展正处于探索中。

8. *在发达国家，社区成为志愿者活动的重要载体*

志愿活动是在社区这个社会结构的草根层次上进行的。社区是充分利用地方资源落实各种社会发展计划和社会进步项目的基础。社区发展和社区组织作为一种解决社会问题的手段已经得到发达国家社会各界的广泛认同，尤其在解决贫困、失业、环境保护等问题上它显示了自己特有的价值。人们依据这样一个理由来发展社区；一个各方面功能良好的社区环境，一个人人都可以参与管理的社区生活，充满睦邻友好、互相友爱、凝聚力、责任心、认同感的社区本身就可以防止和抵制各种社会问题的产生和蔓延。而社区的共有、共享、相同、认同或共同参与又可以对已有的社会问题起很大的治理作用。

发达国家注重社区发展的传统源远流长。它们的社区组织从 20 世纪 20 年代开始初步形成，到 60 年代已经基本形成了工作架构。开始他们强调国家、地方和社区各种服务机构的协调和联合，社区资源和人的需求之间的平衡。时至今日，更好地组织社区福利服务仍然是“社区干预”的一个主要目标。这种“社区干预”包括对贫穷、失业、犯罪和环境污染进行的干预。发达国家社区发展是一个提高社会意识的过程，通过居民的广泛参与，了解自身的需求，并采取积极的改进行动，重在人们的参与和公私机构的协助。在公私机构的协助下，动员社区内的一切资源，解决社区内的各种问题，如福利、就业、环境污染等，提高全社区居民的福利和生活质量。社区是发达国家社会的基本单位和社会结构的基本环节，其社区组织的作用可以划分三种，即制定社区计划，推动地方发展，实行社区行动。同时，社区还同服务对象直接接触，了解问题，协助个人解决困难。随着社区问题的发展和增多，“社区组织”又从传统的福利服务协调、合作以及维持的目标迈向集中解决社会问题。这样，社区工作就和社区发展逐步走向融合。

中国在相当长的时间内，社区是作为一个学术的概念被用于社会学和人类学的研究———对于村落和城市街角的研究。中国真正从实际意义上开始使用社区概念和开展社区建设始于20世纪90年代中期国务院召开的全国社会发展工作会议，在该次会议上把社区服务列入了《全国社会发展纲要》，提出“加强城乡福利设施与社区服务建设，大力发展城乡福利和社区服务业”的发展目标。从此，在民政部门的指导下，社区建设作为基层建设和社会服务的重要内容在城市发展中得到了重视。

但是，中国的社区建设具有它的特点。它是在政府的指导下，自上而下开展起来的。虽然居民委员会是所在社区居民推选的自治的基层组织，但是它的大部分工作都是按照它的上级机构——街道办事处的计划进行的，居委会对于居民的凝聚力并不是十分强烈，再加上中国的职工长期生活于单位所有制的环境中，单位可以满足职工的生老病死的各种需求，他们对于单位的依赖远远高于居住区的依赖，在中国没有完成由计划经济向市场经济过渡以前，在社会结构转型没有完成以前，这种现象将持续下去，并成为过渡时期中国社会发展的特色，中国社区服务和志愿活动都难以脱离这样的环境。

第三节　中国青年志愿服务的演进脉络

一、中国青年志愿服务的萌芽

1955年5月，中共中央批准农村工作部《关于垦荒、移民、扩大耕地、增加粮食的初步意见》。团中央发出了《关于组织青年参加边疆建设问题的一些意见》，提出“动员一部分城市中未升学的初中、高校毕业生及其他失业青年参加垦荒工作”。广大青年热烈响应号召，迅速掀起一个全国性的垦荒热潮。

到1956年9月，在1年多的时间里，共青团协助政府组织了20余

万人投身到垦荒事业中，为新中国的农业生产及边疆建设作出了重要贡献。之所以将青年志愿垦荒活动看成是中国青年志愿服务的雏形，就是因为它基本上符合了青年志愿服务所具有的基本特征。然而，当我们结合当时的历史背景以及当时参加志愿垦荒活动的青年的精神状态，尤其是当时人们对于这种行为的看法时，我们还是能看到其与现代志愿服务、尤其是现代志愿精神存在的差距。

青年垦荒队的组织动员采用了志愿服务的形式，然而其具体运作上面却有许多的内容与现代志愿精神不相一致。与其说青年垦荒体现的是一种志愿精神，倒不如说它更体现了一种牺牲精神、艰苦奋斗精神。1985 年 5 月 1 日，时任中共中央总书记胡耀邦接见垦荒队员代表时说："五十年代青年志愿垦荒队所点燃的艰苦奋斗的火把是不应该熄火的"。以志愿形式发起的青年垦荒队，之所以引起党和国家的重视，获得人们的赞誉，人们更看重的是他们在艰苦环境中所体现出的不怕苦、不怕累，艰苦奋斗的拓荒精神。

发生在 20 世纪 50 年代的青年志愿垦荒事件，并不能真正体现、弘扬志愿精神。现代志愿服务要有自己的"形"，即组织模式，又要有自己的"神"，即志愿精神。现代志愿精神，绝对不是过去我们所理解的"毫不利己、专门利人"式的大公无私精神，也不是'不为任何物质报酬'的绝对崇高，志愿服务的非营利性和利他性，是一种力所能及的志愿付出。当然，青年志愿垦荒采取了志愿服务的形式，是值得肯定的，也因为此，我们认为 20 世纪 50 年代的青年志愿垦荒活动是中国青年志愿服务的雏形，而不是完全意义上的青年志愿服务活动。

二、中国青年志愿服务的初步发展

1963 年 3 月 5 日，权威的国家媒体发表了毛泽东"向雷锋同志学习"的题词，学雷锋活动在全国轰轰烈烈开展起来，雷锋精神以其巨大的辐射力，在全国人民特别是在青少年中产生了深远影响。成千上万的"红领巾"、"学雷锋小组"走上街头清扫街道，到养老院、五保户家庭慰问老人，给老人们送菜、送粮、送煤、送药及就一切与生活密切相关的项目提供方便……这些画面成为共和国历史上一段让人难以忘怀的记忆。邓小平同志多次谈道："建国以后相当一段时间，整个社会风气、秩序和纪律是好的。学生自觉地遵守纪律，可以看到红领巾拿着喇叭，维持交通秩序。"这是对那段时期广大青少年精神风貌的一种肯定。

雷锋精神和志愿精神具有相同的内容——服务社会、服务大众、服务他人，并通过千百万个雷锋小分队开展着各种各样的义务活动。学雷锋活动和志愿服务是人们在不同的社会历史条件下服务社会、服务大众、服务他人的表现形式。"奉献、友爱、互助、进步的志愿精神和雷锋精神一脉相承，都是加强社会主义精神文明建设、推进青年成长进步的宝贵财富"。学雷锋活动是计划经济时代中国青年志愿服务最为典型的活动方式，该活动从20世纪60年代一直持续到90年代中期（"文革"时期除外），待"我国志愿者"旗号打出后，其热度才逐渐回落。

学雷锋活动是计划经济时代中国青年志愿服务最为典型的活动方式，但我们必须弄清楚以下问题：

（1）学雷锋活动的政治意义要远远大于其志愿服务的承载力，不能将学雷锋活动简单地等同于志愿服务活动。1963～1965年，我国学雷锋活动还是比较健康、全面。然而，在1968年以后，随着时代的变化，雷锋精神逐渐被抽象化，学雷锋活动也被扭曲变形。如1973年的学雷锋的报道集中在"爱憎分明的阶级立场"，借以批判刘少奇的"修正主义"；党的十一届三中全会后，我们又用雷锋身上所带有的共产主义精神，在"五讲、四美、三热爱"的文明运动中加以发扬。20世纪80年代及90年代初，除了继续发扬雷锋的道德精神力量外，雷锋精神也被解读为反对资产阶级自由化思潮、反腐败的有力工具。

其实，能真正体现志愿服务精神，代表青年志愿服务的"红领巾小分队"、"综合包户服务"等形式，虽然只是学雷锋活动事件中的部分而已，而恰恰是这个方面的带有义务、公益性的活动才使其具有鲜活的生命力，进而嬗变成为现代志愿服务。从这个意义上，我们才能真正把握"我国志愿服务事业是在'学雷锋'活动的基础上成长起来的"

这一判断，也才能够准确理解李克强同志《在建立社会主义市场经济体制进程中我国青年工作战略发展规划》中所指出的“志愿者活动是社会主义市场经济条件下学雷锋活动的丰富和发展，是学雷锋活动经常化的一种有效形式”这段话的含义。

20 世纪 90 年代以前，青年志愿服务活动在彰显雷锋精神的情况下缓慢发展，然而，青年志愿精神却没有以一种独立的精神形态出现，也没有引起人们自觉的关注，这是当时学雷锋活动还不能称之为现代志愿服务的根本原因。

（2）雷锋精神与青年志愿服务精神存在很大不同。雷锋精神“就是共产主义精神，就是全心全意为人民服务的精神，就是热爱党，热爱祖国，热爱社会主义，刻苦学习，艰苦奋斗，大公无私，助人为乐的精神”。比较而言，“奉献、友爱、互助、进步”志愿者精神理念清晰，概括简洁而鲜明，但长期以来，青年志愿服务活动只是在彰显雷锋精神的情况下缓慢发展，或者更确切地说，当年的“学雷锋小组”、“红领巾小分队”、“综合包户服务”等小分队所开展义务活动，更多地被看成是雷锋精神的体现之一。“奉献、友爱、互助、进步”的青年志愿精神并没有作为一种独立的精神形态出现，也没有引起人们自觉关注。

（3）“学雷锋”义务活动在时代的发展中显示出自身的局限性。几十年的学习雷锋活动，过多体现为对雷锋行为的机械模仿，以至于人们提到学雷锋就让人们想起扶老大娘过马路，为孤寡老人打扫院落等情景。当模仿成为既定的形式套路后，人们对学雷锋活动的意义便产生了质疑，这种缺乏事业性载体的学雷锋活动削减着雷锋精神的影响力。以人物命名的精神终会因该人物自身的局限性而无法填充新的时代内涵，除非有新的时代人物出现，并且能像雷锋那样几乎所有的时代精神都能集于其身上。然而，自雷锋这一典型树立后，中国社会道德人物的评选、宣传，关注的是不同领域当中不同人物的某些精神。在利益主体多元化的市场经济条件下，雷锋这样全面的人物再也难出现。学雷锋活动存在的这些局限性，不断引发着人们对怎样学雷锋的思考。在此期间现代志愿服务也渐开始登上中国的历史舞台。

三、中国青年志愿服务的蓬勃发展

1993年团中央制定的《在建立社会主义市场经济体制进程中我国青年工作战略发展规划》中，指出跨世纪青年文明工程先从志愿者、青年文明号、青年文化园等三个方面展开。12月19日团中央、铁道部共同组织的首批我国志愿者走上了千里铁路大动脉，标志“我国志愿者活动”正式启动，这是团中央推出的“跨世纪青年文明工程”的帷幕，同时也是中国青年志愿活动真正兴起的标志性事件。

（1）现代意义上的中国志愿服务是改革开放的产物，同时又继承和发展了学雷锋活动的某些有益内容。随着市场经济体制在中国的逐步确立，原有计划经济体制中，单位行政组织包办一切的社会运作模式开始松动、淡出。在国家退出的空间中，需要一个新的市场和自治社会的发育形成，志愿活动的兴起、志愿组织的成立，顺应了这种需要，中国的社区志愿活动和其他类型的志愿活动在上世纪80年代中期就开始了。在志愿活动的进行中，人们发现通过志愿者活动、尤其是志愿者所从事的事业，可以更好地弘扬雷锋精神。起初的青年志愿服务活动借鉴和继承了学雷锋活动中的某些形式，但中国志愿服务的内容、活动范围以及其对整个社会的带动作用，都是学雷锋活动所不能比的。1993年12月中国青年志愿行动掀起后不久，眼光敏锐的团中央就在1994年2月4日发出了《关于“志愿者学雷锋奉献日”活动的通知》，于是，全国兴起了“志愿者学雷锋做奉献”的热潮。2000年，团中央又将每年的“学雷锋日”——3月5日定为“中国志愿者日”，使得志愿者行动和学雷锋活动更有机地结合到一起。

（2）中国的志愿活动彰显了志愿精神。2000年，江泽民同志在杰出志愿者的来信上作出重要批示：“青年志愿行动，是当代社会主义中国一项十分高尚的事业，体现了中华民族助人为乐和扶贫济困的传统美德，是大有希望的事业。努力进行好这些事业，有利于在全社会树立奉献、友爱、互助、进步的时代风貌。”团中央志愿者协会在坚持国际志愿服务精神的基础上，根据自己的实际，结合国家领导人的批示，把

“奉献、友爱、互助、进步”作为我国志愿者精神，也是当前中国所有志愿服务的价值体现。

1993年团中央、铁道部共同组织的首批我国志愿者走上了千里铁路大动脉，标志“志愿者”旗号的正式打出。1994年12月5日我国志愿者协会在北京成立，标志着青年服务组织的正式建立。

2000年，“奉献、友爱、互助、进步”八字理念的提出则标志着中国青年志愿精神的时代归结的完成。至此，中国青年志愿服务“形”、“神”兼备，成为中国精神文明建设、和谐社会构建中的一支不可取代的力量。自从中国青年志愿行动在我国兴起后，学雷锋活动才算找到新的践行载体。

（3）强烈的事业性是青年志愿服务突出的特点，青年志愿服务可方便与各项社会事业、项目结合，推动社会的进步与发展。志愿者行动已是一项与国际接轨，与社会主义市场经济同向并轨的跨世纪事业。它致力于帮助有特殊困难的社会成员，推动社会保障体系的建立和完善；致力于消除贫困和落后，消灭公害和环境污染，普及科学文化知识，促进经济社会协调发展和全面进步；致力于建立互助友爱的人际关系和良好的社会公德，推动社会主义精神文明建设；立足于社会关注，党政关心、青年作为的社会公益事业，是动员和组织青年参加社会主义精神文明建设的有效载体；是新形势下共青团工作服务社会的新探索。现在看来，自1993年团中央实施我国志愿者行动以来，青年志愿服务事业先后经历了开展活动、活动经常化、建立机制、活动开展与机制建设并举、重点项目推进五个阶段，实现了由组织行为向办事业的精神和社会化的方式转变。当前，中国的志愿者活动往往结合社会中大型活动展开，具有很强的时代性和事业性。

1996年团中央实施了“中国青年扶贫接力计划”；2003年团中央、教育部、财政部、人事部共同实施了“大学生志愿服务西部计划”，按照公开招募、自愿报名、组织选拔、集中派遣的方式，每年招募一定数量的普通高等学校应届毕业生，到西部贫困县的乡镇从事1~2年的志愿服务工作；2006年5月为进一步发挥共青团社区工作在构建社会主义和谐社会中的重要作用；统揽社区各类志愿服务工作，团中央又启动了“社区志愿服务和谐行动”……在这些事业性很强的活动中，志愿者在服务他人、服务社会的同时，自身得到提高、完善和发展，精神心灵得到满足，自身价值得到提升，参与志愿工作既是“助人”亦是“乐人”，同时也是“乐己”。志愿服务的“奉献”成为一种能够实现“共赢”的付出，是“送人玫瑰，手留余香”的事业。

四、中国青年志愿服务的日渐完善

北京 2008 年奥运会，北京奥运会志愿者项目启动，则把中国的青年志愿服务活动带向了前所未有的发展高度。北京奥运会、残奥会志愿者项目设置了一个开放的格局，并创造性地推出了城市志愿者、社会志愿者项目和“微笑北京”主题活动等，向每一名致力于为奥运会作贡献的人敞开大门。在这一过程中，青年志愿服务开始与其他各类志愿服务相协作、融合，共同谱写着伟大的志愿精神。联合国秘书长潘基文先生专门致信充分肯定北京奥运会志愿者的杰出表现，联合国还授予北京志愿者协会“联合国卓越志愿服务组织奖”。奥运志愿服务行动大大提升了人们对志愿服务的认识，使全社会更加深刻地感受到了志愿服务的重要作用。

“我愿意成为一名光荣的志愿者。我承诺：尽己所能，不计报酬，帮助他人，服务社会……”火热的誓词，道出了我国志愿者无私奉献的精神追求。

“我参与，我奉献，我快乐”，坚定的信念，把服务他人、服务社会与实现个人价值有机结合起来。现在以中国青年志愿服务为主力军的志愿服务已是促进社会和谐的种子，培养公民意识的载体，建设社会主义核心价值体系的重要途径，也是人们自觉为他人和社会服务、共同建设美好生活的生动实践。我们需要走近它、融入它。

第四章

志愿者精神功能分析

志愿者精神作为社会美德的体现，是社会发展中所面临的众多公共问题解决的源泉。当人们将目光投向它时，其丰富的内涵跃然纸上。其重要性体现在它深厚的伦理特质以及伦理使命当中，志愿者精神为非营利组织提供了一种永动力，成为培育公民社会和公民自治组织的精髓，其重要性随着我国社会的发展日益凸显。

第一节　志愿者精神的历史底蕴

作为一种美德，志愿者精神无论是在中国还是在西方都有着深厚的历史底蕴，有着广博的历史内涵。

一、中国志愿者精神的理论来源

关于志愿者精神的历史沿革，说法不一。究其本质，总被归入“道德”之类。“道德”二字，源自春秋战国时代，隶属于两个概念。“道”一般指的是最高原则，而“德”指的是按照“道”即原则来实现，在具体的行为上是原则的实际体现，是具体的，而不同于抽象的“道”。一直到战国后期，才由荀子为始，将道德二字作为一个词沿用至今。因此，在古代的中国，道德蕴含着双重意义，一是行为准则，二是准则在具体行为中的体现。关于志愿者精神在中国的起源，可以分为以下几种：

1. 关于“仁爱”

从伦理学的角度来说，道德不仅仅止于“知”，更重于“行”。正如在《论语》中，孔子的学生们急于知道“何为仁”，孔子却回答，应该知道“如何仁”。关于“仁”的思想，可以说正是志愿者精神的前身之一。早在孔子之前，“仁”的思想就已被周公提出，而孔子对把仁爱的学说推到了中国古代伦理思想的核心地位作出了最突出的贡献。孔子之“仁”，在于认为“仁”是关于人我关系的准则，人的出发点是承认别人也是人，别人是与自己一样的人。在古代封建社会森严的等级制背景下，这一学说是具有爆炸性的。这和存在志愿者精神的前提一致，只有把别人看成和自己平等的人，才存在志愿者精神的实现空间。

“仁者爱人”是孔子“仁爱精神”的集中体现，而其中的精髓也是一直为后世思想家们所称道的。韩非子有一个非常精确的解释，说“仁者，谓其中心欣然爱人也，其喜人之有福而恶人之有祸也，生心之所不能已也，非求其报也。”这种“爱人”之心在孟子那里被阐述为“不忍人之心”、“恻隐之心”，是人类与生俱来的善良本性，他在文中指出“恻隐之心，仁之端也。”也就是说，人们所存的同情之情，恻隐之心，正是这种仁爱精神的源泉。心存仁爱，便可以做到孝亲爱人，推己及人，将对“亲”的仁延伸至天下，在平等的基础上仁民爱物，怀“老吾老以及人之老，幼吾幼以及人之幼”之心，而这也正是志愿者精神之所在。

如果说儒家尚“爱有差等”，那么在其之后的墨家更是平等主义的化身了。在孔子之后，出现了当时唯一能与儒家孔子相提并论的墨家墨子，其广为人知的思想非“兼爱”莫属。墨子伦理思想的核心便是“兼爱”，意在使个人的长处通过彼此不分亲疏贵贱的帮助，将其变成所有人的长处，做到人和人不论亲缘关系和身份高低的互相爱，而非儒家思想的，由亲疏程度不同而给予不一样的爱。相较儒家之“仁”，墨子的“兼爱”更添平等之意。而墨子更是将主张和实践“兼爱”思想的人才谓之“仁人”。但墨子的这种思想颇具理想主义色彩，就是在如今民主平等的社会里也难以取得伦理上的平衡。因此，后期的墨家也相继提出了“周爱”和“爱人不外己”等说法，在伦理上让关于仁爱的理论得到了进一步的深化。从而我们也可以认为，这些理论的深化也为现代的志愿者精神赋予了更丰富的色彩。

儒家与墨家的“仁”从内容上来说差异较大，但其核心都是爱人，而仁的本质和目的就是教人如何为人，如何爱人。两者都是“助人为善”的志愿者精神的历史来源。

2. 关于“善”

提到“善”，当推孟子“性善”论为首。作为孔子学说的继承者，孟子在其有关“善”的学说里，将仁政作为核心，性善论便是其理论基础，是孔子思想的延伸和发展。孟子认为，人的性即人的本质，是人天生而存的仁、义、礼、智的特质。也就是恻隐之心，羞恶之心、辞让之心以及是非之心。孟子认为“无恻隐之心，非人也；无羞恶之心，非人也；无辞让之心，非人也；无是非之心，非人也。”孟子将这四个特质作为人与生俱来的“善端”，将应该有道德、讲道德作为人性的重要依据，尽管有些片面，但他的理论也彰显出了志愿者精神的存在。

他认为，当有人看到幼童发生落水危险时立刻去解救，不是因为这个人与幼童的家人认识，更不是为了在人前逞英雄，而是出于人性的不忍之心，这种“不忍”，“非有外铄我也，我固有之也”，即不是有外力作用于我的，而是人发自内心，本身就存在的。

他还认为，所谓“善端”，是仁、义、礼、智这几种道德观念的发端，要培养“善端”，可以通过“寡欲”来加强自身的修养，放弃、避免外来的诱惑，就可以让内心得到涤荡；时刻注意自己的言行举止，虚心接受别人的意见和建议及时改正自己的过失，可以让不当的行为不再发生。此外，孟子主张培育人们的正义感，将其凝聚成巨大的精神力量，他将这种精神力量成为“浩然之气”，这种力量是“集义所生者，非义袭而取之也”。孟子所称道的“性善论”，从人的心理和人的本性中寻求道德之所在，无形中引导人们在道德实践中发挥人的主观能动性，要求人们培养正义感，虽然略带唯心主义，但他这些与人为善的思想也为现在所说的志愿者精神铺就了基石。

以老子和庄子为代表的道家，在中国历史上的影响仅次于儒家。同为先秦时代的重要思想流派，与儒家学说相互补充。老子有云："圣人恒无心，以百姓心为心。善者吾善之，不善者吾亦善之，德善。"老子又有云："善人者，不善人之师；不善人者，善人之资。"其中就强调了善对不善的影响力，善人对不善的人具有转变的作用，善人可以做不善的人的老师，不善的人可以成为善人的力量，这种相互作用产生的实用价值影响深远。

老子认为，最好的道德规范是人在原始的朴素的社会中自然的状态，人的本性是无知无欲的，从不自私到自私的转变，是违背人的自然本性的。在原始的状态中，人们并没有实际的道德观念，人们之间的关系是平等的，大家相互帮助，相互关爱，人不独亲其亲，不独子其子，这就是"民复孝慈"，强调这种互助、互爱，"少私寡欲"。老子的"慈"，蕴含着心怀仁爱，善待他人的意义，曾有云"圣人常善救人，故无弃人；常善救物，故无弃物。"他强调了圣人胸怀的慈爱和宽广，爱所有的人，不抛弃任何人或物，这种无条件的爱，虽然颇具理想主义色彩，但其圣人之说也为志愿者精神奠定了一定的基础。

先秦儒家的最后一位大师荀子的思想与孟子颇为对立。荀子认为，人性本恶，但其"以义制利"、"积善成德"的思想对后世同样影响深远。他认为，人先天的本色即是恶，趋利避害、有欲望、功利。他强调后天的道德修养和教育，可以改变人的天性，同时，也重视人们内心的作用，要求道德修养要持之以恒、日积月累才能提高，强调对善的人格的培养，这与当今我们的目的也是一致的。

关于在中国志愿者精神的理论来源，众说纷纭，和它有关的古代伦理学说远远不止于上面所提到的。

二、西方志愿者精神的理论来源

志愿者组织专家萨拉蒙曾经这样形容："一场有组织的志愿运动和创建各种私人的、非营利的及非政府的组织的运动，正成为席卷全球的

最引人注目的运动。从北美、欧亚的发达国家到非洲、拉美等发展中社会，民众正在创建各种非营利的志愿团体、基金会和类似组织，去提供人道服务，促进基层社会经济发展，防止环境退化，保障公民权利，以及成百上千关乎人类福祉却长久遭到忽视的或由国家承担的种种目标。……这场‘团体革命’对20世纪晚期的意义，如同民族国家的兴起对19世纪晚期的意义一样重大。”① 志愿者在西方的蓬勃发展有着深厚的基础，从古希腊时期关于德性的理论到基督教的兴起，其中关于美德和慈善的思想都包含在其中。

1. 古希腊时期的“美德”说

所谓志愿者精神，在古代的西方，应该从属于德性的范围，或者说是美德。关于美德的观点在西方伦理学历史上的地位就如同仁爱和善在中国伦理学史中的地位一样举足轻重。其源头可追溯至古希腊时期，毕达哥拉斯就认为德性与健康就是“和谐”，其学派将善归于统一、界限、端正等。德漠克利特应该是第一位明确宣称“快乐”或“高兴”是终极善或至善的思想家，他将这种善等之于心灵的平静和不受打扰的状态，他强调节制和限制欲求是获取最大快乐的手段，他偏重灵魂的快乐而看轻肉体的快乐。但他的很多思想都只是对道德情操的简单的表达，他的想象和他关于这些善的观点间并未有成形的逻辑关系。略先于苏格拉底的一群普遍被称为“智者”的人开始专门教授“德性”，他们通过授课的方式向人们提供美德方面的指导，但这种教授亦并未形成系统的哲学体系，它只是将一些处世经验和管理公共事务的技艺进行传授，因此其在哲学上意义不大。

苏格拉底认为“美德即知识”，苏格拉底和智者在美德是否可教之间存在着冲突，他认为，正义和其他所有德性，都囊括在智慧或关于善的知识中，只有善的行为才是真正出自意愿的，恶人做出与其真实意愿相反的事情，正是因为其无知，这种真实的意愿指向他本身最大的善，

① 李亚平、于海：《第二域的兴起——西方志愿工作及志愿组织理论文选》，复旦大学出版社1998年版。

只有知识才能实现自己的意愿。他强调，不论美德有多少种，“它们都有一种……共同本性，而要回答什么是美德的这一问题的人，最好是着眼于这种共同本性。”他还认为善是始终一致的，美好的事物就是有利的事物，有德性的行为也就是令人愉悦的行为。苏格拉底探究了“善”及“德性”的含义，他所追寻的是对人的终极善的知识，不得不说他是古希腊伦理思想的源泉。

柏拉图是古希腊伦理学思想发展阶段的标志，作为苏格拉底学说的继承，柏拉图继承了苏格拉底关于智慧就是德性的观点，并将其发展。他认为，要具有好的公民德性，“除智慧之外的所有德性，都是通过习惯和练习，在灵魂中生成的。”柏拉图提出了四种“基本德性”，即：智慧；勇敢；节制；正义。他认为智慧和正义这两种德性是相互关联的，只有具有德性或善德的人才享有真正的快乐。亚里士多德在其伦理学中，将美德分为“理智的美德”和“道德的美德”。前者包括实践和理论知识以及科学研究的智能，后者则是通过理性控制情感和欲望表现出来的德性。

这也正是亚里士多德与其老师的分歧所在，他在肯定知识和智慧对人的重要性的同时，也强调在实际生活中通过训练养成习惯的重要性，并认为要将理智的美德和道德的美德结合起来。他深化了美德的含义，概括说来说：美德就是由正当理性指导的、出于自愿选择的、表现于道德行为中的、合乎的习惯。他将知识和实践、理智和欲望、目的和习惯结合起来考察美德，进一步丰富和发展了古希腊关于“美德”和“德性”的内容。亚里士多德认为人的美德是由后天形成的，这是因为人具有追寻美德和实现美德的能力，因此，人可以通过教育和训练使德性完善，只有养成善的行为和习惯，才能成为“善人”。① 值得一提的是，亚里士多德提出了“善人”和“完人”的品德样式，在他描述中的善人有着最高的品行，在别人处于危难的时候敢于不惜生命挺身而出，他时刻准备帮助别人，却不提任何要求，甚至认为受人之惠是一种耻辱，

---

① 罗国杰、宋希仁：《西方伦理思想史（上卷）》，中国人民大学出版社 1985 年版。

他从不要求有利可图，宁愿接受美好的但无利可图的事物……。尽管这同时也说明了亚里士多德对奴隶主阶级道德观念的肯定，但这并不影响我们将其学说延续至今，从其关于德性的释义中，我们也不难从中找到当今志愿者精神的伦理之源。从苏格拉底的只言片语，到柏拉图将其老师学说的发展，再到亚里士多德鲜明的表述，尽管古希腊人所说的美德与现代语境中的美德不尽相同，但这三位作为古希腊伦理学说史上的标志，将他们称为美德学说的源头决不过分。

2. 基督教的“慈善思想”

从犹太教脱胎出世的基督教在西方伦理思想史上占有重要的地位，《圣经》认为，人类天生就有罪，这种罪就是原罪，他们生来就失去了善性，所以只能穷其一生接受苦难。基督教强调要“爱人”，并认为爱人就是对上帝律法的服从。与“爱心”相联系，《圣经》还宣扬一种“牺牲精神”，告诫教徒和世人要“为兄弟舍命”，要“变卖自己的所有财产分给穷人”等等，他把这种“舍弃自己”的精神看做“爱心”的表现，是做“完全人”的基本条件。[①] 慈爱的思想来自基督教和希腊文化的结合，其含义在希腊文中不仅仅有爱的含义，更具宗教性的特指对上帝的爱。这种爱是慷慨的，他不仅要求公平地顾及他人的福利，还要求具有服务精神，甚至自我牺牲精神。这种自我牺牲精神来自于基督教爱的本质，“爱的本质，就是不求自己的益处，反求他人的益处。”从给予到为他人牺牲，这种境界上的区别是善的层次不同体现，为他人牺牲的耶稣无疑是这种最高境界。基督教的慈善是不计回报的。《马太福音》中曾说道“当你做善事时，不要让你的左手知道是你的右手做的。”这种慈善行为，一方面是非常世俗的，另一方面，却是通过人与人之间的行为，成就人与神之间的行为。这与其他宗教信仰有相似之处。捐献是神命的完成：“良善的夫子，我当做什么事才可以承受永生。……你还缺少一件事，变卖你的所有的，分给穷人，就必有财富在

① 罗国杰、宋希仁：《西方伦理思想史（上卷）》，中国人民大学出版社 1985 年版。

天上。你还要来跟从我。”[1] 尽管基督教的爱宣扬的舍己精神，是为了适应其阶级和封建统治的需要，但无论如何，其充满人道主义精神的同情的情感也在实际上起到了一定的作用。如果说儒家的爱是爱有差等，那么基督教的爱便是爱无差等。要爱朋友，甚至要爱自己的仇敌，这种抛开了血缘甚至情感的广博的爱为志愿者精神在西方的发展提供了思想基础。

综上所述，无论是在中国还是在西方，对志愿者精神源头的追溯，目的在于从其源头和其历史发展中提炼并总结出志愿者精神的相关概念以及为何要弘扬和培育志愿者精神，只有在了解志愿者精神的历史沿革的基础上，才存在对志愿者精神的理解。对志愿者精神起源的认识也为志愿者相关定义提供基础。

第二节　志愿者精神的内涵及特征

无论是从历史底蕴还是从其本质看来，志愿者精神是一种公共伦理文化。这种精神生于美德之中，长于道德环境的土壤。要开出丰富绚丽的花朵，就必须从它特质出发，探究何为志愿者精神，弄清楚其生长的理论环境。

一、志愿者精神的内涵

从某种意义上来说，志愿者精神是实现人性从小我到大我的转变。黑格尔曾经说过：“每一个其他的人也仍然是一个我，当我自己称自己为‘我’时，虽然我无疑地是指这个个别的我自己，但同时我也说出了一个完全普遍的东西。”[2] 实际上，黑格尔所说的就是这个过程。无论在怎样的社会环境中，志愿者首先是作为一个普通的个人所存在的，

① 毕素华：《论基督教的慈善观》，《哲学研究》2006 年第 11 期。

② 黑格尔：《小逻辑》，商务印书馆 1980 年版。

其所关注的利益需要从自身开始。如何从小我向大我转变，关键的一点就是培育志愿者精神。对于何为志愿者精神，首先就需要从概念上来了解这一要义。

在人们的社会生活中，作为一个社会人，可能体现出这种精神，他们并非为了得到某种利益，也并非被迫去做这些事，而是发自内心的出于对弱势群体的同情，或是由于自身对社会存在的一种社会责任感，为传播自己的信仰，或以帮助他人为乐。但只有很少数的人能将实践志愿者精神作为自我的道德行为准则，并将其变成一种生活方式，从而变成他们终生的事业。他们传播的是一种强大的精神力量，这种根植于人性的善，令人们以志愿服务的形式将其发挥出来，实现其自我完善的需求。

广泛推崇的志愿者精神的定义为“志愿精神是一种在自愿的、不计报酬的条件下参与推动人类发展、促进社会进步和完善社区工作的精神，它体现着个人对生命价值、社会、人类和人生观的一种积极态度”。① 也有学者认为志愿者精神指一种自愿的、不为报酬和收入而参与推动人类发展、促进社会进步和完善社区工作的精神，是公众参与社会的一种非常重要的方式。共青团中央志愿者工作部对志愿者精神表述为“奉献、友爱、互助、进步”。前联合国秘书长安南认为，志愿者精神的核心是服务、团结、理想以及相信我们共同努力能够让世界更加美好的信念。菲律宾的志愿服务组织交流网络认为，志愿精神是一种生活方式，他是非营利组织的灵魂。

从上面的论述我们可以看出，志愿者精神的首要条件就是志愿奉献性，无论是在志愿者组织中还是对其所帮助的对象应以平等互助的精神，以这种方式来推动社会公益。对志愿者精神可以定义为：一种发自内心不为任何外力所强制的、不求回报的，在平等互助的基础上，为他人或公共事业做出奉献的推动社会公益并期待其帮助对象得到满意的一种积极向上的精神。

① 丁元竹：《建设健康和谐社会》，中国经济出版社 2005 年版。

二、志愿者精神的特征

关于志愿者精神的特点同样有不同的看法，包括非强制性、慈善性、高尚性等等。共青团中央对志愿者精神的表述为“奉献、友爱、互助、进步”，从志愿者定义和这一表述中归纳总结志愿者精神的特点如下：

1. 自愿性

志愿者进行志愿活动或志愿服务时，其内在的驱动性是志愿者在其自由选择的基础上自动自发的自愿行动。这些人们有着相同的信念和期望达到的目标，受道德良心和道德义务的驱使，以自愿参与为前提，通过一定组织进行的公开招募，自愿地为社会及他人提供各种帮扶。志愿者的行为的原动力或来自道德义务的感召，或自我完善自我提升的要求，或出于取得他人的认知和赞许的社会存在感，或乐于发挥自我优势和拓宽生活体验，总之无论是处于何种动机，最终志愿者在志愿活动中提供服务的这一行为是不靠外力的迫使，也不靠利益的驱动。正是因为志愿者活动的动力来自于主体自身，才令志愿者充满积极性，和任何外力迫使的行为有着完全不同的结果，也有利于志愿活动的持久性。

但这种建立在志愿者的自我选择基础上的行为令其既可以充满激情的投入，也可以随时退出。因此，这种自由选择存在一种志愿活动有可能戛然而止的风险，即随时可能因为行为主体自身权益得不到保障或丧失精力或经费等原因使得志愿活动无法坚持。正如《中国注册志愿者管理办法》中所规定的志愿者拥有取消注册志愿者身份的权利，这种自由选择的可能便成了一把双刃剑，既保障了志愿者的所谓权利，也增加了志愿活动的不稳定性。

2. 奉献精神

一般来说，奉献精神指的是一种对自己事业的不计回报的爱和全心投入的精神。而这也是在志愿者精神中和志愿性相辅相成的一个特征。正如前文所提到的，自愿性蕴含着一种不稳定性，奉献精神蕴含着一种热爱，就是把志愿者工作当成一项终生的事业完成它并传承这种精神，通过内心对这种事业的热忱，坚定长久地发自内心的现行志愿者精神，才不致放弃。而志愿者之所以能够持久地践行志愿者精神，正是由于这种奉献精神。这里所说的志愿者的奉献精神同时也蕴含着一种利他主义的牺牲精神。康德曾经说过："道德之所以有如此崇高的美名，就是因为他伴随着一种巨大的牺牲精神。"这种牺牲，包括志愿者的物质上和精神上的，有时更以身体甚至生命为代价。志愿者在参与志愿活动时，就已经明白其中的困难和风险，只有通过志愿者的这种奉献精神和源源不断的热情投入，才能有勇气有担当地长期从事志愿者活动。

当然，这种奉献精神不一定只讲奉献不求回报，毕竟只有少数德性上的"完人"、"圣人"才能做到完全利他。很大一部分的志愿者并非是财力雄厚又时间充裕的，他们也是普通的社会人，有应有的需求以及追求，无私奉献虽然是志愿者的品质之一，但良好的代偿机制，对志愿者给予更多的人性关怀和思想的激励，才能让更多的人加入到志愿者队伍中来。[①]

3. 无偿性

根据志愿者的定义，无偿性是指志愿者进行志愿活动是非营利性的、不以获得物质上的回报为目的。其中的要义之一，强调大部分志愿者有和其志愿活动不相关的本职工作，他们利用闲暇，将时间或精力或金钱投入到志愿服务中。这就使得它明显区别于其他以个人利益优先的行为或事业。在当今经济繁荣、物质丰富的社会，利益至上被很多人奉为准则，而志愿者似乎与其相反，他们将自己的劳动所得和珍贵的时间和精力，通过奉献自己的爱心、履行道德义务的形式以帮助他人，回报社会。而这也正是志愿者进行志愿服务的本质所在。

这种无偿性不是一概地对志愿者道德权利的回避。具体来说，主要是指志愿者组织或个人在进行志愿服务时不为组织所有者或个人积累、分配利润。实际上，志愿者组织可以通过一定的方式积累一些利润，只

---

① 陆仁荣：《中国志愿服务存在问题及发展对策》，《台州学院学报》2009 年第 4 期。

是这些利润是不会在其内部进行任何方式的分配，其最终归属只能是回到社会中去，到需要帮助的地方去。此外，对于一些生活有困难的志愿者，也有权利获得一定的保障，但无论是从精神上还是物质上，这远远不及他们所付出的多。因此，无偿性仍然是志愿者精神的精髓所在。

4. 公益性

志愿者精神体现的是一种人与人之间的关爱、互助，它的行为活动是存在与公共领域或一部分特定的人群中，而非单纯的私人领域。公共福利和社会公益是志愿服务的价值目标，也是衡量志愿服务的社会价值性和有用性的评判标准。[1] 志愿者精神主要指向的是对社会的服务，这种行为动机主要体现的是扶困帮贫、乐善好施的传统美德，这种精神的体现是慈善思想的衍生和发展。同时，志愿者精神随着志愿服务的深入而发展，现时的志愿者精神已经不仅仅是带着慈善的思想对少数处于困难状态的人群进行帮助，其随着志愿服务的深入而向公益性转变。这种公益性指的不仅仅是某种特殊的弱势群体，而是所有人群的共同利益。志愿活动已经不仅仅是针对困难状态的小范围的同情或慈善，志愿者的服务对象也从少数的弱势群体扩大到整个社会的需求，需要解决的问题从小部分人的生存生活问题延伸到普通人群所关心的社会问题和需要。比如环境保护，大型赛会服务或心理咨询等等，这种志愿服务范围的延展也为志愿者提出了更多的要求和挑战，使得对志愿者专业性要求越来越高。

第三节 志愿者精神的培育路径

目前志愿服务发展和实践中面临着诸多困境，其原因是多方面的，从根源上来说，是志愿者精神的缺失。因此，采取措施，培育志愿者精

① 时小燕：《我国志愿服务的现状及对策分析》，《河海大学硕士学位论文》2007年。

神极为重要和迫切，为此作者认为，可以从以下几个方面来进行：

一、建立志愿者相关法律法规

由于我国目前尚未颁布一部关于开展和完善志愿者工作的法律法规，仅有如共青团中央颁行的《中国注册志愿者管理办法》。随着志愿者精神的传播，越来越多的地方政府关注到志愿服务工作，并逐步意识到其立法的重要性，但因为地市众多，立法进程不统一，而全国也缺乏一部统一的志愿服务法律以及规定，这种各自为政的立法活动不仅费时费力，同时也由于不同地市的志愿服务条例内容重复，造成了法律资源的浪费。因此，推动志愿服务的全国性立法已是势在必行。

解决这一问题的主要办法就是签订合同。志愿者和志愿者组织间可以看成一种另类的“雇佣关系”，这种关系不以获取物质上的利益而以志愿者的自愿性为基础。志愿者和服务对象之间可以算是一种“服务关系”，同样这种服务以不求回报和自愿性为基础。志愿者组织和志愿者以及服务对象之间有着权利和义务的关系，将这种关系用合同的方式确定下来，可以在活动的一开始避免很多的缺陷。国内某些地区的志愿服务条例中有这一方面的规定，如《上海市志愿服务条例》第十七条规定：“志愿服务活动的组织者与志愿者之间、志愿服务活动的志愿服务接受者之间，可以根据需要就服务的内容、期限、要求及其他必要事项签订书面协议。”在第二十一条中规定：“志愿服务活动的组织者一般应当避免安排志愿者从事需要承担重大管理责任、经济责任或者具有较大人身伤害风险的服务活动。在特殊情形下，志愿服务活动的组织者安排志愿者从事需要承担重大管理责任、经济责任或者具有较大人身伤害风险的服务活动，应当按照本条例第十七条的规定签订书面协议。”合同也就是协议，它作为一种民事法律行为，是当事人协商一致的产物，是两个以上的意识表示相一致的协议。在《上海市志愿服务条例》中，对需要签订协议的情况加以规定，但这种规定并未包括协议的内容。而这正是最重要的一环，比如说为志愿者购买保险，协议内容中必须明确规定志愿服务的组织者或是受益人必须为志愿者购买保险。通过法律的硬性规定保障志愿者的合法权益。[①] 只有通过这种方式，将志愿者的权利和义务具体化，志愿者在进行服务时的行为才能够得到规范，又同时能够提高志愿服务的效率，也保障了志愿者的合法权益不受侵害。

二、社会引导及驱动

志愿者组织的组织结构过于行政化，志愿者的来源单一却又流动性大，志愿者的资金缺乏这三个问题需要社会的引导和全民的参与才能得以解决。

1. 向共青团中央输送民间优秀志愿者组织的新鲜血液，尝试志愿者组织改制

原则上来说，在市场经济的条件下，一些社会服务应该依靠非营利组织也就是“第三域”来实现，政府应独立于该领域以外对其进行辅助和监督。如英国的志愿服务行业主要以董事会为主体，政府为其制定一系列的政策，扶持志愿组织的发展，并和董事会一起对其进行监督。由于我国的国情，不可能和西方国家一样将志愿服务组织建设成独立法人单位。短期内，由共青团中央负责志愿者组织的管理和发展的状况不会轻易发生改变。在这种情况下，要优化固有的组织形态，就需要引进草根志愿组织的有效管理方式。在政府政策的引导和相应的法律法规及制度的保障之下，建立开放性的准入制度。志愿者组织通过注册和申请，申报一定的志愿服务项目并独立地开展志愿者活动，同时要受政府和社会的监督，各个志愿者组织通过良性的竞争提供更好的服务。引入市场机制的评估标准，对志愿者组织的活动状况特别是活动效果进行评估，用信用评级的方式为其建立档案，信用等级越高就代表其服务效果越好。

2. 弘扬志愿者精神，积极进行志愿者招募

实际上，在2008年以后，公众通过北京奥运会和汶川大地震对志

---

① 冯毅：《志愿服务的法律问题》，《山东大学硕士学位论文》2008年。

愿者有了一定的认知度。但其对于志愿者精神的了解并不深入。在对志愿者精神的宣传中，可以采用丰富多样的方法。如每月设立志愿者宣传日，在志愿者进行志愿活动的同时，向人们宣传志愿者精神，尽可能多地吸引新鲜血液。实际上，志愿者活动本身就是对志愿者精神的最好传播，毕竟美德是可教的，是可传递的。志愿者服务的对象在获得帮助之后很有可能受到其精神的感召，并立志回馈社会，因此他们是潜在的志愿者资源。在对志愿者的招募中，不仅可以通过网络、报纸、电话等方式，还可以深入基层如街道办事处、企事业单位以及学校等区域。可以让感兴趣的潜在志愿者通过参观浏览志愿活动成果、亲身尝试志愿活动等方式了解志愿活动的优势和快乐。对新加入的志愿者的专业、特长以及服务意向进行归类并存档，在保证志愿者自愿性的前提下，为其分配合乎专业和爱好的工作，以保证热情的持续性。对志愿者定期进行思想上和心理上的咨询和疏导，并定期进行志愿者的专业知识和政策的培训。树立正确的思想，形成以加入志愿者行列为荣的新风尚。

3. 广募资金，加强监管

尽管政府的财政拨款始终是志愿者组织的主要资金来源，但对经费的募集应该是多元的，不能仅靠政府补助。首先，这需要以国家对志愿服务进行立法来保证其在资金来源上的专款专用，严格控制，预防腐败的发生。通过对志愿者组织进行信用和能效评级的结果来决定谁更有资格获得资金支持。一方面通过竞争的方式促使志愿者组织发挥其最大作用，另一方面，公开公正和专款专用及广泛的监督可以提高公信力。其次，学习外国的经验，通过减税或免税的方法提升个人及企业的募捐热情。用这种方式让企业自觉履行其社会责任，也提高了资金投入的效率。最后，加强和国际志愿服务组织的交流，设法取得境外的个人或社会慈善基金会等机构的捐助，并在捐助过程中由第三方进行监督，以防止腐败现象的发生。

三、经济保护及适当有偿

对志愿者的经济保护主要是指在志愿活动中尽量不损害志愿者的经

济利益，包括对志愿者活动所产生的费用的报销或补偿。同时也包括对志愿者的激励。

1. 激励理论及其实现

（1）需要层次理论。20 世纪 50 年代，由美国心理学家马斯洛首先提出了该理论。该理论认为，人有五个层次的需要，即生理的需要，安全的需要、社交的需要、尊重的需要以及自我实现的需要。这一顺序是由低至高的排列，只有人们满足了较低层次的需要之后，下个层次较高的需要就变为主导需要。其中，自我实现的需要是最高级的。这五个层次之间，当一个需要得到满足之后，其他更高级的需要会立即出现，这些需要而不是生理上的饥饿开始控制机体。当这些需要被满足后，又有新的需要出现了，以此类推。马斯洛的需要层次理论告诉我们的是，要激励一个人就要了解其所处的需要层次，并以更高层次的需要令其满足。

（2）双因素理论。双因素理论也称激励—保健理论，由弗雷德里克·赫茨伯格提出。他认为，引起人们工作动机的因素主要是两个：一个是保健，一个是激励。只有激励如成就感、被认可、责任、进步等才能给人带来满意，而保健如工作条件、和同事的关系、薪酬、公司政策等只是能够消除人们的不满，却不会带来满意感。

首先，可以通过心理契约的方式给志愿者以激励。所谓心理契约，是指雇佣双方对雇佣关系中彼此对对方应付出什么同时又应得到什么的主观心理约定，约定的核心成分是雇主与雇员双方内隐的不成文的相互责任。罗宾逊认为心理契约是形成员工工作态度和工作行为的决定性因素。要对志愿者形成心理契约的激励，首先就要肯定和认可志愿者的工作，可以用公开的奖励或授予证书等形式对其进行工作上的嘉奖。同时也要关注志愿者的生活状况和心理状况，以平等的姿态对其进行关爱。向志愿者的家人肯定其工作，并对他们表示感谢等等。以这种激励的方式令志愿者对志愿服务产生强烈的认同感并形成一股合力，使志愿者和受助对象之间形成既利他也利己的局面，令更多的人乐于加入进来。

其次，通过志愿者的自我激励以及目标激励来实现。目标激励是一种存在于内心的方式，使用得当可以引起志愿者对达到既定目标的渴望。志愿者通过自我激励的方式，得以坚定奉献精神，锻炼意志，提高克服困难的勇气和追求成功的潜能。分阶段的设立志愿工作目标，并具体将目标分派到每个志愿者身上，明确个人职责。目标的设定应具有较高的可行性和可操作性，目标的难度也应量化适中，要令目标既具有一定的挑战性又不至于难以达到。

2. 对志愿者提供人身及经济的保障

志愿者提供志愿服务需要付出成本。这种成本由几部分组成，首先是机会成本。所谓机会成本是指为了得到某种东西而需要放弃的另一些东西的最大价值。志愿者产生的机会成本表现在，他们放弃了本可以用来休息的闲暇时间和本可以利用这些时间或金钱赚取更多的利益的机会，而把这些时间和金钱以及精力投入到志愿服务中来。其中，进行志愿服务过程中还存在一些必要的额外开支，甚至很可能在服务过程中遭受健康的损害和生命的威胁。从这个意义上来说，志愿者在志愿服务中的成本是很高的。其次，志愿者所在的工作单位也担负了一定的成本。由于志愿者将一部分本可以投入工作从而为其雇佣者创造更多的利润的时间和精力转移到了志愿服务中。由于志愿者的自愿取舍，而时间和精力是有限的，并保持平衡的，这就导致若是志愿者对志愿服务投入的越多，其雇佣者或所在单位得到的就越少。要将这些成本进行分摊，主要在于给予志愿者相应的保障和报偿。这种报偿分为精神上和物质上的。如在日本，志愿者是没有报酬的。日本拥有全国性的社会福利委员会，同时下辖地区委员会，沿用的是法人制，他们根据《社会福利法》建立和提供社会福利服务，尽管他们没有报酬，但其社会地位很高。而在联合国，其志愿者属于长期致力于志愿者事业，并将志愿者事业视为志愿工作，他们拥有定期的生活津贴和住房、医疗以及伤残保险。但这种津贴是基本生活津贴，不被称之为薪水。全体联合国志愿者都享有人身意外和医疗保险。在服务期间，志愿者获得原住地和服务地点之间的往返旅费、安家津贴（以服务期计算的一次性补助）、月生活津贴和返乡津贴。年假以每月2.5天计算。为志愿者发放补贴或者对其服务做出回报的情况应分层次进行。

（1）对于长期致力于志愿者工作的人，可以效仿联合国志愿者的补助办法，通过政府拨款、基金会以及个人或企业募捐（也可以通过调节税收杠杆的方式）得来的款项，用于对这类志愿者的报偿。但需要强调的是，这种报偿是远低于志愿者所付出的机会成本的，也只有在这种条件下，志愿者才能得以被称作志愿者而不是雇佣者。要量化这种报偿，可以建立成本和回报的模型，同时将报偿与志愿者的总服务时间等评估数据进行挂钩，通过制定成本回报率的方式将补偿额度进行量化，从而保证志愿者精神的纯净性，防止腐败现象的发生。

（2）还有一部分志愿者并非经常性地从事志愿服务，应就其每次参加志愿服务时所发生的实际费用进行报销。这类志愿者在服务过程中所发生的基本食宿及交通费用应予以补偿。对补偿额度的高低，并非必须按照固定的标准，可以由志愿活动组织者的启动资金和志愿活动的时长及难度等决定，志愿者应享有了解补偿形式的知情权，从而在自愿的情况下进行志愿活动。

（3）对于自愿贡献时间并拒绝索要任何补偿的志愿者，可以采取精神嘉奖的报偿。有部分志愿者在志愿服务过程中对志愿行为相关的开支不愿报销，他们认为不索要任何补偿并自愿贡献时间和精力与志愿服务的才是志愿者精神的体现。对这类原则性较强、精神层次较高的志愿者，应对其进行精神上的奖励，如向其家人发送感谢信、对这类志愿者进行公开的表彰或颁发证书以及选派其中的优秀志愿者作为代表宣扬志愿者精神等。

总之，志愿者接受一定的报偿并不是对道德的背离，而是对志愿者精神的一种人文关怀，无论是从人权的角度还是从法律权利的视角，志愿者接受一定的报偿都是无可厚非的。需要强调的是，参与志愿活动的目的不在于获取利益，无论是物质上还是精神上的报偿都远远低于志愿者所付出的成本，这种物质的回报并非是利己的，这种报偿最终还是会以源源不断的形式重新回到志愿服务中，使志愿者以更高的热情志愿服务中来。

四、培养公民伦理信念

目前，我国公众对志愿者组织的了解还远远不够，这在一定程度上阻碍了志愿服务活动的顺利进行，也容易挫伤志愿者的积极性。尽管在2008 年之后，民众对于志愿者事业有了一定的认知度，但对志愿者精神、志愿者组织及其参与方式等仍不了解，有很多人认为公益只是少数有时间和精力的人的消遣，与自己的生活没有交集。这就提出了培养公民美德，建立起伦理信念的要求。

1. 宣传志愿行为，弘扬志愿者精神

尽管在中国志愿者网站上看到目前志愿者活动开展得如火如荼，但人们总认为他们离自己很遥远。偶尔在新闻中听到志愿者活动的报道，也只是以简讯的方式匆匆带过。由于占主导地位的志愿者组织政治色彩较浓，可能会忽视一些政党之外的资源，这就需要广为宣扬志愿者精神。这可以从以下几点做起：

（1）合理应用媒体宣传工具。利用多种多样的形式加大对志愿者和志愿者组织的报道，采取新闻专题和专稿的方式，或跟踪志愿者的生活并将其拍成纪录片；建立志愿者博物馆，向公众普及志愿者精神，展示志愿活动的成果；参与大型的慈善晚会，增加志愿者曝光率。令人们在认同志愿者行为的同时，对志愿事业产生向往。

（2）可以学习香港义工的宣传方式，在香港街头、学校、社区和机场门口很多地方都能看到关于志愿者服务活动或义工的介绍、招募等宣传品，包括横幅、宣传单以及报纸杂志等媒体都对志愿者服务予以大量的宣传报道。志愿者组织应该定期集中在城市和乡村的繁华地段利用广发传单等方式宣传志愿者精神、展示志愿者风采。在志愿者中树立优秀的标榜，在志愿者大会中对优秀的个人或团体进行表彰，并对其进行社会公示，提高志愿者的知名度和公信力。

（3）利用宣传普及的方式令人们形成对志愿者精神的普遍认同。认为参加志愿者活动是高尚的道德和行为的表现，社会各界应该对参与志愿服务的人群报以尊敬和重视的眼光，养成志愿者活动的习惯性和持久性，在广泛肯定的社会意识影响下，令市民自觉自愿地投入到志愿活动中去，并以此为荣。

（4）加强与企业的社会联系，增强企业社会责任感，令其在雇佣员工优先考虑有志愿服务经历和习惯的员工。志愿者精神是德性的体现，拥有志愿者精神的公民具有较高的美德，这种社会责任感扎根于志愿者的信念之中，必然也会在其工作中得到体现。拥有志愿者经历和习惯是拥有社会责任感和高尚美德的体现，雇佣者无论是出于自身的利益还是履行其道德义务，都更乐于接受志愿者作为其员工。在公务员等招考中，将志愿服务经历纳入考量，并在同等条件下优先录用志愿者。但这种优先必须建立在完整规范的志愿者评估体系之下，以免发生造假行为。

2. 吸引边缘力量，转化其志愿者精神

据调查显示，在逐年增长的志愿者中，仅有10.80%来自高收入、高素质、高社会地位的人群，相对于大学生等群体来说，简直是凤毛麟角。实际上，在社会中的这样一部分人最应将其吸引到志愿者队伍中来。他们被视为社会精英，崇尚利益，但对志愿者精神持有较高的认可和浓厚的兴趣，出于对志愿者的不了解和没有时间等原因没有加入到志愿者队伍中。这类人的专业性较强，拥有高学历和高素质，并有殷实的财富。若是吸引他们加入志愿者组织，无论是从经济上还是从组织的管理上都能够使志愿者组织得到重大的飞跃。

在这个物质的社会，人们常常将财富和地位作为炫耀的资本，这种肤浅的人生观、价值观令整个社会异常浮躁。志愿者精神却总是作为崇高的美德，以其不图任何物质回报的特质为人们所称道，同时，也有一些人敬而远之。在中国志愿者网的志愿者社区中发起的“你认为做志愿者是必有所求还是无私奉献？”的投票中，参投的261个人中，认为“必有所求”的占4.21%，认为“无私奉献”的占53.64%，认为两者兼有的占42.15%。从这里可以看出，大多数的人对志愿者精神的认识在于其无私奉献。不可忽视的是，也有很大一部分人将志愿者精神纳入了己他两利的范畴。己他两利论者有着阵营庞大的支持者，休谟、卢梭、西季威克等都是这一论调的拥护者。己他两利主义是这样一种伦理观：一方面，每个人的行为目的既可能自爱为己，也可能无私为人；另一方面，道德目的则在于保障社会存在发展、增进每个人的福利。这样，利己与利他便因其符合道德目的而都是善的，害己与害他则因其违背道德目的而都是恶的。将己他两利的理论用于志愿者精神之上，体现的就是上述一类人的状态。马斯洛曾说过：“除了金钱的报酬外，还有另外多种报酬。随着境况的不断富裕，性格的不断成熟，金钱本身的重要性也稳步减弱。甚至有时当金钱报酬继续显得重要的时候，往往重要的不是金钱原来的意义和价值，而是它象征着用来赢得爱、羡慕和尊重的成功以及社会地位。”① 调查显示，高素质人群乐于在志愿者组织中发挥自己的一技之长，其所能得到的不仅仅是精神上的如帮助他人的快乐、获得认可、提升自我价值、提高社会存在感等，他所同时能得到的还有间接来自物质的回报。如一个真实的个案，一位生意场上的成功人士在周末时间投身于民间志愿者组织，并在组织中担任负责人，直接参与志愿服务。但同时他也在经营一家公司，在他和生意伙伴闲谈时，无意提起从事的业余志愿者工作，这件事在其圈子里广为传颂，人们折服于他高尚的情操和正直向上的人生态度，在其需要帮助的时候纷纷伸出援手，如同他帮助志愿服务对象一般。从这个个案可以看出，志愿者精神在某些情况下由单纯的利他向己他两利进行了转换。这种转换不应该被视作道德的背离，而恰恰是这种从利己的有所求到利他的无所图的过程，可以被称作道德修炼的过程。毕竟，在志愿者精神的本身，就存在某种程度上的“利己”，志愿服务满足了志愿者的心理需求，令他们感到助人的快乐，被认可的快乐，有社会存在价值的快乐。这种得到，虽然远比不上其付出，但不可否认的是，志愿者是有所得的。

人们往往认为志愿者精神必须且一定是纯粹的利他，而事实上，真正完全利他的极端状态仅出现在少数的道德高尚的人中间。而在大多数

① 马斯洛著，许金生等译：《自我实现的人》，三联书店 1987 年版。

人身上，人性的弱点总是被体现出来，人们为了各种各样的目的参与志愿服务，无论是出于会得到某种利益，如晋升、找到好工作、得到广泛认可等，还是出于本身对志愿者精神的崇尚，只要其完整投入并实现了志愿行为过程，达到了既定的志愿行为目标，那么他参与志愿服务就是令人称道的。毕竟，道德终归是可塑的，志愿者精神作为道德范畴中的要义之一，这一命题对其也是成立的。从志愿者活动的现状来看，这类人正是志愿服务中最缺失的。在他们了解志愿者精神的可能带来的附加利益之后，可能会抱着功利的心态来参与志愿活动，为避免利益对志愿者精神的污损，同时也为避免从众而来从众而去的短时间志愿，要对有这种心理的人进行教化和引导。在这些人群中树立新的风尚，在扩大志愿者精神影响力的同时，令浮躁肤浅的行为者自感惭愧。

3. 形成良好的社会公益环境，倡导全民志愿

美德的实现离不开社会环境的支撑。志愿者要实现有效地服务，必须建立良好的社会环境，这就说明了对公民美德教育的重要性。

（1）加强道德教育。道德教育是培育理想人格，造就人们内在道德。调节社会行为，形成良好社会舆论和社会风气的重要手段。道德教育是扎根于现实各种社会关系中的有道德知识和道德经验的人们，依据一定的道德和要求，对其他人有组织有计划地施加系统影响的一种活动。首先是提高道德认识。使人们了解和把握道德原则规范和义务，明白什么是善、什么是恶，才能有一个明确的道德实践的方向。其次，利用榜样力量陶冶人们的情感并锻炼人们的道德意志。教育和引导人们在道德实践中克服困难，战胜邪恶和私欲，把善和正义发扬光大。最后，确立民众的道德，树立基本的道德人格，并养成良好的道德习惯。亨利·西季威克认为，德性是一种展示在义务行为中的性质，他从属于行为者的心灵和品性。只有通过广泛的道德教育才能形成公民社会的基础。

（2）提升自我，全民志愿。随着人的能动性的提高，道德的自我提升和修养起着越来越重要的作用，人们自我修养的自觉性具有决定的意义。外部环境再好，没有高度的自我修养，道德对于道德主体也是没

有意义的。人的自我道德人格和品质的形成要靠外在的教育和内在的自我努力。努力进行道德修养，不仅是对自己负责，也是对社会负责。在公益的社会中，人们参与志愿者的动机更加简单，志愿者精神更加纯粹，如果说深厚的文化背景以及庞大的社会体系仅仅是支撑建构，那么良好的道德环境和公民意识就是牢固的地基。只有建立在稳固的基础上才有良好的互助意识和公民精神的生发，志愿者精神才能真正得以弘扬和发展。

第四节　志愿者在和谐社会建设中的作用

经过30多年的改革开放，我国发生了翻天覆地的变化，所取得的成就有目共睹。目前，我国经济社会发展已进入了一个新的阶段，我们党提出了构建社会主义和谐社会的重大战略任务。在这个阶段里，经济社会发展面临的矛盾和问题更复杂、更突出。资源、能源越来越紧张，发展不平衡的矛盾日益凸显，统筹兼顾各方面利益的难度加大，改革日益触及一些深层次的矛盾和问题，社会组织和管理面临新的挑战。我们必须正确应对这些矛盾和问题，妥善协调各种利益关系，大力促进社会和谐。我们所要建设的社会主义和谐社会，应该是民主法治、公平正义、诚信友爱、充满活力、安定有序、人与自然和谐相处的社会。志愿服务所倡导的“奉献、友爱、互助、进步”的志愿精神恰恰体现了人与人之间的相互关爱、人与社会之间的相互融合、人与自然之间的和谐相处，这与构建社会主义和谐社会的本质要求是完全一致的。

一、志愿者精神的历史使命

为什么要弘扬志愿者精神？志愿者精神存在的意义是什么？弘扬传播志愿者精神能达到什么样的效果？这些问题在志愿者精神的伦理使命中能够得到解答。这种意义上的使命不仅仅是指开展志愿服务的任务所在，而主要是在于对志愿者精神的弘扬所能带来的社会的、精神层面的升华，只有在此基础上才能得到志愿服务效用的体现。

1. 培养公民意识、公共参与精神

志愿服务的发展，使得公民或社会团体有机会以主体的形态参与社会管理以及调解社会矛盾，对公民社会的形成有着不可或缺的作用。从公共文化的角度来讲，志愿者组织是公民和政府的中间人，在两者发生矛盾时，志愿者组织可以作为调解矛盾的中介，避免矛盾尖锐化，进而解决矛盾。志愿者精神体现这种公民意识在于它强调了志愿服务的权利和义务，在志愿服务中，公共参与意识得到了增强，公民精神也得到了发扬。无论是对个体还是群体，志愿者精神拥有普遍意义上的相同理想和目标，而志愿服务作为一个平台，将这些共同的目的实现，服务于社会公益。

2. 改善社会风气和人际关系，创造良好的社会环境，推动志愿服务体系和多层次社会保障体系的建立和完善

和谐的社会环境和弱势群体利益的保障是紧密联系的，这些群体由于物质上、精神上或心理上较为脆弱，有着比普通群体更大的需求，除了基本的物质需求之外，还需要很多心理上和精神上的社会性服务。由于他们具有和普通民众一样的社会权利，这就使得一旦没有保障好他们的利益，社会矛盾就会凸显。在这其中，志愿者精神就为弱势群体的物质、精神和心理上提供了一系列科学的有效的帮助。志愿者组织在对这些群体的服务中，以其自愿奉献、无偿服务的特质有效弥补了政府的不足，在社会上形成了良好的公益环境，树立了积极向上的社会人态度，为实现社会公平和公益发挥重要的作用。

3. 传播和弘扬优秀传统文化，促进文化交流

志愿者精神在我国沿袭着以先秦诸子文化为核心的传统伦理思想，同时也受到外来的西方伦理思想的影响。爱是永恒的主题，在中西交汇的文化之下，志愿者精神有着双重的含义。帮助人们的同时，给人以精神的满足和助人的愉悦，倡导人们相互关爱，与人为善，无论远邦还是近邻。在促进全球文化交流的同时，形成了广受国际认同的志愿者精神。综上所述，志愿者精神具有悠久的文化源头，是一种综合慈善主义

与利他主义的精神，是个人或团体依其自愿意志或兴趣，本着帮助他人并服务社会的宗旨，不求私利和报酬的社会理念。而志愿者精神的指向在于参与社会服务。参与志愿服务就是在这种精神的感召下，人们追求高层次精神需要的满足。志愿服务的现状就是志愿者精神现状的直接体现，前者也是后者体现的现实载体。将志愿者精神的理论和理念转换成志愿服务的实践也是弘扬志愿者精神的重要目标。

二、志愿者精神与和谐社会的关系

志愿者精神是指一种自愿的、不计报酬地参与推动社会进步、促进人类自身全面发展的社会公益事业的精神。在我国，志愿者精神的内容体现为“奉献、友爱、互助、进步”。和谐社会就是全体人民各尽其能、各得其所而又和谐相处的社会；就是民主法治、公平正义、诚信友爱、充满活力、安定有序、人与自然和谐相处的社会。而科学发展观则是以人为本、全面、协调、可持续的发展观。用社会学的术语来说，和谐社会就是良性运行和协调发展的社会。

很清楚，这种“奉献、友爱、互助、进步”的志愿者精神，是促进社会和谐的精神力量，是贯彻科学发展观的生动体现，是推进社会良性运行和协调发展的重要方面。在某种意义上，我们甚至可以说，和谐社会就是充满志愿者精神的社会，科学发展观就是充满志愿者精神的发展观。因此，志愿者队伍的建设也不能不是和谐社会建设的重要组成部分，是贯彻科学发展观的重要力量，也是促进社会良性运行与协调发展的重要机制和条件。

志愿者精神与和谐社会的一致，不仅仅表现在字面上，更重要的是表现在两者背后的深层理念上。

1. 以人为本的深层理念

和谐社会是以人为本的社会，科学发展观是以人为本的发展观。志愿者精神不仅是直接以人为本的，而且是以人中间的弱者为本的。志愿者事业发源于对弱势群体的关爱，以后才扩展到更广泛的社会各个方面。但是不管志愿者事业如何扩展，关爱弱势群体仍然是它最重要、最基本的方面之一。特别是在我们这样的发展中国家，弱势群体的数量还十分巨大。这一点更不能忽视。所以在某种较为狭窄的意义上，也可以说，志愿者精神就是关爱弱势群体的精神。在这一点上，志愿者精神与社会学的关注点是一致的。因为，社会学从认为社会代价往往大多数是由社会弱势群体来承担的，这就是社会学特别关注社会弱势群体、关注没有话语权或很少话语权的“沉默大多数”的渊源。社会学如实地说明了这样的理论与现实矛盾：从理论上说，社会代价的后果应由全社会来分担，但是实际上绝大部分却由弱势群体来承担或主要来承担。同样，社会进步的成果应由全社会来共享，但是实际上由强势群体来享受或首先来享受。因此，处在弱势群体中的个人，与处在强势群体中的个人，对社会的关系是不一样的。志愿者精神，在某种程度上，是减轻这种不公正、增加社会公平度的精神。

2. 双赢互利的深层理念

和谐社会，也可以通俗地说，就是双赢互利的社会。科学发展观也可以说是双赢互利的发展观。具体说来，就是社会的各方即参与我们社会发展的各方，都能获得双赢互利，而不是通过牺牲一方来使另一方得益获利。双赢互利，这是和谐社会的要旨，同样也是“以人为本，全面、协调、持续的发展”的科学发展观的要旨；通过牺牲一方来使另一方得益获利，则是与和谐社会背道而驰的，是不可能达到社会和谐的，同样它也是社会发展问题上的“零和游戏”，是片面的、不协调的、不可持续发展、旧式发展观的集中体现。可以断言，贯彻落实双赢互利理念的社会建设，才能达到预期的成果。志愿者精神更是直接促进社会双赢互利的，特别是强势和弱势各方，都能双赢互利。志愿者在关心、支持、自助、增权等四个方面对社会弱者和弱势群体的关爱，都是在促进强弱双赢。志愿者精神也向社会的强者、强势群体发出这样的信息：当穷人阶层、弱势群体将自己的不如意境遇归结为获益群体的剥夺时，社会中就潜伏着冲突的危险，他们的敌视和仇视指向也会扩散蔓延。社会风险最容易在承受力最低的社会群体身上爆发，从而构成危及社会稳定、影响社会和谐与发展的一个巨大社会隐患。建立分担社会代价、共享社会进步成果、帮助社会弱势群体减轻来自经济、社会和心理的巨大压力的社会机制，非常重要。

3.“增促社会进步、减缩社会代价”的深层理念

迄今人们看到的每一个社会进步，都是伴随着社会代价的。纯粹的进步、理想状态的进步，在现实社会中是不存在的。世界上找不到没有社会代价的社会进步。现代化的历史，就是一部不断取得社会进步，同时又不断付出社会代价的历史。据此，社会学得出了自己学科的深层理念：增促社会进步，减缩社会代价。这里，增促社会进步，就是增加和促进社会的协调发展、可持续发展以及社会成员个人的全面发展；减缩社会代价，就是社会代价尽管是不可避免的，但人们可以研究如何把代价减少到最低限度、缩小到最小范围的途径和办法。

和谐社会和科学发展观的提出，一方面是积极适应世界发展的潮流，符合现代性在当代的发展趋势，即从旧式现代性到新型现代性的发展。另一方面也是积极应对我国社会进入不协调因素的活跃期和社会矛盾的多发期的客观现实。这一时期的一个鲜明特点，就是社会优化与社会问题并生、社会进步和社会代价共存。构建和谐社会、贯彻科学发展观的目的，就是最大限度地促进社会进步，并把代价减少到最低限度、缩小到最小范围；而构建和谐社会、贯彻科学发展观的过程实际上就是一个不断促进社会进步，减少社会代价的过程。因此和谐社会，也可以说是一个最大限度地促进社会进步，并把代价减少到最低限度、缩小到最小范围的社会；科学发展观则是一种最大限度地促进社会进步，并把代价减少到最低限度、缩小到最小范围的发展观。

上述以“奉献、友爱、互助、进步”为内容的志愿者精神，在社会学看来，也是一种“增促社会进步，减缩社会代价”的精神。志愿者所从事的就是这样一种“增促社会进步，减缩社会代价”的伟大事业。志愿者用自己的行动，保障社会弱势群体的基本生活，维护社会弱者的基本权益，尊重他们的人格尊严，就是实实在在的“增促社会进步，减缩社会代价”。不保障弱势群体的基本生活，不维护他们的基本权益，不尊重他们的人格尊严，社会是不可能稳定的，更不可能是和

谐的。

4. 社会治理与善治的深层理念

任何和谐社会都不可能自动到来，它凭借的只能是对社会治理，特别是善治的不断尝试和努力，而由国家力量和社会力量、公共部门与私人部门、政府、社会组织与公民共同治理一个社会同样是对现阶段构建和谐社会所做出的最佳尝试性选择。党委领导、政府负责、社会协同、公众参与的社会管理格局，是我国现阶段的治理模式，也是现阶段社会建设的具体目标。

治理“是统治方式的一种新发展，其中的公私部门之间以及公私部门各自的内部的界线均趋于模糊。治理的本质在于，它所偏重的统治机制并不依靠政府的权威或制裁。”全球治理委员会给治理所下的定义是：治理是各种公共的或私人的个人和机构管理其共同事务的诸多方式的总和。治理与统治的本质区别有三点：一是统治的主体只能是公共权力部门，其权威来源只能来自政府。而治理的主体可以是公共权力部门，也可以是私人部门，还可以是二者的合作，其权威来源依仗的主要并非是政府，而是合作主体之间的持续性互动；二是管理过程中权力运行的向度不同。统治的权力向度是自上而下的单向运作过程，而治理则是多元的、上下互动的过程，它通过合作、协调及对共同目标的确定等手段达到对公共事务的治理；三是统治遵循的是正式规则、制度与程序，而治理则以信任为基础，遵循的是由主体间协商与同意的规则与程序。由此可见，治理较统治更适合于复杂性、多样性与动态性的快速转型期社会，那种多元的、上下互动的权力运作过程更利于和谐社会的构建。

善治是治理的理想状态。善治是“使公共利益最大化的社会管理过程。善治的本质特征就在于它是政府与公民对公共生活的合作管理，是政治国家与公民社会的一种新颖关系，是两者的最佳状态。”善治只是治理的一种状态。

从上述公共治理的基本特征中我们可以发现，公共治理是一种过程、一种模式，而这种过程与模式本身就是谋求建构和谐社会的尝试与

努力。善治几乎就是和谐社会的一体两面，善治一方面是和谐社会的治理过程，另一方面也是构建和谐社会的条件与机制的最佳实施过程。

构建和谐社会，必须有社会治理，特别是善治的理念。这是小政府，大社会的必然逻辑，是社会和谐的内在要求。志愿者精神、志愿服务以及由此派生的志愿者组织体系和志愿服务网络已经成为促进社会全面健康发展的结构性因素。志愿者组织是社会组织、社会第三部门的重要组成部分。它是社会建设的重要领域。志愿者组织要在社会治理过程中发挥越来越大的作用，也必须树立社会治理，特别是善治的理念，提高在这一问题上的自觉性。

现在中国志愿者组织无论就规模、实力、资源、影响等方面来说，与发达国家相比，差距还很大，离满足我国社会的实际需要的差距也很大。在健康发展志愿者组织、提高志愿者素质、完善志愿者组织的运行机制方面，可以说还任重道远，但也表明，志愿者事业在我国前景光明、前途无量。

总之，社会学视野下的志愿者精神和志愿者组织，是贯穿上述四个深层理念的，这就是以人为本的理念、双赢互利的理念、促进社会进步、减少社会代价的理念、社会治理特别是善治的理念。这样的志愿者精神是和谐社会的重要精神力量，志愿者队伍组织的建设是和谐社会建设的重要组成部分。

三、志愿者在和谐社会建设中的作用

志愿服务在我国取得了迅猛的、令人瞩目的发展。实践表明，志愿服务及志愿精神在我国有着深厚的历史文化基础，与中国特色社会主义所提倡的思想道德是完全契合的，符合我国先进文化的前进方向。志愿服务已经成为广泛动员社会各界特别是青年参与社会发展的有效途径，成为为人民服务的重要形式、构建和谐社会的润滑剂和构建和谐社会的优质土壤。志愿服务作为人类社会历史现象，其社会意义及主要功能体现在以下几个方面：

1. 建立和谐社会，促进社会融合

由于经济的快速发展和市场制度的建立，传统文化、生活方式和社会结构都在发生变迁，人与人之间的关系逐渐疏远和冷漠。志愿活动中形成的网络本身使人们之间产生了友情和合作，志愿者工作可以提供社交和互相帮助的机会，加强人际间的接触和关怀，减轻彼此的疏离感，建立一个和谐的社会。通过志愿者与受助对象的接触，能有效地协助受助对象拓展社交圈子，并可以鼓励他们多参与社交活动，加强他们对人、对服务以及对社会的信心。志愿者来自社会的各个角落，了解所服务机构的情况，他们可担任桥梁的角色，将志愿服务机构工作内容、困难及其他服务信息传达到社区人群中，将彼此的距离拉近，与居民建立起密切的关系，并树立志愿服务机构在社区中的良好形象。志愿者以亲切的关怀及鼓励，协助受助对象减轻在社会中的自卑感和疏离感，从而建立起自尊与自信心，推动他们以积极的态度参与社会生活、促进社会融合。

2. 促进社会进步

志愿者服务的普及和志愿精神的光大，不仅可以为非营利组织的发展提供重要的人力资源，而且从根本上改善人类活动，推动人类社会的文明进步。社会进步需要多方面的资源组合与配置，志愿工作正是以提供大量人力资源的方式，积极参与一些补救预防性工作，协助解决或预防社会问题。目前在社会转型的关键时期，人们的价值观受到冲击、生活方式发生变化，一些人缺乏适应能力、分辨能力，遭受挫折而陷入困境，志愿者的帮助、服务就能够支持他们摆脱困难，走向新生活。处于弱势状况、困难状况的人，如果得不到社会的关心和帮助，就可能孤立无援，走向人生的尽头。志愿者伸出友爱的双手，为他们寻找一线的希望，为他们争取一点一点的资源，让他们获得生活与发展的机会。志愿者通过自己的努力，产生稳定社会和促进社会进步的作用。

3. 加强及改善社会服务

志愿者的参与，既可以提供人力、分担专业人士的繁重工作量，又可以提供人才、填补工作人员专业技能上的不足。如果能有效地管理和

善用志愿者资源，就可以协调、改善、加强和发展现有的社区服务工作。志愿者通过与服务对象的接触会更加了解他们的需要，帮助服务对象反映社会需求，帮助各种社会组织、政府机构和非政府组织更深入地了解社会需求，从而提供更适当的服务。志愿者通过丰富多样的服务，一方面在全社会弘扬“友爱、奉献、互助、进步”的文明精神，另一方面通过志愿服务体验社会文明的意义，提升自己的公民素质。志愿精神与文明风尚相互促进，将会营造良好的社会环境。

4. 丰富个人的生活体验和经历

每个人的工作和生活圈子相对固定，志愿者利用闲暇时间，充分利用自己所学的专业，发挥自身的特长，参与一些有意义的社会工作。通过与不同的社会阶层、不同职业的人打交道，既可以拓宽自己的生活圈子，更可以深切体验社会和人生，对社会发展和社会生活作出客观判断，提升自己的价值观念，促进个人的成长。一批批到贫困地区支教、支医、支农的志愿者，以亲身实践改变着贫困地区的面貌，而他们自己，也在实现社会价值的同时，丰富着人生经历，完善着精神世界。他们用自己的青春和热情为当地的发展作出了贡献，而他们也在艰苦的生活中磨炼了意志，找到了人生的意义，完成了由学生向社会人员的成功转型。

5. 有效配置社会资源

20 世纪 90 年代中期，我国社会主义市场经济体制初步建立，社会资源配置逐渐由传统的计划分配转向市场自主配置。进入 21 世纪，我国社会主义市场经济体制走向完善，对整个社会资源的配置，市场发挥基础性作用，国家只是辅以必要的宏观调控。人力（智力）作为社会主义市场经济的重要资源要素，只要它参与经济、社会生活，就必将按照市场的导向进行市场化配置。萨拉蒙对 22 个国家调查后发现，非营利组织是一个极其重要的经济力量，非营利部门吸引了相当数量的劳动力。22 个国家的非营利部门是一个 1.1 万亿美元的产业，雇用了近 1900 万名全职工作人员。志愿服务，就其实质而言，是人力资源的再转移和再配置问题。由于市场经济先天的自发性、盲目性和滞后性，人力资源的流向也具有一定的盲目性和滞后性。志愿服务能通过非市场、非行政、非法律等手段协助解决社会问题和提高居民生活质量。志愿服务以一种特殊的方式促进了社会资源的二次或三次分配，满足了社会弱势群体的需要，促进了社会公平。

第五章

新时期我国志愿者行动的新发展

志愿者行动，也就是志愿者参与社会的过程，往往是指社会个体自发自觉或通过某一特定集体来进入社会的参与过程。新中国成立以后，我国的志愿者行动事业得到了较好发展，其中自20世纪60年代起在全中国影响范围最大、持续时间最长的学习雷锋活动极大地推动了志愿者行动的进程，雷锋精神一时间感染、教育了一代中国人，人们的道德水平和社会风尚大为改观，精神境界努力朝着社会主义思想品质进步，出现了众多助人为乐、公而忘私的好人好事。在这种力量的推动下，志愿者行动极大地增进了其内涵并增强了效果。进入新世纪以来，志愿者行动得到了党和政府的大力支持，2007年胡锦涛同志就曾对志愿者行动作出重要批示："青年志愿者事业是培养优秀青年人才的途径和舞台。"这期间，中国青年志愿者行动发展到了由项目转变到行动计划、管理规范化和人员固定化的程度，并获得了社会的持久关注，在服务的体系、内容、管理机制等各方面不断得到完善。从2008年的汶川抗震救灾、北京奥运会的筹备，2009年甲型H1N1流感预防宣传，到2010年的上海世博会志愿服务、2011年大学生服务西部计划以及2012年关爱农民工子女志愿服务行动等都极大地推动了我国志愿者行动的发展，在这些活动中我国志愿者行动计划逐步步入正轨，体系架构逐渐成熟，不断取得新的成绩，当然也存在一些不足之处有待进一步加以完善。

第一节　目前我国志愿者行动的基本情况

中国的志愿者行动自20世纪90年代初开始兴起，并在广大青年的积极参与和巨大的社会需求下，通过相关青年组织早期的大力引导，迅速发展壮大，在政治、经济、社会、文化等领域产生了积极影响。截至2010年12月，全国各级团组织、青年志愿者组织规范注册的青年志愿者超过3124万人①，同时还有若干自发组织的青年志愿者团队，以及若干在临时性的青年志愿服务行动中奉献的志愿者。从目前的发展来看，我国的志愿者行动的主要形式、发展目标、管理途径均呈现出多样化的特点，而且志愿者行动本身也表现出一些新特点，这不仅给我国志愿者行动增添了活力，丰富了我国志愿者行动的内涵，而且也有助于其体系的完善。

一、我国的志愿者行动的主要形式

如果说，我国20世纪60年代的志愿者行动更多意义上是以政治性活动的形式出现，而没有具体指明“志愿”指向，是以满足个人理想为目标，体现为一种具有集体性特征的要求，而没有形成一套持久化的机制。那么，我国目前的志愿者行动的主要形式呈多样化发展取向，已经涵盖到社会的方方面面，但大体上我国的志愿者行动以以下四种方式存在：

1. 以慈善或服务的形式存在

这种志愿者行动显然更多地面向社会群体层面。虽然中国的慈善事业更多是由民政系统承担，但其中，中国的志愿者往往起到具体的职责担当工作。这类志愿者行动往往涉及抗震救灾、紧急救助、安老助孤、

---

① 《中国规范注册青年志愿者超3124万人亟待法律呵护》，http://www.chinanews.com/gn/2011/01-12/2781626.shtml。

扶贫济困、助学支医等方面。中国的志愿者行动大体上与西方的宗教慈善活动不同，这主要反映在二者各自的行动目标主旨的差异，西方的慈善活动往往以宗教为行动目标的主旨，而中国式的慈善事业显然更带有人文社会关怀层面的意义。同时，中国的志愿者行动更多的是根据中国实情和地区差异而开展的若干以技能扶持为服务内容的志愿项目，如支农，支教，支边，“文化、教育、科技”三下乡活动等，这些都有效实现了对社会公共福利的补充。

2. *以倡导与运动的形式存在*

一般而言，我国的志愿者行动往往带有较为强烈的行为倡导特征，这一方面体现了党和政府对志愿者行动的支持，另一方面也展示了中国志愿者行动的公益性特点。因为从志愿者行动本身的性质来看，就属于一种社会文明倡导的过程，通过志愿者行动的开展，使社会文明风尚得到彰显，也使一大批事关社会可持续发展和共同进步的事业得到了持续的推广，符合社会主义核心价值体系的切实要求。如青年志愿者绿色行动营计划就将环保概念进行了推广，一批以扶贫开发计划为主旨的志愿服务项目极大地促进了国内各地区平衡发展，同时将缩小城乡差距的概念提到了社会层面的公共议题之中，引发人们在社会范围内的广泛关注。

3. *以社会参与和自我管理的方式存在*

志愿者行动的过程就是个体实现政治社会化的过程。志愿服务的最终方式也是青年的社会参与，通过参与志愿者行动，广大青年有机会更多地了解社会，增长社会阅历，在这一过程中，也使得青年不断开拓眼界，丰富社会管理经验，在政治社会化过程中不断学会自我管理的技能。当前，人们已经广泛认识到社会发展的实质是人自身的发展，在这一过程中必须体现个人对社会的参与。《中国 21 世纪议程》中就曾特别强调，国家青年政策要重视青年的培养、教育和参与，充分发挥青年在国家政治、经济和社会生活中的积极作用。显而易见，志愿者行动在逐渐成为社会风尚的同时，也已经成为当代中国青年参与社会的重要手段。

4. *以互帮互助的形式存在*

进入新时期以来，社区在城市中广泛兴起，党的十七大以来，社区建设被我国政府确立为基层群众自治制度的基本形式之一，越来越成为人们普遍关注的焦点。以互帮互助为主要形式的志愿者行动也开始走进社区，在现实生活中逐步形成了社区发展与建设的一支不可忽视的力量。这种形式的志愿者行动为社区中的大多数人群补充了基本社会福利，通过同一个社区共同体间的互助服务，以邻里互助或守望相助方式不断增进了社区凝聚力，也提升了社会道德风尚，同时也形成了社区自治体中的自助行为，增强了人们自主管理自己事务的能力，也推动了社会和谐氛围的实现。

二、我国的志愿者行动的发展目标

我国的志愿者行动是在我国社会转型的新历史时期产生的新事物，也是中国现代化道路上的一个坐标，在整个社会进步的层面上有着重要意义，其发展目标也随着志愿者行动主要方式的多样化而不断丰富，除了最开始的为社会提供公益性服务这一目标以外，还形成了社会福利补充、社会风气净化、社会和谐维系以及促进青年政治社会化等多元的目标体系。

社会福利的补充目标主要源于政府进行社会管理的能力有限以及社会资源不足等客观情况。我国目前开展的志愿者行动很大程度上有助于补充社会福利的天然不足。受到计划经济体制的影响，我国原来奉行政府干预一切社会事务的行政原则，但完全由一个政府主导核心构建的社会福利体制在进入一个相对自治的过程中显然无法全然应对所有的社会需求，因而造成了社会福利的边际效益有所减少。志愿者行动的广泛开展，在一定程度上有助于弥补政府对社会管理的不足，在有组织的过程中往往通过更小规模的团体式运作和长期活动的开展，凭借自身的灵活性、机动性对社会所需作出及时而有效的反应，同时，还能够根据各个地方或自治体不同的要求提供社会公益性服务，从而在当前的社会体制内保持社会公共福利持续增长的发展趋势，极大地发展了志愿者行动的

公益性目标指向。

同时，志愿者行动的开展还以净化社会环境、维系社会和谐为发展目标。志愿者行动作为一个提倡文明，服务于建设和谐社会的项目，在人与人互相帮助的过程中起着净化社会风气，优化社会成员道德品质的作用。尤其是当前在社会转型、体制转轨的过程中，一些社会思潮和道德风气受到了拜金主义、功利主义的影响，原有的集体主义思想和人人奉献社会的情怀有所减弱。志愿服务事业的兴起，尤其是青年一代的大力投入，使得当年以雷锋精神为典型的优秀精神后继有人，社会发展能够继续沿着社会主义核心价值观念的引导前进。同时，由于志愿者行动是崇高的事业，也是人类进步观念不断传播的重要途径。它通过不断提倡最新的社会观念，以志愿为宗旨，以服务社会为形式，在各个方面贯彻着实际行动，从而承担了推动建立社会共识和使得社会理念价值更趋进步的作用。志愿者行动本身所带来的群聚效应也会促进社会各个群体间的联系，使社会更加和谐。

此外，志愿者行动还以推进青年政治社会化为发展目标。政治社会化是指个体学习社会生活的基本规范，培养社会生活的各种技能，逐步获得个性，从自然人成长为社会人的过程。志愿者行动为青年社会化提供了一种十分有效的路径和平台，通过使青年人走出暂时狭小的生活圈和课堂，去广泛地、多角度地、较高频率地进入社会舞台，通过为他人服务，学习新知识、新技能，学习社会规范，内化价值理念，增强社会责任感、协作意识、法制观念、坚强意志，并拓展他们的社会交往范围，从而在社会参与过程中感受到了自身存在的价值，也在与社会积极的互动中打下了自身良好发展的基础，使他们在政治社会化过程中不断形成自身的社会品格，不断增长社会阅历，丰富社会交往技能。志愿者行动使中国青年在社会这个大课堂中真正找到人生方向，代替了永远落在社会迅速变革之后的课堂教学，帮助青年掌握技能，更好地做好社会化准备，在社会参与的过程中寻找到进行文化参与的方式，并最终通过入职或经济手段操作等方式参与社会经济活动，成为一个自食其力者。

三、我国的志愿者行动的管理途径

志愿者行动的管理途径是指在志愿者行动的开展过程中，对于整个行动的管理、动员、培训以及评价等一系列问题的综合管理方式，志愿者行动的管理途径的发展程度与完善情况直接关系到志愿者行动开展的好坏。从目前我国的志愿者行动的开展情况来看，我国志愿者行动的管理途径有了不同程度的改进，这些改进都体现了对我国志愿者行动原有管理途径的完善与超越，使我国目前的志愿者行动带有许多新的特点。具体而言，我国志愿者行动的管理途径的改变主要表现为以下四个方面：

1. 我国志愿者行动的管理方式从单一走向全面

心态的变化和评价方式的变化，带来了对志愿者管理方式的变化。以往对于志愿者的管理采用项目制的方式，更注重对于项目流程即任务完成上的控制，在管理上只是指导好志愿者的行动，完成相关任务即可。现代的志愿服务项目，基于志愿者来源的广泛性、任务的复杂性、互动关系的开放性、社会的持续关注热情化，对此的管理呈现出更全面的内容，已经超出了原来任务指向的安排。这些安排涉及对志愿者的各项保障（如物资、保险等）、心理指导、技能培训、评价管理、激励或退出机制等。此外管理方式也产生了很大变化，如过去只有基于志愿者同意条件下的指令性方式，如今随着志愿者强烈的人格要求，而需要更多通过管理者和志愿者沟通、协商的方式来进行。

2. 我国志愿者行动的动员形式从被动走向主动

目前的志愿者活动改变了过去基本由团组织或民政机构组织动员，发动青年学生参与的方式，在 2008 年的几场全国性救灾服务，志愿者行动的动员形式逐步体现出社会化的趋势。其一，青年对于志愿服务的理解程度加深了。青年人对于社会的同情心和对于弱势群体的同情心理在媒体引导下被放大。志愿者们在群体效应的带动下更多采用了亲身参与的方式，在愿意付出服务的心理上做好了准备。其二，逐步宽松的社会环境使得一些青年组织因兴趣、利益等各种原因具有存在基础，这些组织往往具有一种社会意识，他们在参与公民社会运作过程中发挥了主动作用，也给青年提供了行动路径。其三，大面积、持续性的救灾行为本身也需要雄厚的人力资源，尤其是现代化的救灾服务需要各方面专业支持，这给予青年志愿者行动以契机。而在救灾之后的青年志愿组织，一旦形成聚集，符合了青年人乐于群聚的心理，就有成为一个长期的集体而存在的诉求，这也使得青年志愿行动的动员方式从过去的政府鼓励并通过奖励来推广，转变到了青年人更多出于自愿的自我驱动。

3. 我国志愿者行动的培训方式从一元走向多元

当前对于志愿者加强培训的要求也越来越多，其主要基于参与志愿者的青年群体基础越来越庞大，社会化程度也越来越高，过去体制内“熟人”条件下的志愿任务匹配模式已经无法发挥所有作用，从而满足接受服务方的需求。同时出于对志愿服务品牌的维护和风气的纯净，志愿者培训已经成为他们上岗前的必备过程。而过去仅仅针对任务要求进行的培训也正在越来越体现多元化。首先是内容的多元化，现代的志愿服务已经可以作为社会重要活动形式之一，对于其服务的内容和要求也更加细化，一次志愿服务往往涉及若干个具体任务，需要对此进行全面的事先准备；其次是培训方式的变化，奥运会和世博会的两次大型志愿服务都实现了超越过去“大课堂”、“填鸭式”教学的培训机制，通过岗前实训、网络培训、个别指导等方式满足志愿者上岗前的各种任职要求；第三是培训的效果要能最终满足志愿者的在岗要求，最好还能实现志愿者社会技能的提高，才能在不那么具有强制性的条件下在志愿者自主报名方面达到最好效果；第四是培训的理念需要更接近社会实际和团队管理理念，更符合社会潮流和受众话语，才能为志愿者尽快吸收。

最后，我国志愿者行动的评价模式从奖励走向激励。由于社会变化，加之当代社会成员对于志愿服务的认识更为积极主动，社会对志愿者行动评价的方式也发生了变化，从对仅以物质形式奖励或榜样的树立和宣传为主，转变为更加注重对人的价值鼓励和对个体行为的尊重。起步时段的志愿者行动往往带有适当通过奖励方式补足经济上需求的做法，另外也有通过奖励优秀、树立榜样的方式来试图加大人们对此的关注。随着志愿者行动的发展，已经有一批社会成员将此作为了生活的一种选择，或者作为一种自我价值的实现过程，因此他们超越了单纯依靠奖励获得认可的阶段，而需要通过激励的方式来实现价值尊重。例如，2010年上海世博会期间流行的“志愿者激励徽章”系统和“资深志愿者”的升级制度，就达到了充分激励志愿者的作用。绝大多数志愿者都认为一个小小的标记，而非物质财富更能体现对于他们自愿付出的认可。在志愿服务的其他领域，尊重志愿者放弃时间来进行奉献的心理要比简单予以报酬补偿的方式更有效。

四、我国志愿者行动的新特点

除了我国志愿者行动的主要形式、发展目标以及管理途径表现出多样化的特点以外，我国志愿者行动自身也表现出许多新特点，这些新特点在一定程度上也在改变了志愿者活动的现实表现，推动了其自身的发展。概括而言，我国志愿者行动的新特点主要表现在以下三个方面：

1. 服务主体的全民化与自主化

从目前志愿者行动开展的情况来看，志愿服务正在成为一种社会风尚。随着时间的推移，志愿服务已逐渐成为一代代年轻人青春时代的一门“必修课”，不断引导着青年人通过参加各种志愿者活动，增长社会阅历，逐渐成熟起来。同时，志愿者活动范围不断扩大，不再局限于青年人范围，其精神理念的传播也已使得志愿服务正在从青年群体走向所有社会成员，并逐渐使整个社会都融入这一行列之中。在这一过程中，参加志愿服务的人们大多是基于“个人同意”而加入，这是公民社会条件下公民投入互动的基础，也是志愿服务未来得以生存发展的起点。社会这一领域的全面展开使得社会成员对社会未来发展和个人前途产生了自我的判断和准备，而日益宽松的社会舆论环境也使得他们开始以更全面的视角思考社会问题，尽可能地按照自己的意愿选择参与社会的方式，并给出较为“个性化”的答案。同时社会价值的多元化也打破了过去以“代际”为单位的群体分类，而形成了以“族”为单位。过去简单地对某些社会成员的“定性”或“贴标签”也出现了区别。一些可能看起来深深令人担忧的人在某一时刻却会表现得截然不同而受人交口称赞。这些不确定的变化因素开始越来越多，而个性化的诉求也越来越强烈，这都导致了再也无法用简单的词汇来全然描述一个社会成员。因而在这一过程中，社会成员参与也体现出了新的变化，如通过社会流动、职业选择或角色转变来参与社会、经济发展成为社会参与的主要途径；参与更具独立、自主、个性化选择的色彩，而非指令式；“被动式”参与转变为“主动式”参与，一元参与方式变为多元参与方式，固化的参与途径变得更为灵活，社会参与人员的年龄越来越小。随着志愿者行动逐渐摆脱过去的政治动员运动而变成了社会成员资源自发参与的社会活动，这在一定程度上更彰显出志愿者行动的公益性特点，也真正弘扬了社会正气。

2. 服务领域的全面化与国际化

服务领域的全面化是指志愿服务的领域已经远远超过当初为社会发展“锦上添花”的范围，而深入到每一个社会福利尚有欠缺，或者政府、市场能力不能达到的地方。志愿服务成为弥补整个社会缺陷的重要途径。由于社会运行的基础是人，人与人的互动才能促进社会进步与和谐，而志愿服务本身也已经成为社会广为接受的人际互动方式。在这种情况下，志愿者行动的领域逐渐扩展开来，涉及的领域广泛而全面，有效地补充了政府社会管理的不足。同时，作为全世界人类追求的永恒价值之一，志愿服务也逐渐成为中国国民与外界进行交流的重要渠道。在中国对外开放的程度日渐增强的今天，中国志愿者服务的区域已经不再仅仅局限于本国之内，而是向国际扩展。通过国际的志愿者行动，我国志愿者积极参加到国际救助、国际服务、国际援助等事务中去。具体而言，一方面，中国公共外交的需要，国力的逐步增强，公民个体收入的提高，给志愿者行动提供更多进行海外服务的机会和平台；另一方面，境外人士在华开展志愿服务的可能性也得到相应的提升，随着国内外相关人士、团体接触的增多，志愿者行动的跨国进程还将进一步得到推进。

仅举几个典型例子加以说明：2008 年 8 ~ 9 月，在北京举行奥运会和残奥会期间，170万名志愿者参与了志愿服务活动，志愿者在各种岗位上为奥运会和残奥会的顺利举行贡献了自己的力量。这一次奥运志愿服务呈现出一些新特点：一是规模空前，志愿者人数是此前各国奥运会无法比拟的；二是队伍结构完美，志愿者的类型涉及多种行业、专业，为奥运会提供了专业优质的服务；三是组织化程度较高，无论是赛前培训、赛中组织，还是应急调配，一切都井然有序，体现了组织工作的高度严密性和服务工作的高度有效性。2009年，庆祝新中国成立60周年，北京有100多万名志愿者提供了国庆志愿服务。其中包括首都治安服务志愿者，首都交通服务志愿者（交通安全义务宣传员、地铁公交志愿者、随车交通志愿者、乘车服务志愿者、公交司机志愿者等），庆祝活动特殊岗位服务志愿者（礼仪服务志愿者、背景区志愿者、调整区志愿者、集结区志愿者、疏散区志愿者、群众游行志愿者方队中的志愿者、群众游行外围保障通用志愿者、广场彩车展示志愿者、联欢晚会志愿者），游园活动服务志愿者，文化活动服务志愿者，城市志愿者等。从这些志愿者的精细分类便可以看出志愿者所提供服务的丰富性和细致性。2010年，上海举行的世博会是我国又一次重大国际性活动。上海世博会志愿者包括三支队伍：第一支是园区志愿者，约77000人；第二支队伍是城市服务站点志愿者，在全市设1000个左右的城市服务站点，大约13万人；第三支队伍是城市文明志愿者，主要开展8个方面的服务，8支队伍，包括平安志愿者、交通文明志愿者、世博宣传志愿者等，大约有197万人。[①] 广州亚运会，共有56万余名志愿者为四海来宾提供服务，承担了包括礼宾接待、语言翻译、观众服务、沟通联络、竞赛组织支持、交通指引以及信息咨询等方面的服务工作。除了这些正常的活动之外，近年来，在应对突发事件或抗击各种灾难的战斗中，广大志愿者也发挥了越来越重要的作用。从2003年抗击非典，到2008年汶川地震发生后的救援与灾后重建工作，青年志愿者都是最积

① 《200万志愿者蓄势待发　开园后将实行轮理制》，http://2010.99.com/a/20100408/000094.htm。

极的参与者和奉献者。

3. 服务过程的常态化与专业化

同刚开始的志愿服务以充满激情与理想的某一项目或者接力计划的方式不同，越来越全民化的志愿者行动将日益呈现出理性的常态化的发展趋势。从历史发展来看，我国青年群体在参与志愿者行动时的这种表现较为明显。他们往往被作为一种充满激情与活力，乃至革命的力量的群体，其活动也成为一个国家、民族乃至世界走向美好的方向。然而，今天的时代已经很少再见到青年动辄成为具有强大冲动的群体，或者说这种冲动不再在街头上随意演绎，而更多的是通过青年话语的方式加以体现。因为当代青年更注重理性文化和现实取向，不再追求纯粹理想化，遇到问题时会更加务实冷静，不到社会的临界点不会充满理想主义地去激情释放，这些都要求志愿者服务过程也应该相应建立常态化的形式。服务过程的常态化也就是指使志愿者行动摆脱偶然性的单一的活动，而逐渐成为人们社会生活中的经常性的、相对固定的、必要的组成部分，作为人们生活的组成部分，人们参与志愿者行动的时间和投入都能够保证，而且将会不断增加。服务过程的常态化不仅有助于自愿者行动的现实延续，而且有助于良好社会风尚在这一过程中得到有效传承。同时，随着志愿服务的拓展，会有越来越多的领域向志愿服务开放，而志愿服务本身也会在常态化的过程中应社会需要提升服务的平均水平，乃至在一些领域产生基本的准入标准。这实际上就是志愿者服务专业化的过程。根据社会分工理论，志愿服务本身也应体现出专业化趋势，这种趋势将会直接推动志愿者服务专业水平的提升，对于培养志愿者服务所需的良好心理素养、相应的技能水平以及社会交际力也将大有裨益。

4. 志愿者行动事业的开展越来越具有动员力与组织力

在我国，志愿者行动事业越来越成为一项深受青年欢迎的事业，具有很强的吸引力，从而也成为青年积极而广泛地参与的一个重要因素。志愿者行动事业之所以能够吸引青年热爱和参与的深层原因在于志愿精神的内在吸引力。志愿精神是个体或团体所表现出自愿和无偿的为他人提供服务的理念。志愿精神的内涵表现为显著的自愿性、公益性和亲身实践性三个特征。应该说，志愿精神包括了多重层面的丰富内涵：第一，在文化层面上，志愿精神是一种社会文化，即社会生活的一种表现方式及其规范。第二，在心理层面上，志愿精神是一种社会心理。志愿精神在一定程度上可以等同于一种价值观念，同时，志愿精神也是一种心理需求和行动意向。第三，在行动层面上，志愿精神的具体化、有形化、外在化就表现为一种社会行动，即志愿行动。当下，志愿精神已成为社会动员的一种新型的巨大能源，同时它也蕴藏着巨大的组织潜力。志愿者是当今时代社会大众认同度最高的社会成员之一，志愿组织是青年最愿意参与的社团组织之一，志愿服务是青年认为最有意义的活动之一。首先，志愿精神和志愿行动对于人的社会化能够发挥独特的作用，志愿精神有助于青年形成具有社会取向的价值观。其次，志愿精神的兴起和志愿行动的产生，可以充分地表现出其中内含的人本化取向的生活目标，在人的精神层面上也会发挥其特有的作用，有助于提高社会成员的精神境界。与其他志愿团体相比，青年志愿服务团体拥有更多的组织资源，其突出表现在青年志愿服务团体能得到共青团组织的支持。共青团组织是青年志愿服务活动的重要领导者和组织者，它独特的地位和资源进一步增强了青年志愿服务活动的动员性和组织性。

5. 志愿者行动事业不断探索新形式、拓展新途径

在全国各地，志愿服务形式多样，逐渐形成了志愿服务的基本运行框架。如果从志愿服务方式和服务对象来看，可以分为大型群体服务和特定对象服务两种形式；如果从志愿服务双方的关系来看，可以分为双向服务和单向服务两种形式；如果从志愿服务的知识技术含量来看，可以分为非专业性服务和专业性服务两种形式；如果从志愿服务的目标导向来看，可以分为补救型服务和预防型服务两种形式。志愿服务的深入开展，推进了服务形式的不断创新。早期的志愿服务比较重视补救型的服务，当下的志愿服务组织则针对一些预防性活动开展了志愿服务。例如，中国成人预备期志愿服务。这一活动项目是志愿者行动与 18 岁成人仪式教育活动之间有机结合的典型案例，它以 16～18 岁中学生向成年公民成长这个关键点，来动员广大中学生的积极参与，号召他们在成

人预备期开展每年不少于48小时的志愿服务。这种寓教育于服务之中的创新形式，取得了非常好的效果。目前，成人预备期志愿服务已在全国普遍展开，成为新时期中学生社会实践和社会教育的有效载体。青年志愿服务正由过去活动化、运动化向制度化、日常化的方向发展。例如，志愿者扶贫接力计划从1996年开始试点，到1998年正式全面开展。采取公开招募、定期轮换、长期坚持的接力机制，组织动员志愿者为贫困地区提供每期半年至两年的基础教育、医疗卫生、农业科技推广等方面的服务。目前，全国共有31个省（区、市）实施了这项计划，累计共有20多万名城市青年报名，从中选派了13558名志愿者，受援助的贫困县达到211个，覆盖了西部17个省、区、市，初步形成了支教、支医两大支柱项目和跨省对口支援、省内发达地区支援欠发达地区等工作模式。①

6. 志愿者行动更注重个性化和多样化

关心志愿者的个人意愿和发展需要，同时，努力提高服务的社会效益。保护母亲河“中国青年志愿者绿色行动营计划”就是一个例子。这一项目把志愿者自助合作劳动和环境治理结合起来，通过向国外学习，借助有较长历史和丰富经验的青年志愿者劳动营的形式来开展活动。它以“劳动、交流、学习”为主题，通过建设绿色行动基地，集中组织社会成员开展植树造林、沙漠治理、水污染整治、清除白色垃圾等环保志愿服务活动。在2~4周的时间里，营员们共同生活、集体劳动，在进行植树造林等生态环境建设的同时，社会成员可以学习到相关的环保知识，了解当地的风土人情，还可以在这一过程中提高个人的组织能力和交往能力，达到自我教育、自我进步的目的。

---

① 《青年志愿者扶贫接力计划》，http：//www.cntv.cn/lm/860/14/62524.html。

第二节　我国志愿者行动取得的成绩

十几年来，我国的志愿者行动在探索中稳步推进，在实践中蓬勃发展，随着党和政府对志愿者行动的重视与支持，社会对志愿者行动的关注热度的持续，越来越多的社会成员尤其是青年群体纷纷加入到志愿者行动行列，不仅使我国的志愿者行动取得了较为显著的成绩，而且极大地推动了我国志愿者事业的快速平稳发展。以下仅从四个方面谈谈目前我国志愿者行动取得的成绩。

一、志愿者行动成为了广大青年群体素质提升的重要课堂

志愿者行动是青年群体思想道德获得升华的重要过程，由于思想品德的发展是青年全面发展的重要组成部分，广大青年思想境界的高低决定了他们的成长方向。因此，德育工作的核心内容就是帮助大学生树立正确的世界观、人生观和价值观。德育教育的最终目的，就是要使大学生通过一定阶段的学习和实践，能够正确认识和把握自己，确立正确的人生目标和价值取向，在价值目标的指导下，处理好个人利益和社会利益的关系、自我利益与他人利益的关系。这都使志愿者行动在一定程度上成为广大青年群体素质提升的重要课堂。具体有以下三个方面的体现：

1. 志愿者行动增强了青年群体的社会责任感和时代使命感，成为培养其理想人格、塑造个体内在道德品质的有效途径

青年志愿者活动的宗旨和内容要求志愿者要以自愿和奉献的精神参加社会服务活动，这就决定了它是一项高尚的社会道德实践，它引导广大青年摒弃金钱至上和贪图享乐的思想，树立正确的人生观；它以社会公益为基点，不计报酬，服务他人，奉献社会，引导青年们抵御唯利是图、以权谋私等个人主义思想腐蚀，使他们形成正确的价值观；它注重实践，面向社会，引导青年们逐步形成正确的世界观，培养了他们爱国

主义精神和远大理想。因此，青年志愿者活动既是付出的过程，也是收获的过程，适应了时代发展的要求，激发了当代青年的道义、良知、同情心和社会责任感，使青年们真正体会到自己是一个能够帮助别人，能够为社会和他人创造价值和幸福的人，从而自觉地把自己的价值取向定位在服务从社会需要，强化自我约束、自动多做奉献上来，有效地提升了青年学生的精神世界。

2. 志愿者行动促进了广大青年的全面发展

青年成材离不开智力的发展，而智力发展依赖于智力的运作和潜能的挖掘。它不仅要求青年们必须努力学习书本上的理论知识外，还要求把这些知识运用于实践之中，在实践中检验，列宁也曾指出："学习、教育和训练如果只限于学校以内，而与沸腾的实际生活脱离，那我们是不会信任的。"[①] 志愿者活动正好提供了这个机会。志愿者活动包括常规活动、专项活动以及自主实践活动，这些活动都具有很强的实践性和可操作性。从扶贫攻坚到抢险救灾，从支教扫盲到医疗服务，从环境保护到大型活动，这些有目的、有计划、有组织的志愿者活动培养和锻炼了广大青年的综合素质，创造和提供了内容丰富、形式多样的实践机会。它使大学生的思维能力、表达能力、动手能力、社会适应能力、解决问题能力、组织管理与协调能力、创造能力、心理素质等各方面不同程度地得到了充分的锻炼、展示与发挥。在为他人服务的同时，志愿者检验和巩固了理论知识，有针对性地弥补了自身的知识能力的缺陷，学习新知识、新技能，使综合素质得到不断地充实、完善和提高，促进了大学生的全面发展。

3. 志愿者行动提高了广大青年的社会实践能力

由于当代青年大多生活经验、社会阅历不足，实际接触社会的机会很少，特别是在校大学生，他们所接受的教育没有在实践中得到检验和引导，感性思维并没有上升为理性思维，一定程度上存在着社会化迟滞的现象。要解决这个问题，就要使广大青年尽可能多地接触社会现实生

① 《列宁选集》（第4卷），人民出版社1995年版，第292页。

活。而志愿者行动为广大青年提供了一条深入接触社会、与社会提前“磨合”的重要途径，逐渐成为新时期青年群体主动参与社会的一条新渠道，受到了广大青年的普遍欢迎。据调查显示，有61.3%的青年认同志愿者行动是“青年自身主动进行社会参与的新形式”。① 在志愿者行动中，青年们通过参与公益活动、文化活动、社区建设、扫除文盲等活动，可以帮助他们走出狭窄的生活圈子，了解到更为广阔的社会和人生。在为他人服务的同时，志愿者也获得了学习新知识、新技能的机会，从丰富生动的社会实践中学会和理解了很多原来陌生的东西，大大开阔了眼界、增长了见识、提高了能力。许多大学生在积极参与志愿服务之后都感受到自身的学习能力、创新能力、沟通协调能力、团队合作能力和承受挫折能力等均有不同程度的提高。

二、志愿者行动开拓了高校校园文化的新发展

高校校园文化是由师生共同创造形成的具有大学特色的育人理念以及承载这些理念的校园物质文化、精神文化和制度文化的总和。从本质上讲，它反映了大学校园内师生的一种精神环境与文化氛围，是大学生群体内在的信仰、道德价值观以及精神风貌的综合体现。随着社会的进步和时代的发展，大学生对精神文化生活的需求不断提高，相应要求校园文化进一步开拓创新，突破固有的模式，融入符合时代潮流的新观念、新元素，而大学生志愿者活动的产生，为实现二者的紧密结合提供了良好的平台，极大地丰富了校园文化的内涵。具体而言，志愿者行动对目前高校校园文化的积极影响主要体现在以下三个方面：

1. 志愿者行动的开展充实了高校校园文化的内容

一方面，志愿者活动紧紧围绕高校的重点工作进行部署、组织与开展，把创建文明宿舍、文明教室、文明校园与争当文明大学生结合起来。另一方面，积极开展校园精神文明创建活动，组织广大青年参与扶

---

① 安国启：《志愿行动在中国——中国志愿者行动研究》，中央文献出版社2002年版。

贫济困、社区服务、科技文化服务以及各种大型社会公益活动，不断满足校园文化建设的需要，在一定程度上充实了校园文化内容。比如，开展美化校园活动，志愿者们对校园各处宣传栏进行清理，对教室、宿舍楼进行布置美化，为文明校园建设奉献力量；成立“爱心基金会”，通过自愿捐款，义卖报纸，课余时间收集矿泉水瓶、旧报刊等方式筹集资金，资助贫困生，解决他们的实际困难；开展心理咨询活动，志愿者运用自身所学的心理学知识，为同学们普及心理健康常识，提供有针对性的现场心理健康辅导；倡导学风建设，志愿者们在校园内张贴倡议书，定期进行学风督导，开展“一帮一”助学活动等，以实际行动推动学风建设进程；开展义务家电维修活动，志愿者利用所学的专业技能，深入街道社区，为居民义务维修家电等。所有这些志愿者活动符合了大学生内在需要和价值取向，充分发挥了大学生在活动中的主体作用，提升了大学生理想追求和社会服务的自觉性。同时，志愿者行动还塑造了大学生良好的道德素质，强调了奉献精神，强化了公民意识，培育了公共精神，加强了校园文化的价值导向，为新时期的高校校园文化建设注入了新鲜血液，极大地丰富了校园文化内容，也推动了文明校园建设。

2. 志愿者行动的开展增强了校内外的文化交流

大学校园文化具有相对独立的特点，这主要是因为大学校园集教学与生活于一体，往往远离社会，这也就是许多人将大学校园称为“象牙塔”的重要原因。在这种相对封闭的环境里，大学校园文化先天与社会文化保持着隔阂与距离，因此，许多大学生在走出校门以后面对陌生的社会生活大多有迷茫之感，这都源于大学校园文化与社会文化对接方面存在的问题。而志愿者行动在一定程度上弥合了校园文化与社会文化之间的空隙，加强了二者的交流与联系。一方面，志愿者行动强化了校园文化的辐射示范功能，逐渐实现了学校教育与社会教育的统一。大学生志愿者在深入社会、走向基层的过程中，通过开展社区服务、“三下乡”活动、扶贫接力等一系列志愿服务行动，深刻地了解和认识了社会，明确了个人的发展定位，扩大了校园文化建设的空间。它倡导了奉献精神，净化了社会环境，引领了新的时代理念和时代风气，提高了整个社会的文明水平。另一方面，志愿者行动又突破了校园文化自成体系的封闭化模式，使大学生在学校接受的正面教育的同时，能够得到实践的指引，逐步切身感悟到社会发展主流思想，通过志愿者行动，大学生们能够自觉地将民主、协商、公正、平等、法治、竞争、效率等现代公民意识带入校园，不断充实校园文化的内容，不断把社会对大学生的要求转化为自身信念，使校园文化与社会发展紧密融合起来，不断推动了校园文化的进一步繁荣与发展。

3. *志愿者行动强化了校园文化的育人功能*

教书育人是大学校园文化中的重要职责体现，也是高校思想政治教育理论课所承载的重要使命。高校通过思想政治理论课确保大学生们在校期间逐渐形成正确而坚定的政治立场，提高独立思考社会科学问题的能力以及与人顺畅交流与和谐相处的本领，但由于有的门类的思想政治理论课自身理论性较强，理论较为抽象，一些大学生不能很好领会到课程设置的真谛。而志愿者行动则在一定程度上弥补了校园文化中教书育人功能的不足，并使这一功能得到增强。从性质上来看，志愿者行动本身就是一个教育人、培养人、引导人、塑造人的过程。大学生在参加志愿服务过程中，以实践为中介，通过形式多样的志愿者服务活动，不仅检验和提高了自身的综合素质，而且也丰富了校园文化内容与形式。围绕社会主义文化建设的根本任务开展的理想教育、道德教育、文化教育、纪律教育四位一体、互相渗透，不仅使大学生升华了思想境界，提高了道德修养，坚定了理想信念，还锻炼了他们多方面的实际技能，增长了才干。同时，对于集体而言，志愿服务在增进同学之间情感交流，密切师生关系，加强班团组织建设，增强集体归属感与认同感方面作用显著。在活动中同学们都真切地感受到，“人”字的结构是相互支撑，现代社会是一个既分工细致，又随时需要合作的社会，每一个人时时刻刻都有被他人帮助的需要，同时也要承担随时帮助他人的义务。志愿者行动为大学生提供了锻炼自我、施展才华的广阔舞台，同时又从另一个角度督促大学生树立正确的世界观、人生观和价值观，不断强化对广大青年核心价值观的培养，引领青年大学生积极投身国家建设，服务社会

大众，这些都在一定程度上极大地强化了校园文化的育人功能。

三、志愿者行动开创了实现社会和谐的新手段

早在2006年，中国共产党六届六中全会通过的《中共中央关于构建社会主义和谐社会若干重大问题的决定》就曾指出：社会和谐是中国特色社会主义的本质属性，是国家富强、民族振兴、人民幸福的重要保证。我们所要建设的社会主义和谐社会，应该是民主法治、公平正义、诚信友爱、充满活力、安定有序、人与自然和谐相处的社会。在党的第十八次代表大会上，胡锦涛同志指出："加强社会建设，是社会和谐稳定的重要保证。必须从维护广大人民根本利益的高度，加快健全基本公共服务体系，加强和创新社会管理，推动社会主义和谐社会建设。"① 志愿者行动也是社会建设中的重要内容，它所弘扬的"奉献、友爱、互助、进步"的志愿精神，体现了人与自然之间的和谐共处、人与社会之间的相互融合、人与人之间的相互关爱，完全符合建设社会主义和谐社会的要求，对于当前构建社会主义和谐社会具有积极的促进作用，目前逐渐成为了开创社会主义和谐社会目标实现的新手段。具体而言，主要体现为以下四个方面：

1. 志愿者行动促进了人与自然的和谐

尊重自然发展规律，走可持续发展道路，促进人与自然和谐相处，已经成为当今全社会的共识。这实际上与当前我国强调的生态文明建设息息相关。党的十八大报告已经明确将生态文明建设确立为今后中国特色社会主义建设"五位一体"的总体布局之一。胡锦涛同志在十八大报告中也指出："建设生态文明，是关系人民福祉、关乎民族未来的长远大计。……必须树立尊重自然、顺应自然、保护自然的生态文明理念，把生态文明建设放在突出地位，融入经济建设、政治建设、文化建设、社会建设各方面和全过程，努力建设美丽中国，实现中华民族永续

① 胡锦涛：《坚定不移沿着中国特色社会主义道路前进为全面建成小康社会而奋斗》，《人民日报》2012年11月18日。

发展。”参与环境保护和生态建设一直是志愿者行动的重要方面，多年来，志愿者的身影活跃在植树造林、环保宣传、湿地保护、藏羚羊保护等领域，尤其关注空气污染、耕地减少、水资源缺乏、土地沙漠化等热点问题。据不完全统计，参与保护母亲河行动各类活动的社会公众达5000万人次。志愿者的环保行动的示范作用十分巨大，它充分调动了社会公众参与环境保护的积极性，倡导了保护环境和可持续发展的意识，为推动人和自然的协调发展作出了有目共睹的积极贡献。

其中，较为突出的成绩是极大地发展了高校环保志愿组织。1993年由国务院颁布的《中国21世纪议程》中指出：“实现可持续发展目标，必须依靠公众及社会团体的支持与参与。公众、团体和组织的参与程度，将决定可持续发展目标实现的进程”①。进一步推动我国环境保护事业的发展，需要吸引更多的社会成员关注，志愿者组织正可充分发挥自身组织优势，广泛争取人们对环保事业的认可和支持②。当前部分大学通过建立学生志愿环保社团，在培育公众环保意识等方面发挥了不容忽视的作用，但相对于志愿服务西部计划、全国大中专学生暑期“三下乡”社会实践等志愿活动，环保志愿组织无论从规模还是影响力的角度来看仍然有待提高。考虑到大学生群体是推动我国环保事业发展的生力军，政府可以在当前高校志愿环保社团的基础上大力发展志愿环保组织，协助开展工作。这首先是因为大学生普遍具有一定环保意识，便于环保组织招募成员和开展活动；其次，他们来自全国各地，毕业后投入各行各业，有利于环保理念的推广普及；最后，接受过高等教育的他们对社会的发展具有决定性的影响力，有利于推动环保事业的持续发展。

同时，环保志愿行动的开展也在一定程度上强化了公众的环境保护

① 《中国21世纪议程——中国21世纪人口、环境与发展白皮书》，http：//www. acca21. org. cn/cca21pa. html。

② 郭志新：《关于构筑新型高校德育教育模式的思考》，《重庆工学院学报》2006年第4期。

意识。根据我国目前环保事业的进展情况，主要精力逐渐投入到环保意识的宣传和普及上去。以志愿环保团体为组织基础，通过整合大众传播媒介的力量和组织环保宣讲团、环保论坛等丰富多彩的活动，着力提高公民的环保参与度，在全社会倡导“绿色文明”和可持续发展意识，引导群众树立优化资源利用、保护自然环境的观念，杜绝个别地区为谋求短期发展而肆意破坏环境的现象出现，控制环境恶化，实现人与自然的和谐共存。

2. 志愿者行动促进了人与社会之间的和谐

随着我国经济体制改革的深入推进，政府更多地遵循市场规律来办事。由于市场经济优胜劣汰的本质特性，所以不可能完全照顾到每个公民的需求，再加上我国目前的社会保障体系还不够完善，在这样的体制背景下，就有可能产生的“政府失灵”的情况，这就为志愿者活动的发展提供了很大的空间。一方面，志愿者通过强调自愿和力所能及的互助，激发社会成员以及不同群体的内在自觉，或提供咨询、反映诉求、规范行为，或扶老助残、助医助学、扶贫济困，或护绿环保、抢险救灾、应对公众性突发事件，为弱势群体、受难人群和贫困地区提供实实在在的支持和帮助；另一方面，通过积极广泛的宣传，例如“科学发展观”重要思想宣讲活动，社会主义新农村建设的宣传活动等，将国家方针政策及时地传达给社会公众，从最广泛的层面上唤起社会群体对社会问题的关注并达成共识。面对我国短期内难以缩小的城乡差别、区域差别和贫富差别，志愿者活动以满足群众和社会的需求为己任，以多种多样的方式积极服务困难群体，在一定程度上缓解了社会矛盾和社会压力，弥补了市场的缺陷，在政府和社会之间建立了缓冲地带，受到社会各界的好评。其中，志愿者行动对我国落后地区的扶贫与开发事业的发展做出了巨大的贡献，极大地推动了我国各区域的协调发展，在减轻政府压力的同时，真正做到了对弱势群体的扶助。

改革开放以来我国绝大多数地区的经济得到快速增长，但少数地区由于社会、历史、自然、地理等多种因素的制约，发展相对滞后，当地居民的生活和个人发展依然停留在较低水平，经济发展的区域性差异逐步显现，而且这种差异短期内难以缩小。尚未完善的社会保障体系或社会福利政策只能在一定程度上缓解贫困，要实现脱贫致富，需要政府和民间联袂实施“开发式扶贫”，致力开发当地资源、修复基础设施、发展教育和卫生产业、改善生产条件、发展商品生产、协调生态环境，增强落后地区自我积累和自我发展的能力。近年我国志愿者组织实施的青年志愿者扶贫接力计划和大学生志愿服务西部计划，用青年们的实际行动弥补了市场机制和政府部门协调区域经济发展的某些缺位，对贫困地区科技、教育、文化、卫生等事业的发展起到了积极的推动作用，给当地群众带去了精神的鼓励、生活的帮助和发展的希望。

区域经济开发绝非一个短期项目，志愿扶贫行动需要具备长远的战略眼光。在工作内容上，应注意以“精神扶贫”为先导，大力倡导和鼓励自力更生、艰苦奋斗的精神；要以“科技扶贫”为重点，充分发挥高校志愿者队伍的力量，引进、试验示范、推广优良品种和先进实用技术，提高贫困户的生产能力；而“经济扶贫”则应以改善生产条件和教育环境为重点，增强落后地区的自我持续发展能力。在运作方式上，要坚持社会化推进模式，充分利用新闻宣传、社会活动等手段，发挥示范作用，形成社会合力，扩大扶贫工作的社会基础和影响力，提高社会成员对扶贫开发的参与度。在机制建设上，要坚持基地化建设，地区经济发展需要时间和过程，只有志愿组织和贫困地区结对扶持，保持经常性的交流互动，才可能收到实效。

3. 志愿者行动促进了人与人之间的和谐

随着改革的深入和经济的发展，我国社会经济成分多样化、组织形式多样化、物质利益多样化和就业方式多样化问题逐步凸显出来，不同的社会阶层已经形成，强势群体和弱势群体的分布格局越来越明显，出现了大量失范的社会现象，已经构成了社会矛盾、社会冲突、社会危机的基础。中共中央第十六届六中全会指出：“构建社会主义和谐社会是一个不断化解社会矛盾的持续过程。我们要科学分析影响社会和谐的矛盾和问题及其产生的原因，更加积极主动地正视矛盾、化解矛盾，最大限度地增加和谐因素，减少不和谐因素，不断促进社会和谐。”① 志愿者积极主动地参与社会公益活动与劳动保障事业，用自己的实际行动为社会公众特别是弱势群体服务，促进了人与人之间的融合互助，加强了人与人之间的关怀与接触。其中，志愿者行动在助残敬老、帮扶孤寡、下乡支教、社区辅导等方面均取得了巨大的成绩。

残疾人、高龄孤寡等社会成员，由于先天或后天的种种原因，丧失了基本的劳动能力和自我照顾能力，是弱势群体中最需要服务的人群。志愿者一方面可以通过向社会募捐，筹集资金和日用品，为他们提供基本生活保障，在物质层面给予帮助；另一方面，为他们提供生活上的照顾，打扫卫生、买菜做饭、陪同出游等，在解决弱势群体生活困难的同时，倾听他们的心声，解释社会现状，缓和弱势群体的孤僻心理、敌对心理，使之重新融入社会大家庭。相对而言，生活上的帮助和关怀，对于弱势群体更为重要，志愿者的精神慰藉可以使他们稳定情绪，重新燃起对生活的信心。

教育公平问题在种种社会不协调中对弱势群体的影响最为深远。受教育程度直接决定了个人劳动能力以及获取报酬的高低，但由于家庭经济状况和父母受教育程度或健康状况等因素的影响，不少青少年失去了和其他同龄人站在同一起跑线上竞争的机会，他们的家庭也有可能因此永远陷于贫困的泥沼。只有政府和社会群体互相配合，紧密合作，共同保证弱势群体后代享受相对平等的受教育权，为弱势群体家庭改善经济环境提供条件，构建和谐社会才具备前提。宏观上，政府需要不断完善公共教育政策，缩小社会成员受教育差距，消除社会弱势群体接受教育的障碍；社会群体则可以针对具体的社会成员，提供教育扶持。青年志愿者，尤其是高校青年志愿者，可以充分发挥自身优势，一方面继续打造暑期下乡支教的传统品牌项目，深入基层，结对扶持，重点解决西部、山区、农村等落后地区师资力量相对薄弱的问题；另一方面努力加

① 《中共中央关于构建社会主义和谐社会若干重大问题的决定》，《人民日报》2006 年 10 月 19 日。

强对进城务工人员、下岗工人、单亲家庭子女的教育扶持。确保教育公平是确保社会公平的前提和关键，“教育扶贫”已成为志愿者行动的主要努力方向。

4. 志愿者行动促进了群体和谐与社会稳定的有效联系

目前，志愿者行动越来越成为社会保障体系的重要补充，成为社会和谐的“微调”手段。当前我国处于社会转型、体制转轨的重要时期，这也是社会矛盾、社会问题集中多发的时期，因市场经济发展和社会利益格局的调整，社会各个阶层产生了分化，贫富差距不断扩大，弱势群体亟须得到帮助和扶持。而当前完全由国家包揽对于弱势群体的保障显然还有待实践，志愿者行动为社会保障工作注入了许多活力，发挥了重要的补充作用。其中，首要志愿者行动满足了现阶段社会成员生活与情感的需要，使得弱势群体获得了温情。比如，当前，中国作为一个人口老龄化较为严重的国家，老年人在生活中惧怕的不是物质上的匮乏，而是精神上的寂寞与空虚。在志愿者行动中，全国志愿者们广泛组织了关爱敬老院老人的活动，去敬老院帮忙打扫慰问。经常帮助敬老院打扫，给老人们创造了干净、安心的生活环境，陪老人聊天，分享他们过去取得的光荣业绩，既帮助他们排忧解闷，又给他们带去了欢笑与温暖。其次，志愿者行动已经承担起了政府与社会之间的沟通媒介作用，成为国家和社会之间的一种意见的传送带。志愿者行动的过程和实现的方式可以通过传送民众中各个不同群体间的需要表达他们的利益，从而有利于改善民主政体的运作，并推进国家和社会之间的政治沟通，也促进社会不同群体间的和谐互动。

5. 我国的志愿者行动为建立和完善服务保障体系作出巨大贡献

志愿者行动是通过向社会提供自愿服务来显示其强大的生命力的。志愿服务之所以引起如此强烈的社会反应，不仅在于它倡导了社会精神文明，更在于它为建立和完善社会服务体系作出了贡献。这种贡献表现为：首先，确立了精神服务内容。精神服务，即为满足人们的基本生活目标而提供的情感慰藉、心理咨询、释疑解惑、生活指导、维护权益、协调关系、倡导文明等精神生活方面的服务。社会发展证明，人们在需

要物质服务的同时更需要精神方面的服务，因为通过精神服务可以找回爱、尊重、信心与自由。其次，拓展了服务保障领域。社会保障主要是在人生变故领域为社会提供服务，而志愿者行动则将服务的范围拓展到我国公民生产生活的各个领域中去。第三，社会学理论认为，人类社会全部生产活动按功能应分为经济活动、政治活动、文化活动、人口活动。青年志愿者在经济活动领域提供以下内容的服务是卓有成效的：生产中的环境保护；消费咨询；维护消费者权益；维持运输畅通；求职咨询；维护遭受不正当分配侵害者的权益，协调管理中的人际冲突；维护人在生产活动中良好的生存状况；帮助人们提高生产活动技能等。在政治活动领域，青年志愿者力所能及的服务内容有：帮助教育与正确社会价值观相悖的问题青年、犯罪青年，以促进他们的人格成长等。在文化活动领域，青年志愿者能向社会人士提供的服务项目有：为学习有困难的人提供咨询与辅导；为没有求学条件的人创造一定的求学条件；为社区人员提供他们所需要的知识；为贫困地区人员提供普及教育服务。在人口活动领域中青年志愿者可做的服务工作很多，如婚姻家庭辅导、亲子关系辅导、家庭教育辅导、心理健康辅导等等。青年志愿者行动越能够深入到各生产活动领域中去为社会提供各种服务，就越能丰富其活动内容，越有生命力。

四、志愿者行动深化了社会主义核心价值体系的建构

社会主义核心价值体系是一个国家、一个民族在长期的实践过程中必然形成的使社会系统得以运转、社会秩序得以维持的基本精神依托，是社会主义制度在价值层面的本质规定，是全党全国各族人民团结奋斗的共同思想基础，是实现科学发展、社会和谐的推动力量，是国家文化软实力的核心内容，反映了我国社会主义制度的本质要求。一个社会的核心价值观反映着社会意识的本质、决定了社会意识的性质、涵盖了社会发展的指导思想，是引领社会前进的精神旗帜。在我国，要建立以马克思主义为指导思想、以中国特色社会主义为共同理想、以爱国主义为核心的民族精神和以改革开放为核心的时代精神、以社会主义荣辱观为

基本内涵的核心价值体系。党的十八大报告指出："倡导富强、民主、文明、和谐，倡导自由、平等、公正、法治，倡导爱国、敬业、诚信、友善，积极培育社会主义核心价值观。"① 从国家、社会与个人三个方面进一步阐述了核心价值观建设的内涵与重要性。而志愿者行动的核心"志愿精神"就是涵盖于核心价值体系中精神层面的部分，也是促进社会和谐、文化和谐的精神力量，是贯彻落实科学发展观的生动体现，也是推进社会主义核心价值观实现的重要机制。志愿者们以高度的政治觉悟，通过脚踏实地的志愿服务实践了社会主义的核心价值，在这一过程中也培养了社会主义的核心价值观。概括而言，志愿者行动对社会主义核心价值体系构建的推动主要体现为以下几个方面：

1. 志愿者活动凸显了社会主义道德的价值取向

随着我国社会的深刻变革，经济的快速发展，文化的相互激荡，人们的思想观念、价值取向、生活方式、人际关系受到多方面影响。热爱人民、服务人民、奉献社会是我们社会精神风貌的主流。但也要看到，社会道德滑坡、伦理规范缺失的现象也屡见不鲜，这不仅败坏了社会风气，也影响了社会主义道德发展和社会主义核心价值观的培养。志愿者行动是广大青年参与构建社会主义道德体系的一种重要形式，它为优化社会道德环境提供了可能。它着眼于帮困扶贫，有助于公正合理的经济秩序的建立，有助于和谐互助的人际关系的形成，有助于社会风气的不断好转。广大社会成员在志愿者行动的过程中，在帮助他人、服务社会的同时，也会对周围的群众产生潜移默化的影响，进而影响和改善整个社会的道德水平。例如，2012 年"感动中国十大人物"之一的被称为"怒放高原的并蒂雪莲"的胡忠与谢晓君夫妇。他们先后放弃了在成都的工作，来到四川省甘孜州康定县塔公乡支教，福利学校海拔 3800 米，甘孜州 13 个县、4 个民族的 143 名孤儿被安排在这里寄宿制读书。除了上课，胡忠每天清晨 5 点多打开校园广播，叫学生们起床、做操，平

① 胡锦涛：《坚定不移沿着中国特色社会主义道路前进　为全面建成小康社会而奋斗》，《人民日报》2012 年 11 月 18 日。

时要照顾他们的生活起居。一听说哪里有孤儿，他立马赶过去接人。久而久之，当地百姓把胡忠叫做“菩萨老师”。他的妻子谢晓君随后也报名支教，在旁人不解的目光中，她抱着女儿，与丈夫在福利学校“会师”，随后又调去了位置更偏、条件更苦的学校“木雅祖庆”，她把工作关系转到康定县，许诺“一辈子待在这儿”。[①] 他们的事迹感动了亿万中国人，在社会公众中产生了极大的示范效应。受他的精神感召，很多网友在跟帖中用得最多的一个词是“感动”，并有越来越多的志愿者加入到了去我国西部支教的行列。作为志愿者的代表，胡忠夫妇用他们的行动感动了中国，体现了当前我国志愿者的良好精神风貌，也凸显了社会主义道德价值取向。目前，志愿者活动已成为新时期加强社会成员思想道德建设的有效途径，成为弘扬民族精神、提高公民道德素质的生动课堂，成为学习和实践社会主义荣辱观的重要载体。

2. 志愿者活动进一步坚定了中国特色社会主义共同理想

中国特色社会主义的共同理想是指在中国共产党的领导下，走中国特色社会主义道路，实现中华民族的伟大复兴，为我国建设一个经济富强、政治民主、文化文明、社会和谐、生态发展的社会指明了方向。志愿者活动围绕着党的方针政策，坚持党的领导，始终围绕我国社会主义建设和发展的大局不断发展。志愿者们尤其是大学生志愿者有着较高的科学文化水平，掌握较先进的服务手段，有效地弥补了社会保障的不足，在调节社会关系和社会矛盾中起着重要的补充作用。它致力于帮助有困难的社会成员，为打破不同群体之间的隔阂、缓和社会阶层分化带来的矛盾提供了可能。同时，它致力于消除贫困和落后，消灭社会公害和环境污染，普及科学文化知识，促进社会协调发展和全面进步；致力于建立互助友爱的人际关系和良好的社会公德，不断推动社会主义精神文明建设，培养了志愿者社会主义核心价值观。

---

① 《2012 感动中国十大人物详细事迹及颁奖词摘录》，http：//www. ruiwen. com/news/59619. htm。

3. 志愿者活动深化了社会主义荣辱观的践行

以“八荣八耻”为主要内容的社会主义荣辱观，它概括精辟、寓意深刻，涵盖了爱国主义、集体主义、社会主义思想，不仅体现了社会主义基本道德规范和社会风尚的本质要求，而且还是中华民族传统美德、优秀革命道德和时代精神的完美结合，是社会主义世界观、人生观和价值观的生动体现，为社会公民树立了看得见、摸得着的行为规范和准则。社会主义荣辱观是社会主义核心价值体系的基础，与志愿者活动中所倡导的“奉献、友爱、互助、进步”理念相一致。志愿者活动是社会主义荣辱观生动的实践，志愿者把社会主义荣辱观与服务社会、服务他人的实践相结合。他们“以团结互助为荣、以损人利己为耻”，不计报酬，扶贫助困，互助自助，积极地为他人送温暖、为社会作贡献：他们“以服务人民为荣、以背离人民为耻”，把个人的前途和祖国、人民的需要结合起来，从自己做起，从身边小事做起，宣传科学知识，提倡诚实守信；他们立足基层，走向社会，从点滴做起，逐步树立为祖国、为人民服务的思想，在多姿多彩的志愿者行动中感受生活，体验人生，提升思想，知荣明耻，深化了对社会主义荣辱观的理解和贯彻。

4. 志愿者活动不仅推动了公民社会的建设，而且也提升了国家形象与社会意识

公民社会具有一定的自组织性、互利性和自治性，在公民普遍同意的基础上形成，是在国家法律范围内自主活动的社会领域。多年以来，我国靠权力高度集中和自上而下的政治动员方式来解决社会问题，虽然高效但也使得社会缺乏弹性，群众的自主性和积极性较难发挥。在今天社会转型的目标阶段中，政府在市场经济背景下越来越难以实现以往那种高度集中的行政管理模式，一系列涵盖地方性特征的社会事务需要转让给社会组织解决，因而就为公民社会的发展提供了有效空间。志愿者行动作为非营利性、公益性、福利服务性的社会活动，以较为特殊的角色在构建公民社会过程中发挥了重要作用，并正在成为助推公民社会发育的重要动力，已经成为受人瞩目的影响公民社会成长的方式之一。同时，当前的志愿者行动具有一种超越国界、超越文化、超越种族、超越

意识形态的特点。志愿者行动弘扬了这一为全世界人民所推崇的精神，也在实践中融合了中国传统美德和现代文化，从而成为中国富有人文精神、民族进取心、开放心态的一种具体表现。而志愿者本身以个体化服务的动人故事，集体奉献的时代表现也使得中国具有一张更人性化的名片，他们的微笑和努力也成为国家对外交流的一种共同语言，提升了国家形象。同时志愿者行动能够使得今日社会在转型过程中，其日趋个性化的各个群体在同一种精神感召和道德实践下，具备一种产生连接，共享价值的可能，使得社会各个群体在互助与自助的过程中更好地认知彼此需求，并在扩大人际交流的过程中逐步亲近，进而提升共享认识，促进理解的可能。

五、志愿者行动推动了中国现代社区的发展

社区，是社会学研究的一个重要范畴，是指聚集在某一地域中的社会群体、社会组织所形成的一个在生活上互相关联的社会实体。社区以多种社会关系的结合，从事经济、政治、文化活动。社区的构成因素有五个：一定关系的人群，一定的地域，各方面的生活服务设施，自己特有的文化，居民对社区有一种情感和心理认同感。现代“社区”既有社会学上的含义，又有丰富的时代内容，这就是：改革开放打破了原来计划经济体制下城市管理中的条块分割，使某一地域上的居民之间、社会组织之间、居民和社会组织之间由互不交往或交往很少发展为互相认同、经常往来、互相依赖、互利互惠、互帮互助，共同把社区建设成在政府资助和引导下，由市民自我管理、自我服务，充满温馨的情感交流的家园。自 1994 年共青团中央实施青年志愿者行动以来，我国社区服务志愿者队伍不断壮大，根据民政部 2012 年 9 月的最新统计，目前全国共有社区服务志愿者组织 28.9 万多个，社区服务志愿者 5000 多万人。①

① 《全国社区志愿者组织已达 28.9 万个》，http：//www.chinanews.com/sh/2012/05-09/3875837.shtml。

近年来，现代社区的发展实际上已经给志愿者行动打上了明显的烙印，产生了社区志愿服务这种特殊的志愿者行动方式。这种服务的最大特点是活动呈现出开放性。最早在天津市和平区新兴街开展的志愿服务、邻里互助活动，就是社区志愿服务的雏形。社区志愿服务总是尽可能地充分利用辖区内的服务资源开展活动，并把志愿者的动员面及其服务覆盖面扩大到最大限度，使服务活动突破了城区之间、街道之间、居委会之间以及各个单位之间的界限，也突破了原来街道管辖的“一场一院五所”的范围。这种“无界限”的特点，使志愿者行动的组织和实施灵活多样、不拘一格、富有实效。具体而言，主要体现在以下四个方面：

1. 志愿者行动与现代社区发展的结合为志愿者服务社会提供了更为有效的途径和宽广的舞台

志愿服务作为一种社会服务行为（有别于政府行为和市场行为），必然通过城市的社会服务领域参与城市的建设和发展，这就决定了它与作为城市社会管理和社会服务载体的社区有着内在联系。因此，志愿者行动进社区，是有效地服务于城市建设和发展的必然选择。现代社区把志愿者行动与城市发展最直接、最广泛、最有效地连接起来，在志愿者行动与城市发展之间架起了一座最宽大、最牢固的桥梁。社区是志愿者行动的最大舞台，社区服务是志愿者行动最大的服务领域，现代社区的发展也成了城市志愿者行动的最为直接与实际的目标。

2. 志愿者行动与现代社区发展的结合，促使志愿者行动深入基层，形成强大的影响力和生命力

社区作为居民生活的家园，志愿者行动进社区，就是志愿服务进一步向基层推进，使志愿服务走近广大居民，进入百姓的日常生活，直接服务于人民群众生活的基本需求，为服务对象提供快捷、优质的服务，使他们感受到党和政府以及社会给予的温暖，促进志愿者精神深入人心，吸引更多的社会成员以及各种年龄层次的居民加入志愿者的行列。“进社区”，使志愿服务逐步“平民化”，走出曲高和寡的被动境地；使志愿服务逐渐超越以往一些活动停留于表面、难以深入的局限，克服形

式主义；逐步使“志愿者成为受益者，受益者成为志愿者”，促进“我为人人，人人为我”风尚的广泛形成与发展，使志愿者行动保持不竭的动力源泉，并最终成为一项深深扎根于社区居民需求，人人自愿参与，对人人有益，人人有所作为的社会事业，进而推进现代社区的建设。志愿服务进社区主要通过开展群众性科普活动，崇尚科学，破除迷信；组织群众性文体活动，丰富社区文化，营造健康向上的生活氛围；举行普法宣传活动，化解社区矛盾，打击不法行为；提供医疗卫生信息，倡导健康生活，创设健康人居环境。志愿者行动在为社区群众多办好事、实事的过程中，美化社区环境，疏导社会情绪，提高群众生活水平，促进社区、居民的共同发展。

3. 志愿者行动与现代社区发展的结合，为志愿者行动的发展提供了新视角、开辟了新领域、挖掘了新潜力，也更凸显了现代社区发展中的“以人为本”的原则

现代社区发展体现了“以人为本”的原则，它以社区人民群众的利益为中心，把人与社会组织、公益事业等城市生活的方方面面有机地联系起来，从“人”的视角使城市成为一个富有情感色彩的、不可分割的整体。从社区看城市，城市中的各个部分不再有条块分割，不再是各自封闭没有联系的领域，而是相互联系、相互开放、资源共享的体系。社区的发展，增大了同一地域内的个人家庭、社会组织、公益事业等领域之间相互依赖、相互帮助的可能性，这就为志愿者行动“找到”了广阔的服务领域，其中既有公共利益需要，也有非公共利益需要，凡是社区居民的生产生活需求都有可能成为志愿者行动的服务对象。同时，这种可能性还有利于“找到”丰富的物力财力、人力资源，有可能为志愿服务活动的开展提供更多的服务主体（志愿者），创造更好的服务条件，提供更多的服务途径、服务方式和服务手段。随着城市经济社会的发展，社区凝聚力的增强，社区居民在物质、文化、精神、娱乐方面的需求将会大幅度增长，这同时也增大了居民之间为满足这些需求而产生的相互依赖。这都为长期实施志愿服务奠定了坚实的社会基础，当然城市志愿者行动的发展也会大大增强现代社区建设过程中的“以

人为本”因素，确保整个志愿者行动建立在人民群众的根本利益基础之上，并以此作为现实出发点与归宿。

4. 志愿者行动进社区推动了中国特色现代社区的形成和发展

社区志愿服务的广泛开展，直接促进了社区资源的合理配置，降低社区服务的成本，减轻政府部门的负担，有利于推动社会主义初级阶段的社区建设和管理沿着健康的轨道蓬勃发展。志愿服务带给社区居民的不仅是物质的帮助和支持，更有无私的奉献和人间的真情，居民获得的是市场交换无法替代的一种社会服务，这种服务使中华民族扶危济困、见义勇为、互帮互助的传统美德在社会主义市场经济条件下得以发扬光大。社区志愿服务还把居民对生活家园的热爱、对展示自我的舞台的关注、对参与社会的途径的寻觅等与公民自觉奉献的行动有机地统一起来，既立足于实际，又激发人们的共产主义思想、道德和行为，从新的视角为公民确立了服务他人、服务公益的价值观和实践途径，有利于促进公民的社会参与、团结协作、互帮互助、自我管理等现代文明意识的形成，有利于冲破城市中的阶层隔阂和等级观念，削弱城市中的人情冷漠现象，倡导民主、平等观念和新的社会公共精神，增强现代社区的凝聚力。这些都丰富了我国现代社区建设的内涵，使社区服务具有更大的参与面和社会影响，推动了有中国特色的社区的形成、发展与完善。

六、志愿者行动加快了公民社会建构的步伐

志愿者行动的重要贡献在于产生并累积社会资本。这里的社会资本是指存在于公民社会里的信任、规范以及横向的参与网络等，能够通过促进合作而提高社会效率。社会资本不仅促进了社会成员之间自发的合作，而且像常规资本一样，拥有社会资本的人往往会积累更多的社会资本，即“拥有者得到的更多”。一个团体，如果其成员是可以信赖的，并且成员之间存在着广泛的互信，那么，它将能够比缺乏这些社会资本的其他团体取得更大的成就。志愿服务增进了社会成员的信任、互助、关爱，志愿服务组织本身构成了横向的参与网络，这些都产生并积累了社会资本。社会资本基本上是无形的，它表现为人与人之间的关系。社

会资本这一无形资本使得物质资本、人力资本等有形资本达到效益最大化，与有形资本有机结合共同促进社会发展，增进人类幸福。志愿者对公民社会建构的贡献主要表现在以下几个方面：

1. 志愿者行动通过建立社会合作与互助，促进社会团结与友爱，巩固了社会建构的基础

合作与互助精神有助于提升人际间交流，强化人际间接触与关怀，减少彼此的距离感，是建设和谐社会的重要资源。慈善与为人服务的精神还可以建立社会信任与社会团结，强化社会友爱。志愿者行动在一定程度上促进了社会范围内公民之间的合作与交流，焕发出人的主人翁感与社会责任感。

2. 志愿者行动在不断促进社会进步与发展的同时也表现出了不可忽略的经济价值

这种经济价值既可以用其直接产出（如慈善、福利事业的生产效益）来表示，也可以用间接产出（如维持社会稳定与和谐）来表示；既可以用货币、实物（如慈善捐赠、志愿性投资等）来表示，也可以通过志愿服务所改善的社会福利来计算。据统计，美国志愿者每年创造价值2250亿美元的社会财富。在某些国家，志愿者每年创造的财富占本国国内生产总值的8%～14%。[①] 这意味着，志愿者服务创造的巨大价值远远超过了服务本身。志愿服务不再是富人对穷人的施舍，而是一种改变着世界的活动，使这个世界更加团结，更加充满希望。

3. 志愿者行动丰富个人生活经历与体验，促进社会自治，推动公民社会的发育与成长

志愿者行动有利于志愿者获得人生经验，培养个人才能，促进个人成长，增强公民权利意识与责任意识。这既是人力资本的增值过程，也是促使一个社会更加成熟、更加理性的过程，有利于现代公民社会的发育与成长，最终达到自治、“善治”的目标。如果市场是私域，国家是

① 苏玉菊、王琳：《志愿者行动：思想政治理论课实践教学的有效形式》，《安徽工业大学学报（社科版）》2012年第1期。

公共领域，那么公民社会便是这两域之外的“第三域”。在这一体系中，市场侧重于解决经济方面的问题，政府（国家）侧重于解决政治领域的问题，而公民社会侧重于解决社会领域的问题。这三者的有机结合，便形成了经济、政治与社会的良性互动发展，促进了社会的和谐。哈佛大学教授罗伯特·帕特南在其《使民主运转起来》一书中指出：“如果公民社会的水平较高，那么市场机制的运行就会较有效率，政府也会较为廉洁和有较高的效率，即公民社会的发展是促进健全的市场经济和真正的民主政治的重要条件。”① 因此，帕特南得出“强社会强经济、强社会强国家”的著名结论。

① 罗伯特·帕特南著，王列、赖海榕译：《使民主运转起来》，江西人民出版社2001年版。

第六章

我国志愿者行动存在的问题及成因

志愿者从诞生那天起，就一直默默地为社会、为他人服务。可以说，志愿者行动是学习雷锋活动的延伸，也是弘扬雷锋精神的重要体现，更是新的历史时期赋予青年人的一项历史使命，在提升青年群众素质、发展高校校园文化、实现社会和谐、深化社会主义核心价值体系建构、发展中国特色现代化社区以及构建公民社会等方面，都取得了可喜的成绩。但是近年来的实践也暴露出不少问题，这些问题若不得到及时解决，会严重影响青年志愿者工作的深入。以下就对我国志愿者行动中存在的问题及产生这些问题的原因进行分析。

第一节　我国志愿者行动存在的问题

概括而言，我国志愿者行动主要存在以下四个方面的问题，即对志愿者行动与志愿者服务内涵理解有待深化，管理志愿者行动的法律法规不完善，志愿者队伍建设不够规范与稳定，志愿者行动相关机制不健全。

一、对志愿者行动与志愿者服务内涵理解有待深化

在市场经济发达的国家，志愿者具有很高的社会评价，志愿者工作的价值得到了社会的广泛认可。而在我国，与日益提高的新闻舆论的作

用形成鲜明对照的是，志愿者服务并未得到社会广泛的了解。这主要是由于志愿者行动开展较晚以及社会转型时期人们对全民性活动的本能的抵制，使得志愿者行动难以深入人心，也难以激发起全民的互助意识。"广州被称为中国各类志愿服务活动最为活跃的地区之一，但广州市穗港澳青少年研究所《关于广州市市民对志愿者工作认知的调查报告》表明，有55.9%的调查对象表示曾经听说过志愿工作，有43.4%的人则表示从没有听说过。"① 这些都说明公众对志愿者和志愿服务还缺乏了解。在这样的社会环境下，大学生志愿者行动的社会意义就容易被低估。一些招募志愿者的单位，只是简单地将志愿者活动等同于以往的"学雷锋做好事"，把大学生志愿者当成免费的劳动力，随意指派去做一些杂活的现象屡见不鲜。曾经在一家博物馆当志愿者的学生回忆说："一个月的时间，我做的都是写信封的活儿，是那些专职人员不愿意做的工作，连续写了一个月之后，我决定再也不参加这样的志愿活动了。"在一家福利院做志愿活动的同学们反映："本来主要是情感陪护，可进入福利院后却被安排扫地、擦玻璃。不少同学已经去了10多次了，却和老人一句话也没有说过，每个周末的志愿服务时间都在体力劳动中度过。"② 而在就业时，许多用人单位对拥有参加多次志愿活动的经历往往视而不见，而对具有党员身份和学生干部经历的毕业生青睐有加，认为他们更有能力。这样就会使那些积极参加志愿者行动，想以此作为增加今后就业筹码的大学生丧失信心，甚至会退出志愿者队伍。由此可见，社会对志愿者的理解与认识不足已经成为制约志愿者发展的一个重要障碍。

同时，高校对志愿者行动的重视程度也不够。主要体现在以下几个方面：首先，当前许多高校并未把志愿者行动当做一项重要工作来抓，

---

① 丁元竹、沈汎清：《志愿活动研究：类型、评价与管理》，天津人民出版社2001年版，第179页。

② 《当义工修学分　咋感觉有劲使不上》，http：//learning.80hu.com/20061108/n246261478.shtml。

只认为志愿者行动是共青团组织的专门工作。在红头文件上所设的其他领导机构，如党委宣传部、学生工作部、教务处等，最多是活动前审审方案，活动后听听汇报，工作方式比较消极被动。其次，长期以来高校人才培养考核评价机制偏重以学习成绩为指向，大多数高校尚未制定专门的实践教育考核办法。当前高校对志愿者行动的绩效评定机制还不够规范，设置的奖励制度也不能起到鼓励学生参与志愿者行动的作用。再次，部分高校组织志愿者行动，多是以学生党员、学生干部、特长学生等为主开展的“精英实践”，总把好的机会优先让给他们。大学生志愿者活动经过多年的探索发展，已经形成了以多种内容为主的活动体系，但由于某些活动对参与者素质有一定的要求，只能组织有一定特长、才能的大学生来实施开展，无法满足广大普通同学对参与志愿服务、体验生活、增长见识、提高社会适应能力的一般要求，使得当前志愿者行动得不到普通同学的广泛认可。最后，作为一种经常性的活动，一些志愿者活动不可避免地会与上课时间发生冲突，经常有同学要请假，引起了部分任课老师的不满。而少数大学生对志愿者活动持有偏见，使得一些大学生志愿者对温家宝总理发表了这样的感叹：“我们那么辛苦的奔波，却经常会成为某些同学取笑的对象，有时还受到个别趋炎附势干部的排斥。”① 从复旦大学团委调查的情况来看，有48.2%的人对“志愿服务占用许多时间和精力，会影响正常的学习”和“大学生应以学习为主，参加志愿活动是不务正业”的说法持肯定态度。② 如果高校不对志愿者行动建立起完善合理的活动机制和科学的管理方式，那么志愿者行动就很难取得大的突破。

此外，对志愿者服务内涵理解也有待深化。

一方面，目前我国志愿者行动的内容单一，没有特定的目标。大多

---

① 大字生支农代表团：《大学生给温家宝总理的一封公开信》，《中国改革（农村版）》2004年第8期。

② 复旦大学团委：《大学生志愿者行动服务体系的研究》，《青年研究》2001年第5期。

数志愿者活动是学校团组织的领导下开展的，很多时候带有一定的盲目性，这就容易形成活动内容单一、缺乏创新、不能充分体现大学生在专业和智力方面的优势等问题。华东政法大学团委调研发现，大学生志愿者行动没能有效地发挥学生的专业技能，带有一定的盲目性，缺乏教育内涵。“活动内容单一，流于形式”（该观点的人占被调查者的55.5%）① 被认为是目前大学生志愿者活动存在的主要问题。在校内，志愿者行动主要是组织志愿者参与学校开展的活动，比如迎新活动、文明校园创建、“一帮一”助学活动、献爱心等。在校外，志愿者行动主要体现在帮困扶贫、支教扫盲、社区建设、公益服务、环境保护等方面。总的来看，志愿者行动的形式较为单一，服务领域也较为狭窄。而对比国外的志愿者，他们志愿服务的领域很广，包括老人陪护，学龄前儿童课余活动、到剧院、展览馆等公共场所帮助收票，当家庭教师，社区开发等，涉及文化、艺术、卫生等社会生活的各个领域。

另一方面，我国志愿者活动内容缺乏应有的内涵。现在高校志愿者活动基本上是由组织者安排，组织者在进行内容设计时偏重的是服务对象的需要，却忽视了志愿者这一方的要求，导致许多大学生把志愿者活动简单地看作“学雷锋做好事”。大学阶段正是一个人的知识水平、生活经验、处事能力都迅速积累的成长阶段，因此大学生在无偿奉献的同时通常会希望自身也得到一定的提高。这就要求活动的内容设计给予大学生更多展示自我才华的机会以及更多的挑战。例如，让历史专业的学生担任博物馆的义务讲解员，医学专业的学生进行义诊活动等等，但是实际上类似的活动占全部活动的比重还很小。能够体现大学生特长的活动不多，不能满足大学生的深层次需要，这就必然导致大多数的活动停留在低水平阶段，活动的持久性不强。于是在现实中，我们常常会看到大学生志愿者活动出现“一阵风、一窝蜂”的现象，几十名、几百名甚至上千名大学生志愿者走上街头、深入社区，开展轰轰烈烈的“短

① 龚杀明：《论“西部计划”与志愿服务的市场化选择》，《中国青年研究》2005年第3期。

平快”活动。最突出表现在每年3月份的“青年志愿者活动月”，志愿者活动扎堆开展，热闹一段时间之后就偃旗息鼓了，“三月里来四月走”成为人们形容一些高校大学生志愿者活动的生动写照。志愿者行动风头十足，实效不大。久而久之，必然会挫伤参与者的积极性，导致志愿者行动失去原有的意义。有些志愿者服务队伍打一枪换一个地方，没有很好地建立起自己固定服务的基地。有些志愿者服务队早先已经建立起一些很好的服务基地，但是由于没有很好的坚持建设，结果几年下来，也变成了空壳，名存实亡，导致一些优质的服务项目无法持续下去。

二、管理志愿者行动的法律法规不完善

我国缺乏规范管理志愿者组织的法规和政策，导致其登记及管理的混乱。目前民政部的规定没有区分不同形式和性质的志愿者组织，不少机构在无章可循的情况下采取了方便自己的注册形式，因而形成了性质不同的公民社会组织机构。有的为了注册和运行上的方便采取了“挂靠”的形式，有些由于不清楚报批手续并为了保持经济上的独立性在当地工商局登记注册成了企业，也有一些经过民政部的批准成了在现行条件下的“正宗”民间机构。不同的注册、管理形式在一定程度上限制和阻碍了志愿者组织的发展。我国的志愿者组织在宗旨、活动范围、管理方式、税收方面定义不清，使志愿者组织失去了一些与国际合作的机会。

目前，我国志愿服务的立法工作相对滞后，尚没有一个全国性法规，只有山东、广东、福建等省市出台了地方性条例。志愿者通过自身的服务行为援助他人，解决的是受助者在现实生活中的实际困难，是一个物化并自愿付出劳动代价的过程。在志愿服务的过程中，一旦发生某些意外事故，志愿者、志愿服务的组织者以及志愿服务的受益人应当承担什么法律责任，当事各方的权利与义务都需要从法律上明确。而政府没有从法律上给予相应规定，导致问题发生后很难处理；使志愿者自身的利益得不到保障，造成更多的社会成员没有勇气和信心参与到志愿服

务工作中来。我国关于志愿服务的法律法规较少，效力等级低，而且原则性的东西多，可操作性规范少，从而导致志愿服务具有很大的盲目性、随意性和无序性。志愿服务的内容难以进行计量与规定，使得服务的效果和质量难以保证。立法的缺失使得志愿者和服务对象权益未得到有效的保护。

此外，中国缺乏家喻户晓的对志愿活动募捐和捐助的鼓励政策。英、美等发达国家和地区明确规定对慈善、志愿者机构的捐助行为是本国税收制度的一部分。我国制度的缺失使得捐助人或捐助机构不能根据捐助数额实行减税，挫伤了企业捐赠的积极性。同时，我国政府缺乏对志愿者活动统一的认可与保障制度。在公益活动和本职工作发生时间上的冲突时，缺乏为单位和个人协调时间提供参考依据的规章制度。缺乏对参与者或单位的认可政策，使志愿者行动积极性未得到有效的调动，志愿者的公益热情逐渐丧失，因而不能有效地激励全社会的参与。我国没有一个较统一的评定标准，所以对工作服务的态度和质量的评价往往是走形式、没实效，最终导致对志愿服务的社会共识性差、社会认可度低、志愿精神难以持久地深入人心。

三、志愿者队伍建设不够规范与稳定

作为只有十几年历史的志愿者组织，虽然志愿者队伍在不断壮大，人员整体素质有较大提高，但是随着时代的发展和社会的进步，志愿者队伍还有许多方面无法适应新形势的需要，主要体现在：队伍建设的层次感不明显，稳定性不足，缺乏有针对性的分类，缺乏必要的有效的选拔、培训和使用制度，对志愿者服务工作骨干培训不足等方面。目前，志愿者组织一有服务项目就临时“抓人”参加，而对什么学生适合该服务项目、如何选拔和培训，却缺乏深入的考虑。

随着志愿者队伍发展壮大，出现了没有服务对象的状况，而且不少服务内容简单僵化；有些社团打一枪换一个地方，没有很好地建立自己的固定的服务阵地；有的社团早先已经建立起一些很有创意的基地，但是没有很好地坚持建设，结果几年下来，已经建立起来的阵地也变成空壳，名存实亡；还有一些会员抱怨：平时没事，集体行动一窝蜂，流于形式。

作为志愿者的主要组成部分，各个高校的大学生志愿者社团在成立之初，报名参加的人数很多，社员积极性也很高，但是随着时间的推移，社员的积极性锐减，而且社员退社或者隐性退社呈显著上升趋势。到大二时，除留下为数极少的几名骨干成员外，几乎所有社员均留待刚进校的大一同学补充。这一情况在我国高校里较为普遍。同时，除了大学生之外，其他青年志愿者组织大都也会出现类似问题。

志愿者队伍建设的不够规范还表现为目前志愿者组织注册条件本身的不完善。志愿者注册承诺是进入志愿者行动核心团队的关键步骤，但目前的注册承诺条件本身的不完善也妨碍了志愿者队伍的稳定发展。比如，一旦成为注册志愿者，“注册号永久使用，因死亡、失踪、丧失民事行为能力、违法、未履行志愿服务义务等情况而取消志愿者资格的，应注销其注册号，被注销的注册号原则上也不重新使用”。作为注册号本身的管理办法，这样的规定看起来无可厚非，但执行中却会带来一连串的问题。例如，当一名表现优异的志愿者取得了各种不同等级的志愿服务奖章后因为工作变动或个人生活等方面合情合理的原因不再继续参加志愿者行动，组织者是因其不再履行义务而“取消”其资格，还是允许其“功成身退”，光荣地离开志愿者队伍，抑或“永久地”保留其志愿者资格？采取第一种态度，等于宣布所有因不同原因离开志愿服务岗位都是“不光彩的”，这有违志愿精神的；采取第二种态度，管理办法中没有类似“超龄团员离团”那样的规定，组织者无法操作；采取第三种态度，组织者则无法掌握实际中有多少“可以调度”的志愿者，注册只能证明迄今为止我们“曾经拥有”的状况。因此，在决定注册之前，对“志愿服务”的时间区段，志愿者实际上没有选择的权利。相比较而言，“项目志愿者”由于项目本身有清楚的“边界”、更清晰的权利义务规定，受到青年更多的“追捧”便在情理之中了。

此外，我国志愿者队伍流动性高、稳定性不强。志愿服务事业在我国刚刚起步，面临人才缺乏与人才流动过快的双重困境。第一，我国公益领域普遍存在薪酬待遇低、工作强度大、发展空间狭小、社会保险缺失等问题，严重限制了优秀人才的进入，也难以留住优秀人才继续服务，导致人才流失问题严重。2010 年《中国公益人才发展现状及需求调研报告》显示，88.5% 的人员月薪酬集中在 5000 元钱以下，25.7% 以上公益人才的工资在 2000 元左右，67% 的人反映工作强度非常大，每天工作 10～12 个小时，37.7% 的人没有任何社会保险。[①] 第二，我国的志愿活动多以服务大型体育赛事和各种特定活动为主，如奥运会、亚运会、学雷锋活动日、预防艾滋病日、国际志愿者日等，这种短期化、运动化式的志愿服务活动，一方面使志愿服务活动缺乏延续性，另一方面也容易导致志愿服务人员的短视行为与心理。第三，我国的志愿者以青年学生（大多数为在校大学生）和退休人员居多，专职志愿者相对较少，在一定程度上导致志愿人员职业精神的缺乏和专业能力的不足，从而影响志愿服务的效果和质量。第四，由于志愿服务工作的社会化程度较低，志愿服务组织与社会之间缺少有效的组织机构加以联系，没有建立稳固的志愿服务网络。尽管志愿者行动涉及社会生活的方方面面，但作为连接志愿者和服务对象纽带的志愿服务网络建设还很落后。目前，志愿者行动基本覆盖了敬老院、福利院等社会公益机构，而各行各业重点服务建设服务站相对贫乏。现有的服务基地中，大多数基地一无标志，二无计划，三无具体管理办法，四无监督机制。同时，作为主要阵地的高校能在同一个志愿服务阵地坚持下来的并不多数，往往只是赶时髦走形式，喜欢组织几十个人、几百人甚至上千人上街，开展短时期轰轰烈烈的活动，对一些需要长期服务或默默无闻的项目则不愿去组织和参加。于是，忽视了志愿服务网络的长期建设和管理。因此，人员流动过快，专业人才较为匮乏、人才结构不合理、人才队伍缺乏相对的稳定性，是目前我国志愿服务管理及志愿服务队伍建设中存在的严重问题，也是制约我国志愿服务事业持久发展的重要影响因素。

---

① 党秀云：《论志愿服务的常态化与可持续发展》，《中国行政管理》2011 年第 3 期。

四、志愿者行动相关机制不健全

我国的志愿服务活动起步相对较晚，制度化建设相对滞后，缺乏长效的管理机制和工作机制，在组织机制、活动机制、激励机制、保障机制等方面均存在着系统化、组织化、规范化、专业化、制度化、持久化不足等问题。我国志愿者行动制度建设上的缺陷及其运行机制的不完善，使志愿者行动缺乏制度上的保证，使志愿服务活动容易陷入短期行为和功利主义的境地，影响和制约了志愿服务事业的可持续发展。以下仅以组织机制、活动机制、激励机制、保障机制、监督机制存在的问题为例展开分析。

1. 志愿者行动缺乏完善的组织机制

目前，高校青年志愿者参与在内的志愿行动尚未能在一种合理的机制下运行。尤其是大学生志愿行动缺少科学、规范、稳定的管理运行机制。存在着阶段性活动多而连续性较差；活动较为丰富而活动支撑点少；活动声势大而有效覆盖不足；参与人员多而坚持长期服务少等问题。大多数青年志愿者完成一项志愿者服务活动后，只留下其轰轰烈烈的一瞬间，没有总结，没有形成机制，没有形成一种合理的规则。他们并不是从进校起就知道志愿者行动，也并不一定都愿意成为志愿者。高校现有的青年志愿者组织协会、章程、招募制度、注册制度、奖励制度、考核制度不完善，特别是与高校现行的综合测评办法和学生就业相脱节，导致大学生志愿者不明确作为志愿者应享有的权利，及该承担的相应义务，无法在大学生中形成“以志愿服务为荣”的氛围。

目前中国的志愿者组织大都是由政府和半政府机构创办的，其活动大多与政府的活动和政府的政策有着密切的关系，或多或少受到政府政策的影响，如社区服务和社区建设基本上是在民政部门的管理和支持下成立的，许多地区的社区服务中心是民政部门的直属单位或直属事业单位，由民政部门的领导担任社区服务中心的领导，社区服务具有浓厚的行政色彩。我国志愿者活动主要的组织者是共青团，它的主要领导人一般由共青团的部门领导人兼任，因此严格地说，中国青年志愿者也不是一个独立的社会团体和社会组织。而且作为党和政府助手的青年团，其基本工作是围绕党和政府的工作展开，所以他所开展的志愿者服务活动也与政府的工作密切联系，如青年志愿者的扶贫工作就是与政府的《政府八七扶贫攻关计划》联系在一起的，希望工程也是如此。这种组织模式的优点是能够在较短时间内大面积整合社会资源。

而在英、美等西方国家，志愿者往往自发成立各种民间的非营利组织，这些组织构成了区别于政府和企业的“第三部门”，它们是处于政府与私人企业之间的社会组织，从事的是政府组织和私营企业“不愿做、做不好，或不常做”的事。毫无疑问，由于党团组织在中国社会中的影响和地位，具有一般民间公益团体所难以具备的权威性和号召力，组织集中程度要高得多。但是，在政府扶植之下成长起来的志愿者组织缺乏长期稳定的社会支持，志愿者活动很难持续、规范、有效而快速地发展。同时造成了志愿者组织人力资源缺乏战略性规划，导致组织内人员的吸纳不具有灵活性，无法吸纳组织真正需要的人员，组织内有缺位时也不能及时补上，致使优秀的志愿者人才大量的流失。

我国志愿者活动的组织模式主要是自上而下、逐层领导。高校的志愿者活动由上级团组织领导，校园内的志愿者组织通常由三级构成：校级志愿者活动指导中心，各院系的志愿者组织以及基层志愿者小组。以中国矿业大学为例，该校志愿者组织为“校团委青年志愿者工作部——矿大青年志愿者服务总队——各系青年志愿者服务分队——基层志愿者服务小组”的四级组织体系。这种组织体系可以克服由于人员的流动、成员与组织间的松散性带来的不便，更加充分、合理、有效的利用大学生志愿者资源。但是，在这种模式下，不少志愿者活动为上级组织提出，下级组织负责落实，缺少相互协调与沟通的环节，这种类似于硬性摊派的做法，在一定程度上偏离了志愿者活动“自愿”的基本理念，容易引发大学生的抵触情绪，使活动失去吸引力，对活动效果也有一定的负面影响。

2. 志愿者行动缺乏完善的活动机制

一方面，在各项志愿者活动中，志愿者的自主性和选择性常被忽

视，不少志愿活动都是由上级组织提出，下级组织负责安排落实，其中缺少协调与沟通，缺乏宣传与动员。目前一些志愿者组织的负责人在认识上存在偏差，仅仅将志愿者工作视作共青团组织日常工作的一部分。这种认识的偏差一是导致志愿者行动没有在政策、人力、经费等方面形成有效的保障；二是致使行政力量干预志愿者工作，破坏了志愿服务最重要的精神内涵和思想教育作用。如前文所述，我国高校开展大学生志愿活动的领域主要集中于扶贫助困、公益环保、社区建设等社会问题的解决方面。而国外的志愿服务已远远扩展到社会福利之外的领域，如难民安置，青少年犯罪预防、移民、少数族裔权益保护、民权维护，老人、妇女保护，学龄前儿童日托等。譬如，在北美一些国家的大学里，大学生志愿者服务是高校各项校园活动的主体和支撑，高校的国际学习中心经常为国际学生、访问学者提供免费的英语班，而学习班的任课老师均是志愿者。

另一方面，志愿活动忽视组织目标设计。不少活动目标仅仅停留在口号宣传上，一些活动目标定位过于简单，活动目标缺乏挑战性和吸引力，难以调动社会成员的积极性，难以发挥他们的凝聚力。例如，高校在进行环保宣传、法律宣传、爱国主义教育等活动时，常拟出一个口号，进行签名活动，或是散发宣传品。此类活动中，活动组织者只关注活动的过程，宣传活动结束，他们的任务就完成了，这样的简单定位，忽视了志愿活动“助人”与“自助”的精神，没有深入思考过志愿活动到底要达到某种效果。

3. *志愿者行动缺乏完善的激励机制*

激励被认为是“最伟大的管理原理”，美国哈佛大学的詹姆斯教授在多年研究的基础上指出：如果没有激励，一个人的能力发挥将仅为20%～30%；如果施以适当的激励，将通过其自身努力使能力发挥出80%～90%。[1] 如何进行深层次的激励，是世界志愿者服务事业面临的共同难题。由于缺乏信息交流，我国志愿者行动的组织者往往对活动内

① 刘向红：《企业员工激励的作用及其方法》，《改革发展论坛》2005 年第 9 期。

容与活动效果缺乏评价，对志愿者的激励存在着层次不高、内容不多、涉及面不广、影响不大的问题。目前，广大志愿者往往是几十个人一起做着大同小异的工作，每个人工作效果和态度的差异常被忽视。有些志愿者勤勤恳恳，任劳任怨，而有些则时常偷懒，但最后，他们的得到的都是同一张志愿者活动证书，这使志愿者无法体会到组织对其工作的认同，无法满足志愿者的荣誉感和自豪感，也就无法保证志愿者的工作热情和积极性。也就是说，“干好干坏一个样，干多干少一个样。”许多志愿活动流于形式，缺乏一定的保障和激励机制，出现了志愿者的积极性随时间的增加而锐减的趋势。例如，一些志愿者社团在成立之初，参加人数和人员活动积极性都较高。但是随着时间的推移，实际坚持下来的往往只是少数，出现了社会成员渴望参与志愿活动，但实际行动又不够坚定的矛盾现象。总之现有的激励制度，一方面是影响面不够广，示范作用不够明显；另一方面是激励的层次和力度不够大，没有引起广大成员的关注与参与。

通过梳理世界各地的志愿服务方面的政策可以发现，很多国家和地区的政府都把大学生、中学生作为志愿服务的主要参与群体，并构建了相应的激励体系，这些激励措施多是层次低的经济性刺激或者是法律的强制性要求。例如在美国，大学的社会实践项目异常丰富多彩，许多学校已把社区服务纳入学校的必修课程，越来越多的高中与大学要求学生从事社区服务。作为对大学生志愿者的激励，至少有69所高中或大学为在美国志愿队里服务过的学生提供学费补助、学分或其他援助。韩国把志愿服务活动作为对青少年进行人性教育、道德教育，培养共同体意识，使青少年参与社会、磨炼身心、实现自我价值的最佳方式和途径。尼日利亚政府和泰国政府给大、中学生志愿者颁发证书，有此证书，就可以获得更好的就业机会和更好的升学条件。墨西哥政府把毕业文凭与志愿服务挂钩。法国政府规定所有成年男子必须从事志愿服务，否则会

被判处2年有期徒刑。[①]

在我国志愿者行动发展过程中，受到社会中流传的“志愿者是奉献爱心的，就不可能需要资源支持”的误导，造成不少正常的志愿者行动经费和必要的设施无法得到保证。据调查发现，我国绝大多数高校不设志愿者行动专项资金，政府、学校领导除了在讲话中倡导开展志愿者活动外，并没有在资金支持方面做出明确规定，更没下拨专项资金；企业对志愿活动的资助也不明显，构不成志愿者行动经费来源的主要部分，偶尔赞助也是出于广告效益而达成协议，导致资金来源渠道单一、物质依托欠缺。从复旦大学团委的调查情况看，有42.7%的人对活动经费的充裕程度感到“不满意”或“很不满意”，[②] 在目前高校开展的志愿者活动中，因没有足够的经费，使很多活动难以开展或达不到预期目的。志愿者在服务过程中，除了付出时间、精力外，还有可能要花费一些成本，比如车费、餐费等，虽短期不是太大的问题，但长此以往就使许多志愿者背上了经济负担。这方面的例子不胜枚举。在各类大型活动期间，有些负责陪同、联络的志愿者每天仅手机费就要用掉百余元；一些长期坚持义务家教的志愿者，每次出去坐车、吃饭，一个月下来的花费也不是个小数目……这些志愿者生活并不富裕，虽然志愿服务的初衷是奉献，不为报酬而服务，但随着社会发展，几乎所有参与志愿者活动的社会成员都不希望自己支付路费、餐费等，如果总是进行无偿活动，就无法实现志愿者行动的良性循环发展。

4. 志愿者行动缺乏有效的保障机制

合理的配套机制体系是推动志愿者行动长久发展的有效措施，然而目前大部分志愿者组织尚缺乏一套有效的保障机制，平均主义严重，导致很多工作流于形式。许多志愿组织缺乏有计划的发展机制，“跟着感

---

① 刘俊彦：《中国青年志愿者行动机制建设研究报告》，《中国青年研究》2010年第1期。

② 复旦大学团委：《大学生志愿者行动服务体系的研究》，《青年研究》2001年第5期。

觉走”，“打一枪换一个地方”的情况屡见不鲜，没能很好地建立相对固定的服务阵地，即使有也不能有效地进行管理，使已经建立起来的阵地变成空壳。

其中，尤其是缺乏对于志愿者行动的必要权益保障。从高校的情况看，大学生从事志愿者行动的权利和义务是模糊的，学校对大学生志愿者行动的培训和项目评估不足，很少为志愿者提供人身、医疗保险，志愿者缺乏预防、处理风险和事故的能力，一旦志愿者在服务中出现意外伤亡，连法律也难以提供有效保护，高校和志愿者双方都无法可依。调查显示，大学生志愿者在参加志愿者服务活动时，没有同机构签订相关协议，明确志愿者责任与相关权利的占 29.5%，而未明确为大学生志愿者提供安全保障及适合的医疗卫生条件的达到 49.5%。[①] 因此，我们不得不面对的现实是对志愿者的权益保障，在宏观上没有相关法律，在微观上没有相应政策，这将对志愿者管理产生较大的消极影响。

此外，对大学生志愿者的考核主要依靠共青团组织内部的年度评优、评先活动，但学生不是特别在意“优秀志愿者”、“星级志愿者”等荣誉称号，学校也未将大学生参加志愿服务的经历，作为考核学生干部、选拔优秀学生和推荐就业的重要参考依据，这就无法有效地调动大学生参与志愿活动的热情。

5. 志愿者行动的监督机制有待完善

发达国家的志愿者服务的监督机制比较完善，政府监督、媒体监督、自我监督、行业监督、第三方监督五种具体监督方式独立进行，用各自擅长的方式、从不同的角度进行监督，这样比较全面和客观，能达到较好的监督效果。中国志愿服务事业缺乏行业监督和第三方监督，而其他三种监督存在自身不可克服的弊端，即政府监督的手段比较单一，自我监督具有很大的局限性，媒体监督则明显力度不够。可见，中国发展行业监督和引入专业机构监督（第三方监督）就显得非常必要了。

① 王为正：《关于大学生志愿者服务活动长效机制建设的思考》，《思想教育理论导刊》2011 年第 2 期。

第二节　我国志愿者行动存在问题的成因

前面分析了我国志愿者行动中存在的诸多问题，这些问题都表现出复杂性与综合性的特点，各个问题相互关联与影响，共同对我国志愿者行动的顺利开展形成障碍。如果从更深层次角度去思考，这些问题的出现并非偶然，其背后都有较为充分的社会、政治方面的诱因，通过对这些诱因的分析与阐释，有助于对我国志愿者行动存在的问题形成更加深刻的认识，进而对探求用雷锋精神推进我国志愿者行动的有效方法，真正实现志愿者行动服务社会的目标，具有重大的理论与现实意义。以下分别从主观与客观两个角度对我国志愿者行动存在的问题进行原因分析。

一、我国志愿者行动存在问题的主观原因

造成我国志愿者行动存在问题的主观原因很多，概括而言，主要体现为对志愿服务理念认识不清而产生误解、青年志愿者专业知识与技能有待提升以及部分党团组织对我国志愿者行动主观重视不够三个方面：

1. 对志愿服务理念认识不清而产生误解

志愿服务是有着深刻思想内涵的高尚事业，对志愿服务理念的认同是激发人们参与志愿服务的内因。但客观上由于我国志愿服务事业刚刚起步，人们对这一新生事物的认识需要一个过程，主观上由于志愿服务的组织者在理念的提炼和宣传上还存在欠缺，使得许多人包括相当一部分志愿者本身对志愿服务的认识还不够全面深入，甚至还存在不少误区。具体体现为以下几个方面：

（1）对志愿服务的理解过于狭隘与表面化，不能深入理解志愿服务的内涵。在当前开展的志愿者行动中，由于许多组织者仅仅把工作重点放在活动本身，忽视了对志愿者行动本质、功能、意义等基本理念方

面的宣传和推广，造成社会和公众对志愿服务内涵缺乏足够的了解，公众形成了一定的偏见和误解。最普遍的误解就是简单地将志愿者活动等同于以往的“学雷锋做好事”，认为志愿者行动就是一种无偿提供劳动力的奉献活动，把志愿者服务看成单向付出的行为。于是在现实中，虽然大学生志愿者行动年年搞，而且一年比一年壮大，但往往被简化成一些具体的劳动和事务，甚至演化成为一些硬性的任务和指标。在这样的狭隘理解下，人们往往看不到志愿者行动对志愿者本身的回馈和促进作用，忽视和低估了志愿服务活动的重要价值和社会功能。具体表现在：不能很好地认识到志愿者行动可以在当前道德教育中发挥出独特的教育功能，是创新思想道德教育工作的新载体，是拓展高校校园文化的新手段；也不能很好地认识到志愿者行动有利于提高大学生的综合素质，是促进我国青年的社会化和全面发展的一条重要途径。同时，由于理解的偏差，人们很难站到更高层面来认识志愿者行动的社会功能，不能深刻地理解志愿者行动在构建社会主义和谐社会和践行社会主义核心价值的过程中发挥的积极作用。由于对志愿服务功能认识的不到位，使人们对其难以产生广泛的认同，由于缺乏对志愿服务的参与热情，使志愿活动难以得到社会各方面的大力支持，这些在一定程度上都影响和阻碍了志愿者行动的进一步发展。

（2）对志愿者与服务对象之间的权利义务关系认识往往不够明确。这主要表现在以下三个方面：首先，服务对象经常把志愿者当作是廉价或免费的劳动力，有的甚至将志愿者当成“苦力”使用，甚至不能对志愿者表示起码的尊重。如在近年来浙江杭州举办的西湖博览会上，一些摊主听说志愿者不拿报酬，就常把重活累活留给他们干。而在北京举行的第21届大学生运动会上，也有着类似的情况出现，一位大会工作人员说过这样的话：“大家不用再干了，都歇会儿，一会儿志愿者就来了，留着让他们干吧。”大部分志愿者都要连续服务八九个小时，有的甚至长达十多个小时。一些招募志愿者的部门，只关心机构自身的需要，却没有关注到志愿者的需求和期望，久而久之，志愿者的热情便逐渐消退。加之有时志愿者在开展服务活动时，也时常发生一些权益受到

损害的事情，得不到社会必要的尊重，或被人冷嘲热讽、遭受白眼的事情更是时有发生。据许多志愿者反映，当受到误解、斥责和责骂时，心理有极大的委屈也不能反击，只能忍气吞声，这种现象对于社会爱心的传播与弘扬产生了及其不良的影响。其次，一部分志愿者把志愿服务当作是对他人的一种施舍，认为志愿者和服务对象之间不是平等的服务与被服务的关系，在服务过程中居高临下，应付了事，服务态度差。这些现象都扭曲了志愿者行动的精神实质，损害了志愿者的积极性，而且背离了志愿者活动对于提升精神境界的真正价值，最终导致许多有益的志愿者行动无法继续开展。再次，部分志愿者对志愿服务的动机认识有偏差。现实中，相当一部分大学生参与志愿者行动的目的仅仅是为了获得一纸证书、一份证明，以增加未来的就业“砝码”，其自身还未能将志愿服务与真正的志愿精神联系起来。志愿者通过服务社会而获得一定的回报本身无可厚非，但如果大学生们不能明晰参加志愿服务的正确动机，仅仅把志愿服务当做一种手段，也就无法使之成为有意义的活动，学校最终也就不能达到深化公民意识教育的目的。同时，也有不少大学生认为志愿服务仅仅是对“雷锋精神”弘扬的慈善活动，还认识不到志愿者行动中所体现的参与精神以及对他人、对社会所应有的责任。

（3）一些志愿服务对象认为接受服务就是理所应当，很少考虑到志愿者参加活动的需要。而无论是从历史起源还是当代意义来看，志愿者的利益都不应被忽视，志愿者行动都不应被视为单纯的道德理想下的单方面付出。志愿者行动是试图不依靠市场机制与政府行为来满足个人需要、群体需要的一种方式。实际上，志愿者行动也是人们之间相互满足需要的一种途径，对于被服务者来说，需要的满足无疑是显而易见的，但是对于志愿者而言，他们的需要就显得较为隐蔽，且容易被忽略。事实上，对志愿者自身的需要了解不够、重视不够，正是目前对于志愿服务最大误解的体现。志愿者主体的内在需要得不到有效的满足，志愿者行动对人们的志愿服务意识、道德理想教育也陷于组织力量的阴影之下，处于发育不良的状态，从而造成了志愿者行动中主体消极、被动，创造性参加活动的意识和能力不强。同时，这还导致了观念认识滞后，社会认同程度不高。无论是在高校的大学生志愿行动中，还是在其他社会行业的青年志愿者行动中，都还存在对此不理解、不支持和不认同的声音。甚至认为参不参加志愿服务本来就是无所谓的，即使参加了也是偶然的、盲目的或被动的。这实际上是对志愿行动在推动社会发展和个人全面发展认识上的滞后和不足。社会的认可和支持是要使志愿者行动受到人们的关注、尊重以及公正的待遇。志愿者行动在深化发展中同样需要政府的政策、立法、资金的支持，以及其他机构、企业间的密切配合。但到目前为止，中国政府还没有对志愿者的活动和志愿者的管理，提出一个系统的综合性政策，尤其是在志愿者的招聘、培训和管理方面更是没有详细的规定。

2. 青年志愿者专业知识与技能有待提升

在我国的志愿者群体中，广大青年大学生占据了一大部分，而青年们由于社会阅历有限，处于成长之中心智尚未成熟的阶段，因此在从事志愿者行动过程中，自身存在的知识储备不充足、实践经验不丰富、专业服务技能不完善等方面也是造成志愿者行动存在问题的重要主观原因之一。

（1）青年大学生年龄特点对志愿者行动的消极影响。由于青年大学生正处在生理发育和心理发育的特殊时期，世界观、人生观、价值观正在逐步养成，意志力和自我控制力还相对较差。他们的热情容易爆发，也很容易消退。他们对新生事物充满了好奇，乐于从事富有挑战性的新工作，也很容易发生兴趣转移。他们不安于从事简单的专业技能不强的服务，容易出现虎头蛇尾的现象。他们在从事志愿服务的过程中，一遇到困难或者看到理想与现实之间的差距，就容易表现出浮躁。如果志愿服务与学习、工作、生活发生冲突，他们就容易放弃志愿服务。青年大学生的这一特点，导致志愿服务组织人员流失快，影响志愿服务的连续性和稳定性。

（2）意志力有待加强。大学生思维活跃、兴趣广泛，容易接受新鲜事物，善于创新。但与此同时他们兴趣转移快，情绪不稳定，意志不坚定，又给志愿者行动造成了负面的影响。许多青年志愿者工作缺乏坚

持不懈的恒心。一股新风树起来不易，坚持下去更不易。具体而言，一方面，队伍不稳定。大学生志愿者的积极性往往随着入校时间的增加而锐减，退出或隐性退出呈现上升趋势，这造成大学生志愿者大部分是低年级的学生，熟悉工作又有一定经验的骨干一进入高年级就退出或积极性不高，使工作出现断层，影响了行动的连贯性和延续性。另一方面，活动缺乏长远目标和计划，缺乏坚持不懈、一抓到底的韧劲，导致活动欠深度和连贯性，出现“抓一点丢一片”的状况。青年志愿者活动几乎每年都有一个新的主题，但工作中不能很好地抓住一点，着力深化，重点建设；各级青年志愿者社团没有真正把建立起来的根基巩固下去，抓出一点成效就急于收兵，社长们缺乏一种“坚持不懈、一抓到底”的勇气，这极大影响了青年志愿者队伍的形象和声誉。比如，青年志愿者的“绿地认养”活动，不少社团从授牌到维护的开始几周表现出极大热情，收效较为明显，但是随时间的推移，不少社团就开始消极对待，认养的绿地无人维护和看守。

（3）实践能力有待提高。志愿者行动开展得成功与否很大程度上都取决于志愿者服务能力，由于大学生与社会处于“半隔离”状态，他们对社会了解有限、认识不足、缺乏经验，动手能力不强，无法适应社会对志愿服务的多元化需求。此外，专业知识缺乏，经济能力、社会地位等因素也影响了他们的实践能力，一旦委以重任就暴露出不善于与人沟通，不能很快融入工作团队，甚至连基本的为人处世之道都缺乏等问题。再加之一些高校没有为志愿者提供必要的岗前培训，导致志愿者工作绩效甚微，难以胜任委派的工作，这不仅使他们的自信心备受打击，而且响其能力的发挥和继续提供志愿服务的热情。例如，在“志愿者西部计划”活动中，“极个别大学生志愿者，无视服务地单位的组织纪律，工作不负责任，给服务单位造成了损失，也给大学生志愿者组织带来了恶劣的影响”[①]。

---

① 龚宗明：《论“西部计划”与志愿服务的市场化选择》，《中国青年研究》2005年第3期。

（4）部分志愿者责任心不强。当部分大学生志愿者在服务过程中看到理想与现实之间存在差距的时候，便表现浮躁，对工作马马虎虎。遗憾的是，部分志愿者的责任心不强、态度不端正等不良表现已经造成了大学生志愿者行动社会公信度的下降。例如，2004 年，河北派赴新祖服务的几名志愿者，由于自身的缘故，进入服务地之后，不但不能胜任委派的各种服务工作，而且经常无故找茬，不断提出脱离实际的要求。

3. 部分党团组织对我国志愿者行动主观重视不够

首先，部分高校领导认为志愿者行动是团组织的工作，而并没有认识到大学生参加志愿服务是高校开展“三观”教育的新平台。于是，对大学生志愿者工作的重视程度不够，直接导致了大学生志愿者行动在人力、物力、经费等方面得不到有效保障，也就直接影响了大学生服务的效果。

其次，据调查，在志愿者活动相当壮大的广州，也仅有 0.9% 是通过社会公开招募的形式参加志愿者的。也就是说，高校往往是以任务或者命令的形式下达服务项目，变成行政命令而不是大学生的自愿行为，只是“要我参加”，而不是“我要参加”。高校青年志愿者组织存在着“坐、观、等、望”的惰性和“等、靠、要”的依赖心理。部分组织负责人对大学生志愿工作有行政化的倾向，高校或上级团组织出多少钱就办多少事，没有把它当成一份奉献的事业。同样，高校之外志愿者行动的情况也大致如此。

再次，少数各级党团组织没有把志愿者行动的工作当成对外的窗口和向外延伸的有力拳头，没有把此项工作作为实施跨世纪青年工程的有效手段，因此出现了组织、人员、思想上的不到位或者不完全到位现象。在高校里，优秀的学生干部被充实到系学生会或团总支岗位上，把二流的学生干部放在志愿者机构社长位置上。社长上任后，由于缺乏必要的志愿者服务业务培训，各团总支又没有提出明确任期目标，志愿者服务工作进展随社长个人能力强弱摇摆较大，更谈不上对志愿者社团发展的规划。此外，志愿者社团开展工作缺乏必要的设施和经费，对外开展勤工助学和有偿服务活动受到场地、管理部门的制约较多，这些都直接导致了我国志愿者行动存在种种问题。

二、我国志愿者行动存在问题的客观原因

我国志愿者行动存在问题的客观原因主要体现为志愿者行动缺乏健全的组织机构、我国志愿者行动资金缺乏保障、志愿者行动培训专业性差、我国志愿者行动的宣传不到位、志愿者组织运行模式趋于行政化、志愿者服务存在“社会化”障碍、我国志愿者行动与国际接轨的程度还不够以及应急志愿者行动的全国统一机制未能形成八个方面。

1. 志愿者行动缺乏健全的组织机构

志愿者工作本身其实是一项比较复杂的工作，所以需要有健全的组织机构来保证它更好实施。比如针对志愿者服务对象来说，他们本身是社会的弱势群体，对于他们心理关注其实是更甚于对他们身体的关注，这就对志愿者工作提了更高的要求。健全的组织是要有一定的制度法规为保障的，而目前，志愿者协会的定位不明，到底应该以配合团组织的工作为主还是应该以自我开展工作为主等方面都存在诸多问题。而且，目前我国的志愿者组织发育还不十分完善，内部的管理、自律机制还比较弱，专业能力、组织化程度较低。志愿者组织及其成员开展行动的出发点和愿望是好的，对公益事业也充满了热情，但缺乏专业化的处理技巧和能力，这影响到其行动的效果。非营利组织的合作能力不足，与政府缺乏制度化的联系沟通，与企业、其他非营利组织也缺乏有效合作，与公众的互动也较少，这样导致志愿者组织缺乏一个综合的社会支持体系和网络。

以我国青年志愿者协会为例，根据《中国青年志愿者协会章程》这一政府主管部门认可并具有法律效力的文件，中国青年志愿者协会的定位是“非盈利性社会组织”。而现代意义上的“非赢利组织”依据其组织性、民间性、非赢利性、独立性、志愿性和公益性等六大基本特征，无可争议地属于政府和经济组织之外的“社会第三部门”。然而，由于我国社会第三部门发育水平低、政府对第三部门的扶持与管理尚未

形成制度化对策，各级青年志愿者组织事实上既不真正具备第三部门的“角色功能”，也不可能真正按照社会第三部门的“游戏规则”来运作。

美国学者莱斯特·萨拉蒙在《非盈利部门的兴起》一文中曾经把第三部门的兴起描述为“一种全球性的社团革命”。指出有组织的志愿活动和非赢利、非政府组织在世界各地的迅速发展，旨在提供各种人类服务、促进经济发展、阻止环境退化、保护公民权利和追求其他上千种先前未曾给予关注或留给国家去完成的目标。① 第三部门的兴起起源于一系列来自公民个人、政府以外的各种机构以及政府本身的压力。虽然目前全球范围内非赢利组织、非政府组织、第三部门数量繁多、种类复杂、歧义纷呈，有些国家为非赢利组织提供了明确的法律保护，也有的国家提供部分保护或不提供这种保护，但它们的触角正在延伸到社会生活的各个领域已经是一个不争的事实。美国的非赢利组织几乎参与了所有的社会运动；英国 27.5 万个慈善机构，收入接近国民生产总值的 5%；印度的“乡村觉醒运动”、斯里兰卡波及 8000 个村庄的小型改良项目、占肯尼亚资本开发项目 30% 的哈兰比运动、东欧国家名目繁多的基金会和社团等，都已经成为社会发展中一支不可忽视的力量。

在我国，由于对第三部门的地位作用尚未达成共识，对“事实上”作为第三部门发挥作用的社会组织的研究还刚刚起步，青年志愿者组织现阶段面临“身份尴尬”是不可避免的。首先，各级志愿者组织缺少“真正的志愿者”。挂靠在各级共青团组织内部的青年志愿者协会，从负责人到主要工作人员基本上都是享受“公务员待遇”的国家干部，从事志愿者行动的组织管理工作属于他们的“部门任务”和“岗位职责”，因而不完全具备非赢利组织的“组织性”、“独立性”特征；其次，青年志愿者行动的社会动员依托的是自上而下的共青团组织系统和行政化的动员方式，仍然保留了较多的“行政色彩”。“共青团号召，青年响应”的活动方式淡化了“民间性”、“志愿性”特征；再次，虽

① 莱斯特·萨拉蒙：《非盈利部门的兴起》，载何增科主编：《公民社会与第三部门》，社会科学文献出版社 2000 年版，第 243 页。

然在坚持“非赢利性”和“公益性”方面，青年志愿者行动最符合非赢利组织特征，但是，资金来源过于单一、没有稳定的募集渠道、没有自己的经营收入也极大地制约了志愿服务的拓展。

2. 我国志愿者行动资金缺乏保障

马克思说，经济基础决定上层建筑。资金的缺乏直接导致了我国志愿者行动存在诸多方面的问题。造成我国志愿者行动的资金缺乏问题主要源于两个与此相关的最常见的误解。第一个方面的误解是：志愿者组织都是非赢利组织，是不盈利的，也是不收费的。事实上，西方国家非赢利性组织的收入来源有三种，其中最重要的收入来源就是收费性的收入，包括私人支付的服务费用、会员会费和投资收入。根据萨拉蒙及其同事对34国的研究结果①，收费性收益在细分的12个领域中的8个都占主导地位，其中在6个领域占到一半以上，所有领域的平均值也达到53%。来自政府的支持是非赢利性组织的第二大收入源，包括各级政府的拨款、合同、代金券，以及政府资助的、由准政府组织操作的社会保障体系，在所有领域中34国的平均值是34%，但是在健康和社会服务领域，政府的支持超过收费性收益，成为第一大资金来源，分别达到50%和42%。排在最后的收入源才是慈善募捐，包括个人捐赠、基金会拨款和公司捐赠，“在这里关键结论也许可以归纳为，私人慈善力量在公民社会总收入中所占的比例远比人们通常想像的要小。”② 34个国家的平均值只占到总收入的12%，在12个领域中也只是在宗教和国际援助领域占主导地位。其中占宗教领域总收入的53%，国际援助领域的38%。从萨拉蒙的数据不难看出，非赢利性组织在很多时候不仅是收费的，而且是盈利的。更重要的是，其服务时所收取的费用才是非赢利性组织的最主要收入源。与盈利性组织不同的只是这些组织是“非

① Lester · M. Salamon. Americans´ Nonprofit Sector: A Primer, *The Foundation Center*, 1999: 30 ~ 36.

② Lester · M. Salamon. Americans´ Nonprofit Sector: A Primer, *The Foundation Center*, 1999: 30.

利润分配性质的"[①]，也就是说，他们的股东或经理并不从利润中分配红利，所有的盈余都必须重新投资到机构所致力于实现的事业中去。另外，虽然非盈利性组织有能力动员大量的志愿者资源，但是在其所提供的4550万个全职工作中，有2500万名是领薪雇员，也正因为这样，非赢利性组织在萨拉蒙眼中是"一个重要的就业部门"，其吸引就业的人数与建筑业几乎相等，36国的平均就业人数占经济活跃人口的4.4%[②]。

一方面的误读直接导致志愿者组织在中国的生存能力比较弱，变成了接受政府财政拨款和私人募捐的、纯粹靠输血生存的组织，因此很多国内学者在探讨影响我国志愿运动发展的原因时都会提到经费不足的问题，似乎只要政府增加拨款，一切问题就都迎刃而解了，事实却远非如此简单。我国的志愿者组织就对政府存在着很大的依赖性。尽管志愿者组织的建立是为社会提供公共产品和服务，但自身缺乏社会公信度，没有得到社会泛的认可和支持，公众对志愿者组织缺乏足够的信任，不愿意捐助。据民政部2012年的统计数据，截至2011年底，中国约有46.2万个社会组织，[③] 开展活动的资金主要来自于外部基金会的资助和志愿者自筹资金两种途径。目前，中国企业家对环保等志愿活动的捐款较少，全社会对公益团体的实际资金支持不足，许多NGO的公益项目因资金不足而流产。资金缺乏的另一个原因是志愿者组织筹集资金和财务管理的能力有限。我国很多志愿者组织准备的基金申请书或项目建议书不符合国际组织和国外的基金会批准的要求；志愿者组织不能够严格执行项目预算、报账程序和决算制度。这使得志愿者组织不能够在社会上建立信誉，并得到社会的广泛支持和赞助。缺乏行之有效的监督、审计

① Lester · M. Salamon. Americans´Nonprofit Sector: A Primer, *The Foundation Center*, 1999: 12.

② Lester · M. Salamon. Americans´Nonprofit Sector: A Primer, *The Foundation Center*, 1999: 15.

③ 民政部：《截至2011年底全国共有社会组织46.2万个》，http://www.gov.cn/jrzg/2012-12/13/content_2289705.htm。

制度造成充足的资金无法得到保障，致使志愿参与者自身的热情和社会责任意识得不到延续，因而不能吸引和留住优秀人才，使组织无法保证长远稳定的发展。

以我国大学生志愿者行动为例，要使志愿服务获得稳定而持续发展的动力，就需要政府和社会提供固定的资金供给来源来加以保证，然而资金的短缺成了大学生志愿者活动所面临的最大问题。根据我国的青年志愿组织的规定，协会经费来源为会员会费、社会捐助、事业收入和其他合法收入，但从实际情况来看，在资金来源上，其中最常见的方式是来自上级单位和政府的经济支持。国家虽然已把大学生参与志愿服务作为德育教育的重要环节来加以大力倡导和推动，但由于各高校受实际财力的影响，对志愿活动的拨款也极为有限。就社会来说，尽管大学生志愿者组织的建立是为社会提供公共产品和服务，但自身缺乏社会公信度，还没有得到社会广泛的认可和支持，公众对志愿者组织缺乏足够的信任，也不愿意过多捐助。[①] 我国大学生志愿者组织在经费方面过于依赖于上级组织的拨款，资金来源渠道单一，筹集资金的能力有限，这种状况严重制约了大学生志愿者活动的深入发展。

另一方面的误解是：志愿行为就是提供服务。但在西方国家提供各种各样的有形服务仅仅是非盈利性组织的一个功能，而且这些工作多由雇员完成。志愿者从事较多的则是另外一个非常重要的功能——表达功能，具体表现在三个方面：第一，倡导功能，就是发现那些被忽视了的问题，将其扩散到更大的公众，引起他们的关注并汇集各方力量去解决这些问题。第二，文化建设功能。例如为艺术、娱乐等活动提供载体，建立交响乐团、足球俱乐部、读书俱乐部、兄弟会、行业协会等，丰富社区生活。第三，参与社群建设、创造社会资本的功能。因为“参与结社就是在个人之间建立联系，它教给人们合作的规范，从而把它带到

① Kelly lau. *Volunteerism and Civil Society in other Countries*, 1999: 29.

政治和经济生活中。”① 萨拉蒙的研究表明，在发达国家49%的志愿者活动集中在这个领域，表现最明显的是志愿者在文化和娱乐活动中所起的作用，这占所有志愿者工作时间的19%，而据研究者估算，在36个国家中“志愿者的平均人数至少达到1.32亿，”② 这样换算下来志愿者总计花在表达性工作上的时间是相当惊人的。

还有一种误读则严重限制了志愿行为的覆盖面，目前中国志愿者活动不仅只是局限于服务领域，而且还仅仅局限于服务领域内的特定范围：帮助弱势群体，比较集中的方式是去福利院、孤儿院和空巢老人家里提供服务，参加这些活动好像变成了需要经过周密安排。而事实上，志愿行为是离我们日常生活很近的事，近到晚饭后可以利用消食的一个小时为社区夜校讲一堂课，不仅不会耽误志愿者的“正事”，而且会让英雄有用武之地，增加个人的社会成就感。更重要的是志愿行为是让全体公民受益的活动，包括服务者自身，例如前面提到的西方国家志愿者参与较多的表达领域里的文化体育活动。因为很多文化体育设施只有交给非盈利性组织，在志愿者的帮助下才能存留下来，让社区居民受益，这不仅包括开放式的健身器材的维护，也包括各种封闭式的球场和游泳馆的管理和维护。

3. 志愿者行动培训专业性差

志愿者作为民间力量整合到社会系统中，应逐步形成不同专业水平的志愿梯队，以满足工作的社会化和专业化两方面的要求。由于青年志愿者参与志愿服务是业余性质的，大多数缺乏所从事服务工作需要的技术和知识，志愿者表现出热心有余但专业知识不足。一些志愿者组织在招募志愿者后，基本上是通过简单的介绍就匆匆上阵做工作，而对志愿者应具备的基本素质、服务的艺术缺乏系统的指导和专门的培训。志愿

① 托克维尔著，董果良译：《论美国的民主》（下卷），商务印书馆1997年版，第15～17页。

② Lester · M. Salamon. Americans´Nonprofit Sector：A Primer，*The Foundation Center*，1999：15～17.

者组织所开展的一些活动停留在承担突击任务，或者只注重形式而不注重效果的低层面上，对志愿者的分类和分工不够细致，某些志愿者的职责范围事先未明确界定，也就缺少某些能力的培训，导致了客观方面的能力缺失与“失职”，使得志愿者活动的效果被打了很大的折扣。西方的志愿者活动则比较注重志愿者本身的学习和发展，它涵盖了长期的志愿者素质培训和短期加强式的技能培训。西方志愿者组织的目标首先是“成员的发展”，因而“成员发展空间提供者”就成为西方志愿者组织的定位，由此促使其实行短期和长期相结合的双线培训模式。我国的志愿者服务主要是针对社会弱势群体开展的，而要改变社会弱者的贫困处境，使这一群体走上自立的生活、工作道路，就需要具有较高素质和专业技巧的社会工作者参与其中。对于志愿者而言，不仅应该有热情好客的服务态度，还要具备与所服务的岗位相符的专业技能。一些志愿者组织未能把交流、沟通的技能，组织技能，专业知识，募捐技能等作为培训的范围和内容，没有根据活动的性质和特点，因人而异开办培训。由于志愿者活动缺乏相应技能培训，弱化了志愿服务的成效，导致大批优秀的志愿者人才的流失，丧失了有效地宣传志愿者精神、争取社会的承认和支持、建立社会资源网络系统的机会。

比如，我国大学生志愿者服务目前以共青团组织的群体活动为主，在培训方面工作就比较滞后，还只是停留一般的技能培训阶段和会议宣传志愿者精神阶段，在责任感、道德感、服务礼仪、社会交往知识、专业化技能和个性化培训方面还存在着不足，志愿服务质量还有待于进一步提高，在公民对生活水平要求不断提高的今天，志愿服务难以跟上社会发展形势，势必影响志愿者行动的整体发展。同时，还应该把那些热心志愿者活动，熟悉志愿者工作，具有一定组织和管理才能的干部选拔到管理、指导青年志愿者活动的岗位上来，以形成志愿者行动的骨干力量，使志愿者行动更加有序健康发展。

另外，值得注意的是，与普通志愿者不同，应急志愿者应更强调专门性和稳定性，拥有不同技能或经过培训的应急志愿者应建立起“应急志愿者库”，在紧急情况发生时，必须放下手中工作，立即到岗。应急志愿者中还可再发展出特殊的专业应急志愿者，专业化程度要求更高，能够在应急工作中发挥专业作用，这部分志愿者需要通过相关专业机构的挑选、鉴别、培训、能力考核合格后才能准入。普通志愿者也将在应急工作中成为重要的人力资源，他们可以在应急志愿者和专业应急志愿者的指导下行动，从而形成从普通志愿者到应急志愿者再到专业应急志愿者的多层次应急志愿行动梯队。以德国救助体系为例，它拥有120多万名现役志愿消防队员，拥有50万名义务工作者的5个志愿者组织以及联邦技术救援机构提供的7.6万名志愿工作者。[①] 各种突发事件的发生概率极其不同，因而在应急志愿者培训的专业取向方面也需要做出定位。公共卫生和火灾的发生概率较高，应该在志愿者培训队伍建设中予以足够的侧重：可以从这两个方面的应急志愿者培训入手建设专业行动梯队，并注重“一队多用、一专多能”的培养方向。[②] 选出的志愿者，可以根据不同条件的工作分类，个人进行一至两个专业的技能培训，包括废墟救人、消防灭火、简单包扎、帐篷搭建、物资分发、灾民安置、防控疫情等。

4. 我国志愿者行动的宣传不到位

在信息社会，舆论的导向将在很大程度上影响并决定公众的价值趋向。志愿者行动的宣传工作一直是困扰各级志愿组织的难题之一，虽然近几年加大了宣传力度，但还是远远不够的。当前，媒体仅仅是动员志愿者参加志愿活动，而对志愿精神的宗旨的宣传引导明显不足，据有关调查显示，许多社会成员对志愿服务的内涵不明确，部分接受调查的社会成员表示不能坚持经常性参与志愿服务。分析发现，一些社会成员之所以会产生志愿者活动就是“偶尔为之”的想法，很大的原因是相关的宣传太少，造成了许多社会成员对志愿服务理解不正确，没有及时获取志愿服务活动的信息有关。在社会上，人们对于志愿者的了解主要通

---

① 高虹：《学习考察德国紧急救援应急管理体系》，《医学与哲学》2005年第7期。

② 魏捍东、刘建国：《构建我国社会应急救援力量体系的思考》，《武警学院学报》2008年第2期。

过电台和电视、海报和报纸杂志，说明目前广大市民对于志愿者和志愿活动的了解主要还停留在“听说”或者“认知”的层次。要想充分宣传好每一次的志愿活动和典型志愿者个人，让更多的人加入到志愿活动中来，就需要通过诸如广播、报纸、电视、网络、海报等途径，对志愿精神、志愿文化进行广泛的宣传和推介。通过客观、准确、及时的宣传报道，引导广大公众正确认识和看待志愿者行动这个并不陌生的“新事物”，这也是推动志愿者行动良性发展所必需的途径。

5. 志愿者组织运行模式趋于行政化

我国是一个行政化社会，行政力量包揽社会事务的状况导致诸多问题。如今，在政府职能转变过程中，虽然直接干预社会事务减少，但是仍然习惯干预社会团体、中介机构，约束了他们的能量发挥。志愿服务如果不能减少来自行政体系的过多干预，就可能畸形发展。志愿者组织是一种非盈利性的组织，要获得持久、稳定、高素质的志愿者队伍，应首先给参与志愿服务的社会成员以准确、公平的定位，并给予他们应有的尊重和价值承认。受“一有队伍就想管理”的行政思维影响，志愿者组织的主体地位往往被忽视。志愿者被看作免费的劳动力，随意管理，到处指挥的现象普遍存在。志愿者自觉自愿参与志愿者活动，履行的是精神契约，对志愿者的管理相应的应该采取柔性的松散型的管理，以协调和激励为主，淡化管理的色彩。对于志愿者行动的组织和发展任务，可以吸收有热情的骨干志愿者参与。虽然志愿者希望在自愿、自主、自由的氛围中，奉献爱心、提供服务，但是相关部门对志愿者组织的行政化指导和志愿者组织的社团化管理模式，都制约了广大志愿者的自主性和创造热情。普通志愿者在组织中被视为会员，紧密参与组织的事务，从而承担了过多的组织义务。

以下仅以大学生志愿者组织为例展开分析。目前国内各高校普遍建立了自上而下的二级的大学生志愿者组织框架：一是学校层面的青年志愿者协会，一般由校团委直接管理，主要职能是负责全校大学生志愿者活动的组织、指导、协调、考核等工作；二是各个院系分团委（团总支）负责的青年志愿者分会，主要职能是组织和招募志愿者开展具体的服务活动，负责大学生志愿者的日常管理和培训。这种模式在大学生志愿者活动发展初期曾起到了积极的作用，我国大学生志愿服务活动在政策和资源投入等方面都得到了各级党团组织的大力支持，思想性和组织性特色鲜明，表现为声势浩大、反应迅速、影响广泛。但随着志愿者行动的深入开展，这种行政化管理方式的缺陷就显露出来。过于浓厚的行政化管理方式却极大地限制了大学生志愿者组织的独立发展空间，严重地制约了大学生志愿者行动的深入发展，最终也阻碍了志愿精神在大学生中的传播、沉淀和确立。这是因为行政主导力过强，导致学校有关部门对大学生志愿者组织的活动干预过多，“在一定意义上讲，我们可以把组织化动员看做是隐含的强制性命令，很多参与者并不是真正意义上的志愿者，或者说有些志愿者在组织压力下虽有参与行为，但心理并不认同”。[①] 很显然，自上而下的调控首先有一种领导与被领导的暗示，在实践中更或多或少地会带有指派性甚至强制性，不是大学生完全的自愿行为，这一方面容易引起学生的抵触情绪，从而淡化了学生对活动所应有的责任；另一方面这种行政化的命令会使学生把志愿者活动当作是组织的事情，只是“要我参加”，而不是“我要参加”，它造成了大学生被动地参与，缺乏主动寻求、积极参与的意识。有学者明确指出青年志愿者行动动力不足的原因就在于以主体内在的“志愿精神”为标志的志愿服务受制于组织力量的强弱，活动主体的内在需要得不到有效的满足，活动对人们的志愿服务意识、道德理想教育也由于组织力量的强势而处于发育不良的状态，造成青年志愿者积极、主动、创造性地参加活动的意识和能力不强。同时，行政化的管理方式也容易导致大学生志愿者组织对共青团组织的依赖性，在一定程度上使青年志愿者协会演变为共青团组织的附属物，开展活动的方式方法僵化，创新能力不强，从而弱化了志愿者行动的教育和引导功能。

---

① 蔡宜旦、汪慧：《试论青年志愿者参与动机的引导和激励》，《广东青年干部学院学报》2001 年第 4 期。

6. 志愿者服务存在“社会化”障碍

志愿者服务存在“社会化”障碍的因素之一是资金缺乏。以高校青年志愿服务组织为例，高校青年志愿服务工作的社会化程度较低，一方面是受自身发展的局限，另一方面是因为缺乏公民社会的环境和政策的支持。虽然近几年政府部门颁布了一系列政策鼓励和支持志愿者活动，但这些政策和法规仍然比较笼统，不利于高校青年志愿者组织的发展和壮大。资金的短缺是高校青年志愿者活动开展的主要障碍。目前绝大多数高校青年志愿活动资金来源主要是依靠学校划拨给团委有限的一点经费，这对于以“奉献”为宗旨之一的青年志愿活动来说是杯水车薪。某些高校志愿者在奉献了爱心的同时，还要自己承担中间环节的一些费用，由于活动缺乏稳定的经费来源程序，使得长期化、规范化的志愿服务难以为继，往往是搞一次活动，向行政领导申请一次经费，或向企业寻求一次合作。而对志愿服务的对象、范围、评估、表彰等也缺乏明确规定。诸多因素使志愿者行动难以走上组织化、规范化和系统化的轨道，阻碍了青年志愿者活动的社会化进程。

志愿者服务存在“社会化”障碍的因素之二是服务领域泛化了志愿者行动的社会功能。十多年来，我国青年志愿行动已经广泛地渗透到社会生活的各个领域：在经济与社会发展领域有大学生西部志愿行动、“三下乡”、“扶贫接力”等；在民主法制建设领域有志愿法律援助；在公共安全领域有社会治安、抢险救灾、消防志愿服务；在社会福利领域有助老助残服务；在环境保护领域有绿色环保行动；在国际救援领域有海外志愿服务等。在林林总总、几乎无所不包的服务领域，我们看到了凡是政府职能所系之处，几乎都有青年志愿组织活跃的身影。但是，大多数情况下，志愿行动带有“暂时性”、“活动性”，不可能在任何一个领域取得“不可替代”的位置。比如，几乎所有地方的青年志愿者组织都建立了“助老服务队”，但是，迄今为止没有见到哪一个社区的鳏寡孤独老人日常生活全部由志愿者照料的报道；同样，许多养老院、老人公寓都挂上了“青年志愿者服务基地”的牌子，但是，许多基地只有在“忽如一夜春风来，中国遍地是雷锋”的志愿者活动日才能见到志愿者的身影，而社会福利机构也鲜有因为志愿者介入而节省了服务成本的记录。诸如此类的问题表明，赋予青年志愿者行动“无所不包”的社会职能必然导致“无一包打”。职能泛化的结果是“样样都有你”，“样样也不能完全指望你”。

志愿者服务存在“社会化”障碍的因素之三是志愿服务网络不完备，志愿资源浪费严重。建立志愿服务网络的目的，就是使相同主旨的志愿服务组织能够相互联系和协商彼此的资源配置，避免资源的浪费与重复；使不同类型的志愿服务组织能够借助服务网络，在人力、资讯、经费与分工方面有相互合作的机会，汇集并整合各自的力量，达到志愿资源配置最佳化，服务效用最大化。随着互联网的普及，我国的志愿组织在网络化建设方面虽然取得了一定的进展，但仍存在一些问题。例如数据库建设相对滞后，软硬件设施不甚完善，网站信息量少、内容更新缓慢，管理中各自为政、相互分割的现象比较严重。志愿服务网络不完备，资源共享机制不健全，缺乏统一的网络协调与管理机制，导致跨系统、跨区域、跨行业的资源流动和整合非常少，容易造成志愿服务的重复和志愿资源的浪费。因此建立全国统一的志愿服务网络管理平台，统筹、协调与整合志愿资源，利用网络平台为具有志愿服务意愿的人和需要志愿服务的组织提供及时、周到的信息与服务，实现志愿资源管理的信息化、网络化和科学化，是我国志愿服务管理中的一项长期而艰巨的任务。

7. 我国志愿者行动与国际接轨的程度还不够

在经济全球化背景下，志愿者服务的国际学习、合作已经成为一种不可逆转的趋势和潮流。作为最大的发展中国家和志愿者服务的大国，中国的志愿者服务也迫切需要进行积极的国际合作和国际对话。但是，目前我国志愿者行动与国际接轨的程度还不够，距离志愿者行动国际一体化的目标还存在差距，这直接造成了我国志愿者行动中很多内容与国际志愿者行动相比较为落后。

比如在筹资渠道方面，美国税法规定，企业有义务向政府交纳所得税或者捐款给慈善机构，这样就保证了财富可以从经济部门转移到社会发展部门，从营利部门转移到非营利组织。美国的基金会掌管着60%的美国财富。美国《基金会法》规定各种NGO、NPO可以向基金会申请资金从事慈善事业。在美国，个人捐款、民间基金会捐款是志愿者服务资金的最主要来源。其原因在于美国已经形成浓厚的慈善捐赠的社会氛围。比如美国富豪巴菲特，目前已将个人财产的90%进行了捐赠，逾400亿美元，盖茨夫妇的捐赠额超过280亿美元，索罗斯的个人捐赠也达到60亿美元之巨。[①] 而中国青年志愿者行动的筹资渠道比较单一，绝大部分款项来源于行政拨款。相比较而言，民间捐助资金的比例不高。民间机构的进入渠道受限，导致很多有意从事志愿服务和慈善事业的民间机构无法发挥作用。而根据民政部统计，经过30年的发展，我国慈善组织虽取得快速发展，但全国基金会的资产总额总共只有近300亿元人民币[②]，尚比不上索罗斯的个人捐款总额。

又如在志愿者的招募环节方面，志愿者社会化招募环节包括通过民间慈善机构或志愿者服务机构（各种NGO和NPO）的人员来进行招募，或者直接招募吸纳这些非营利机构的成员。在国外，非政府组织和非营利组织是志愿服务的重要构成力量和直接的推动者。在美国，70%的人至少属于一个非营利组织，25%的人是4个或以上组织的成员，1998年美国参加志愿服务的人数超过1亿人，也就是说，美国每2个成年人中有1个人参加志愿服务。[③] 生命力强大的各种非政府组织构建了美国志愿者服务强有力的社会招募机制，奠定了美国志愿者服务的强大优势，提供了丰富的志愿服务的人力资本，积累了大量的专业人才。美国在全球志愿者服务领域之所以能够独占鳌头，大量的非营利组织、非政府组织和民间基金会起到了巨大的推动和支持作用。而中国青年志愿者行动的社会化招募机制相对不足，而组织招募机制则比较完善。大

---

① 刘俊彦：《中国青年志愿者行动机制建设研究报告》，《中国青年研究》2010年第1期。

② 王亦君：《中国慈善像水一样浸润神州》，《中国青年报》2008年12月25日。

③ 北京志愿者协会：《走进志愿服务》，中国国际广播出版社2006年版，第19页。

学招募是最为普遍的志愿者招募形式，大学生是中国青年志愿者的主力。

需要强调的是，学习并非全面照搬，因为中国有自己特有的组织方式和国情、民情、社情。共青团组织对中国青年志愿者行动的成功运作表明，我们的某些特有优势和资源对志愿者服务的发展也会发挥重要的作用。因此，未来中国青年志愿者行动的机制建设，一方面要积极借鉴西方的成熟做法，另一方面也要发掘自身优势和资源，必须在充分理解国情，坚定立足基本国情的前提下，才能取得更大的发展。

8. 应急志愿者行动的全国统一机制未能形成

将社会力量高效地对接到政府的应急体制中将是应急志愿行动将来发展的方向，这是汶川抗震救灾带来的启示，也是将来必须面对的一个难题。中国志愿服务缺乏统一的权威性法规，志愿活动不规范，也缺乏志愿者行为规则。例如，相当多的民间或个人组织的志愿者缺乏明确目的，有的不去各地救灾指挥部报到，甚至有的未经征集和工作分配即自行进入灾区，造成物资浪费，工作混乱。[①] 在国外应急志愿者发展比较成熟的地区比如日本，在灾区救援方面则成熟许多，1995 年神户大地震时，征召到神户的志愿者达 150 万人之多，他们到神户只干两件事：搭建住房和分发物资，整个灾区没有因志愿者到来而产生混乱。[②] 为了改变我国应急志愿者缺乏统一部署的现状，可以利用志愿者组织加强对志愿者的有效管理；但同时，我国志愿者并没有形成一个统一性的全国组织或协会，志愿者与志愿组织的登记注册制度也没有健全和统一，因而面对政府应急体系，尚未建立有效机制将志愿资源统一对接到应急工作中。统一组织的应急志愿者行动往往更加专业、更有力量、更有效率

---

① 祁国栋、朱炜、陈光：《突发公共事件中的志愿者组织与管理：问题和对策——以汶川“512”大地震为例》，《社会工作》2008 年第 9 期。

② 梁志全：《青年志愿者：抗震救灾中的组织类型与功能分析》，《中国青年研究》2008 年第 10 期。

和更具持久性。①

此外，全国志愿者及志愿服务发展还具有极不均衡的特点。突发公共事件具有不确定性，人们无法准确预测它会在什么时间、什么地点、以什么样的规模发生，特别是发生大规模灾害时，往往会出现政府专业应急人员不够或难以及时赶到的情况。在这种情况下当地志愿者应该发挥较为熟悉所在区域灾害的具体情况的优势，为仓促赶来的专业应急人员提供信息传递、现场引导、人员疏散、救护伤员、维持秩序、宣传解释等帮助。“就地”原则是应急志愿行动必须遵循的原则，但要做到这一点却受到当前全国志愿者及志愿服务发展极不均衡状况的影响。我国志愿者数量看上去虽不少，但稳定的志愿者数量偏少，而且从志愿者的职业构成上看，我国志愿者中多为青年学生，特别是在校的大中学生，这是稳定的志愿者比例较低的原因之一。而我国城市社区的志愿者中，很大部分由离退休人员构成，他们从事应急志愿工作的范围有一定限制。在地域上志愿服务也面临结构性失衡。我国东部地区和城市地区，开展志愿服务的时间较早，已经形成一定的体系，应急志愿者的发展有较充分的基础。但广泛的中西部及农村地区，自然灾害频发，志愿者精神普及与志愿者体系建立工作却未到位，应急志愿行动的推行存在很大困难。应急志愿行动必须在全国建立健全一个“横向到边、纵向到底”的全方位应急体系，才能大力提高基层应对各类突发事件的能力。

① 杨秋菊：《府应急管理中的整合沟通研究》，《学术论坛》2009 年第 6 期。

第七章

雷锋精神与志愿者精神的内在契合

志愿者行动与学雷锋活动之间具有自愿、利他、奉献的共同特征，同时二者在兴起的社会背景、经济环境、精神内容和境界以及实践方式等方面又体现出各自不同的特点和长处。将二者有机结合起来，可使双方相互利用彼此的长处和优点，具有重要现实意义。为此，应将雷锋精神作为志愿者行动的重要精神支柱，借助志愿者行动使学雷锋活动做到经常化、长期化、大众化、多样化，使志愿者行动在相当程度上成为学雷锋活动的载体，实现志愿者行动与学雷锋活动的双赢发展。

第一节　青年志愿者行动与学雷锋活动

20 世纪 90 年代，中国大地上兴起了志愿者行动，成为自 60 年代学雷锋活动以来在我国精神文明建设领域里出现的一种新兴事物。这种志愿者行动与学雷锋活动之间在某些方面有着相同的特征，但也有着不同之处。深入比较和分析二者的异同，对于我们深入认识和理解志愿者行动与学雷锋活动，更好地弘扬志愿精神和雷锋精神，有着重要的现实意义。

一、志愿者行动与学雷锋活动的共同特征

就二者的共同点来分析，大致可归结出以下三个共同特征：

1. 自愿，行动自觉

即指二者的行为动机都不是出于被迫或服从，而是出于内心的自觉。无论是学雷锋活动，还是志愿者行动，都是以高尚的精神自觉为行动的主导意志。从伦理学上说，这种自愿性是道德自律的体现。德国古典哲学家康德曾把道德的自律作用形容为："星空在我头上，戒律在我心中。"雷锋能够成为举国上下学习榜样的一个重要特点正在于这种道德自律性，雷锋无论在何时何地，都有一种随时准备为他人排忧解难、奉献社会的主动态度和自觉意识。学雷锋活动成果的一个重要标志，就是要使"献爱心"、"做好事"活动在价值取向或思想动机上成为大多数人内心的自觉自律。

志愿者行动，顾名思义，是社会成员自发开展的一种服务社会、利益人群的活动。按西方的流行看法，志愿者行动是职业之外的不受私人利益或强制法律驱使的人们的努力，目的在于改进社会，提供福利。[①]显然，自愿性是志愿者行动的一个基本特征。出于这种自愿性的行为没有任何来自外界的强迫，完全出于关爱和帮助他人的动机，尽己所能为他人排忧解难，为社会提供服务，不管它是经常性的，还是偶尔性的。

志愿者的自愿还意味着一种积极主动的态度，主动组织起来，积极策划志愿者行动，或响应自愿者组织的号召，热情参与扶贫济困、爱心助学、赈灾捐款、助孤助残、慰问孤寡老人、环保节能等慈善公益活动。这一点应与现实社会中一些单位组织号召的捐款捐物之类的活动区别开来。对后一种活动来说，参加者常常不是出于自愿，其态度也不一定积极，如果没有单位组织，有些人可能不会主动去做，而志愿者的自愿则是完全建立在内心认同、自觉自律的基础上，并且在态度上是积极主动的。

2. 利他，付出爱心

这是就二者在处理个人与他人之间关系在动机上而言的共同特征。

---

① 汪盛科、林辉：《青年志愿者行动与学雷锋活动》，《青少年研究》2003 年第 1 期。

雷锋精神集中体现了处处以国家和他人利益为重、主动助人、乐于付出、无偿服务的利他精神，学雷锋活动也是自始至终体现着这种利他精神，做好事只是出于高尚的为人民服务的动机，而不是为了贪图虚名、人前作秀或其他不可告人的企图。当然，在学雷锋活动的历史上也曾出现过“假装积极”、“假充雷锋”的现象，但这并不代表学雷锋活动的精神实质。

志愿者行动同样体现着为他人服务的理念，志愿者的服务对象面对的是全社会的一切人，大都是与志愿者没有利益关系的陌生人，并非专门面对亲朋好友或有其他利益关系的人，尽管有时后者也可能恰好成为服务对象。志愿者在服务他人的过程中，首先体现出对他人的关爱和善意，是设身处地对他人的需要、利益和感受的考量，想他人之所想，急他人之所急，只要能为他人排忧解难，甘愿付出自己的光和热。当然，也可能会有个别人参加志愿者运动是别有居心，但这也不代表主流，不能代表大多数志愿者的利他性动机。

3. 奉献，不求回报

这是就二者在个人与社会关系方面来说的共同特征。无论是学雷锋活动，还是志愿者行动，二者都是以奉献社会、不求报酬为其基本特征，充分体现出良好的社会责任意识。无私奉献的共产主义精神是雷锋精神的核心内容。为了社会主义祖国和人民的事业，雷锋同志克己奉公、忠于职守、兢兢业业、积极进取，始终吃苦在前，享受在后，甘当人民的勤务员，甘做社会主义事业的“螺丝钉”；他助人为乐、乐善好施，为集体、为他人做了大量好事，且不求人知、不图回报；他艰苦奋斗、勤俭节约，生活上从不乱花一分钱，把省下来的钱全部用于帮助他人和国家建设事业上。可以说，雷锋精神集中体现了服务大众、无偿奉献、不图虚名的奉献精神。正如江泽民同志于 1990 年在接见“雷锋团”干部战士的讲话中所指出的：“雷锋精神的实质，是全心全意为人民服务，为了人民的事业无私奉献。”

志愿者行动，以“我为人人，人人为我”的精神为指导，以满足公共需求、实现社会公益为目标，同样具有奉献社会、不求回报的高尚品格。工作不求报酬，这可说是志愿者行为的一个基本要求，如果索要报酬就不能算作志愿者行为，那样与通常领酬金的社会劳动就没有区别了。这种无偿奉献的行为，有助于倡导团结友爱、助人为乐、扶贫济困、见义勇为的道德正气，有助于弘扬爱国主义、集体主义和社会主义精神，促进在人与人之间形成和发展团结互助、和谐融洽的人际关系，促进社会的和谐、稳定以及社会风气的好转，也有助于志愿者在志愿服务过程中充实自我，使个人情操不断得到升华。

二、志愿者行动与学雷锋活动的区别

志愿者行动与学雷锋活动尽管有着上述共同特征，但二者仍有较大区别，这主要体现在以下几方面：

1. 兴起的社会背景不同

学雷锋活动兴起于20世纪60年代。1963年3月5日，毛泽东主席发出了“向雷锋同志学习”的号召，此后，以雷锋为榜样的大规模的群众性学雷锋活动开始在全国各界广泛展开。也是在学雷锋活动中，人们逐步形成了对雷锋精神的共识。老一辈革命家将雷锋精神概括得精辟而全面，如周恩来的题词是：“憎爱分明的阶级立场，言行一致的革命精神，公而忘私的共产主义风格，奋不顾身的无产阶级斗志。”刘少奇的题词：“学习雷锋同志平凡而伟大的共产主义精神。”从中可见，雷锋精神的产生带有鲜明的政治色彩，体现着中国共产党领导下人民当家做主、以共产主义理想作为精神寄托和行动指南、积极建设社会主义精神文明的时代特色，也体现着当时社会突出强调人的政治性、阶级性的意识形态特征。

中国的志愿者行动可以说是改革开放后我国奉行“拿来主义”的产物。“志愿者”的英文原文是volunteer，也有人翻译为“义工”。它最早起源于19世纪初西方国家带有浓厚宗教色彩的慈善服务，在世界上已经存在和发展了一百多年。自我国改革开放进入到80年代以后，志愿者这一概念被引入中国，1993年12月5日中国青年志愿者协会的成立标志着中国志愿者行动的兴起。可以说，它是在我国实行经济体制

改革、扩大对外开放和国际交流、推进社会主义精神文明建设、恢复和弘扬中华民族传统文化的背景下兴起的。

志愿者行动能够在20世纪90年代的中国兴起，是以满足一定的社会需要为基础的。事实上，自90年代起我国社会经济结构开始转型，经济体制开始向社会主义市场经济体制转变，原有计划经济体制中靠行政组织包办一切的社会运作模式开始松动、淡出，这样就形成一个出现许多个人难以应付的公共问题、迫切需要公共服务来解决的新的市场空间。同时，随着市场经济深入发展带来的利益关系的改变，国民的独立性和自主性大大增强，人们的公共服务意识日益凸显，追求利益他人、完善自我等高层次的精神价值开始成为许多人的价值取向，奉献爱心、互助互爱的社会公益性的志愿服务因此应运而生。可以说，我国志愿组织的成立和志愿者行动的兴起较好地适应了转型时期我国社会对公共服务的需要，而作为志愿者行动核心的志愿精神正是人们公共服务意识的一种突出体现。随着这种公共服务需要的增长，我国志愿者行动逐步发展起来，影响也日益扩大，并发挥出奉献爱心、服务社会、患难与共、团结互助、充实自我、提升人格等积极、有益的作用。

中国的青年志愿者队伍已成为开展志愿活动的一支重要的生力军，发挥出重要的社会作用。2000年1月16日前中共中央总书记江泽民在杰出青年志愿者来信上批示道："青年志愿者行动，是当代社会主义中国一项十分高尚的事业，体现了中华民族助人为乐和扶贫济困的传统美德，是大有希望的事业。努力进行好这项事业，有利于在全社会树立奉献、友爱、互助、进步的时代新风。"相对于学雷锋活动而言，我国的志愿者行动可说是有着更适应改革开放新形势的时代特征，因而也具有更大的活动空间，更为广泛的群众基础。

2. 产生的经济环境和适应能力不同

学雷锋活动，从20世纪60年代兴起一直延续到90年代，一直处于社会主义计划经济体制的背景下，因而该活动有着适应计划经济体制的特征。计划经济的"大锅饭"体制过度包揽了人们的吃穿住行，平均主义因而得以盛行，"干好干坏一个样"逐渐束缚了人们的劳动积极性，由此助长了遍及全社会的惰性，也使得人们在道德行为上缺乏自主性和自觉性。为促进社会道德和社会风气的好转，政府部门通常是自上而下发动各种思想教育运动，学雷锋活动也正是这样开展的。国家希望通过在全社会开展学雷锋活动，来激励和教育国民常存好心、常做好事，既提高了全民的思想道德素质，也在实践中收到了良好效果，涌现出一大批学雷锋的先进分子和模范。但随着改革开放和社会主义市场经济体制的建立，市场经济的逐利性日益凸显，并对国民价值观产生了严重的消极影响，而利己主义、拜金主义、消费享乐主义等错误观念也开始泛滥开来，许多人重新信奉起“人人为自己，上帝为大家”的观念，学雷锋活动渐渐走入了低谷，“雷锋叔叔不在了”这句话也成了描述市场经济时代我国道德风尚如江河日下的慨叹。这在客观上也表明了学雷锋活动在社会主义市场经济条件下还存在着某种不相适应、需要与时俱进的地方，如何在市场经济环境中发扬雷锋精神已成为一个值得探讨的新课题，相比之下，志愿者行动则显示出自己的适应性优势。

志愿者行动在西方是作为宗教性慈善服务而兴起的，其兴起和发展所处的经济环境就是西方资本主义自由经济体制，因而它对市场经济利润至上观念的负面影响天生就有着一定的免疫力。事实上，西方的志愿者行动是作为对资本主义唯利是图精神的反动力量而产生的，其理念和行为本身就是对资本主义制度下人与人之间关系存在的金钱至上、无情竞争、尔虞我诈、人情冷漠等现象的批判和否定，因此可以说，将西方的志愿者行动“移植”到中国，能够较好地适应我国在社会经济结构转型时期增强慈善公益、和谐人际关系、弘扬传统美德、充实内在心灵、完善理想人格等物质和精神诸多方面的需要，构成在物质文明建设的同时呼唤人性良知、追求“真善美慧”的一种重要的精神文明建设工程。当然，志愿者行动能够在中国的90年代迅速兴起，也是与之前雷锋精神在广大国民中产生的积极影响和先进经验分不开的。

3. 精神内容和境界不同

学雷锋活动实质上就是要学习和发扬雷锋精神，开展以无私奉献、为人民服务为内容的活动。所谓雷锋精神，其实是一个内涵丰富的综合性概念，粗略划分，可分为政治思想和伦理道德两方面内容。大致来说，在思想政治层面上，雷锋精神体现为一种无私奉献、不求回报的纯粹、朴素的共产主义精神，爱党爱国爱民、热爱社会主义的政治觉悟，鲜明的无产阶级立场，言行一致、艰苦奋斗、奋发向上、不怕牺牲的革命精神；在伦理道德层面上，则体现为克己奉公、关心集体、爱岗敬业、认真负责、任劳任怨、甘当“螺丝钉”的敬业精神，还有感恩报恩、助人为乐、与人为善、勤俭节约、艰苦朴素、扶贫济困、尊老爱幼、勤奋好学等高尚的道德情操。雷锋班的十任班长每个人曾用一个词对雷锋精神做了独特的领悟：爱国、守法、明礼、诚信、团结、友善、勤俭、自强、敬业、奉献。这些词可以说是从伦理道德层面上对雷锋精神的概括，体现了社会主义伦理道德的要求，同时也是在一定程度上对几千年来中华民族的优秀文化和传统美德在社会主义制度下的继承和发展。

志愿者行动的灵魂是志愿精神，即一种自愿付出、不为报酬和收入而参与推动人类发展、促进社会进步和完善的社会工作的精神。[①] 它最早在西方是由传统宗教的慈善观念演变而来。志愿精神的内涵较为简单，如中国志愿者的志愿精神一般用“奉献、友爱、互助、进步”这四个词来概括，它体现着目前中国所有志愿者行动的基本价值导向。相比之下，雷锋精神则有着异常丰富的政治和道德方面的思想内涵，而且从精神境界上说，雷锋已达至纯粹的公而忘私、无私奉献的共产主义精神境界。一般来说，志愿精神往往体现为利他精神与自利精神的结合，就是说，志愿者的利他动机存在着复杂情况。事实上，在服务社会、帮助他人、不计报酬的利他意愿下，许多志愿者同时还存在着一些自利性动机，诸如参加集体活动、锻炼交际能力、培养服务意识、追求高尚情感、发展个人兴趣、结交知心朋友，还有追求做义工在精神上的成就感、愉悦感、荣誉感，乃至陶冶心灵、完善人格、达成个人自我实现的

---

① 江汛清：《关于志愿服务若干问题的探讨》，《中国青年政治学院学报》2002 年第 4 期。

要求，等等。志愿者的利他性动机一般并非要求有偿的物质回报，而往往是锻炼自我、个人激励的要求，可以说，用“自利利他”来描述志愿者的动机更为合适。

从伦理学上看，利他与自利之间构成一种因果关系，即利他能够给志愿服务者带来回报，即便志愿者不要求物质回报，它往往也能获得精神上的回报，即直接或间接地带来精神上的愉悦感和成就感，在相当程度上满足志愿者的个人精神需求。“赠人玫瑰，手有余香”的口号，就生动形象地揭示了利他与自利的关系。根据马斯洛的需求层次理论，人一般有生理、安全、社交、尊重和自我实现五类需要，以此来衡量，志愿者行动显然不会直接满足其生理和安全上的需要，但却会在后三项需求上得到一定的满足，同时也有助于个人安全需要的满足。实际上，在社交、尊重和自我实现三方面需求的满足，对于学雷锋活动的参与者也同样成立，特别是在个人精神需求上能够得到较大程度的满足，雷锋本人生前就因其突出的志愿精神和行为而获得了各种荣誉（如被树立为“节约标兵”、多次立功、当选人民代表等）就是一个证明。当然，对于雷锋来说，他做好事并非为了荣誉，在主观上也不想追求什么社交、尊重或自我实现的需要，他的奉献是彻底无私、不求回报的。但从客观上说，社交、尊重和自我实现等高级需要的满足，对于激励普通志愿者继续做好事、献爱心一般会产生积极、重要的作用。也正因为如此，对于现代喜欢张扬个性、强调自我价值的广大青少年来说，志愿者行动无疑有着强大的吸引力，可视为一个锻炼才能、陶冶情操、激励自我的良好机会，因此，志愿者行动较之学雷锋活动无疑能够吸引社会上更多的人参与到志愿者队伍里来。如果说“雷锋精神”是一种以典型人物为载体凝聚起来的无私奉献精神，那么，志愿精神则是一种以有共同目标的特殊群体为载体凝聚起来、利他兼自利的奉献精神，尽管后者的精神境界一般达不到前者的要求，但对社会各方面的影响力却往往较前者要大许多。

4. 实践方式不同

因受过去特定历史时期政治意识形态的影响，由政府或单位组织的

学雷锋活动往往带有行政化的倾向，在形式上往往具有“千篇一律”的模式化特征，参与者的自发性和个性化特征在相当程度上受到压抑；即便是公民个体自发的学雷锋活动，尽管有一定的主动性，但一般不会形成团体规模，当然也不会有经费支持。相比之下，志愿者行动更多是靠社会化的运作方式，可以有自己的组织团体，有自己的运作机制和经费支持。从运作机制来看，志愿者行动尽管是非营利性的，但强调的是互助，有时也允许与有偿服务相结合；在经费来源上，志愿者行动谋求多方面的捐赠，包括个人捐赠、企事业单位赞助和政府拨款；在形式上，志愿者行动也尽显丰富的多样性，允许各个参与者展示其各有特色的个性特征和精神风貌。可以说，志愿者行动在实践方式上体现出事业性、公益性、民间性、自治性、多样性的特征。对志愿者行动的组织形式，全国政协副主席王文元在2002 年做了准确的定性，指出：“志愿服务组织是民间的社会公益组织，既不能将其机关化，又不能使其企业化。”①

志愿者行动以一种民间团体的方式进行运作，使得它能从社会实际出发，多方面调动积极性，既努力谋求政府和企业的支持，也努力争取社会其他方面的支持，能够通过灵活的激励机制充分发挥志愿者个体的积极性，以及社会团体在整个社会结构中的积极作用，这使得志愿者行动具有强有力的内在动力机制，能够成为改善人际关系、化解社会冲突、提升公民道德水平、促进社会和谐进步的重要新生力量。相比之下，志愿者行动具有的上述特征和优势都不是学雷锋活动所能够具备的，因而它在现实社会中显示出更为强大的生命力。②

三、实现志愿者行动与学雷锋活动的有机结合

如前所述，近几十年来志愿者行动在中国的兴起和发展，有着切合

① 王文元：《推进志愿服务事业　促进社会文明进步》，《北京观察》2002 年第 10 期。

② 汪盛科、林辉：《青年志愿者行动与学雷锋活动》，《青少年研究》2003 年第 1 期。

现代社会和国情实际的特点和优点，但这并不是说学雷锋活动就不需要了，雷锋精神丰富的思想内涵和高尚的精神境界仍然值得我们学习、继承和发扬，这对于志愿者团体来说也不例外。正如胡锦涛同志所指出的："发扬光大雷锋精神，仍然为我们这个时代进步所必需，仍然为我们改革开放和现代化建设事业发展所必需。"因此，若能将志愿者行动与学雷锋活动有机结合起来，则有助于发挥彼此的长处和优点，并有针对性地克服或弥补各自的短处和不足，这无论对于学雷锋活动还是志愿者行动都将是一个具有重要现实意义的双赢抉择。

要切实做到使二者结合起来，应注意采取以下两个方面措施：

1. 将雷锋精神作为志愿者行动的重要精神支柱

从志愿者角度来说，雷锋是当代中国志愿者的一个杰出代表。雷锋精神不仅值得全国人民学习和发扬，更应该成为我国志愿者的重要精神支柱。雷锋的奉献精神、敬业精神、感恩精神、节俭精神等等，都值得我国志愿者学习、继承和发扬。

在志愿者行动中发扬雷锋精神，应重视从实际出发，重点强调和发扬全心全意为人民服务、无私奉献、不求回报等雷锋精神中的核心要素，以及克己奉公、关心他人、积极进取、勤俭节约等高尚的道德情操，而对于因历史背景原因而带来的强调阶级性、政治性等意识形态色彩则应予以淡化处理，从而在志愿者实践活动中将雷锋精神与志愿精神有机结合起来，收到事半功倍的巨大社会效益。这样既有助于使学雷锋活动能够充分借助和利用志愿者行动的优点和长处，也使得志愿者能够切实地贯彻和发扬雷锋精神，达至更高的精神境界，并使志愿者行动收到更好的社会效果。

2. 借助志愿者行动全面深入地推进学雷锋活动

（1）要依托志愿者组织使学雷锋活动经常化。学雷锋活动难以持久开展的一个重要原因，就是缺乏有效的组织、团体以及相应的制度使之经常化、长期化。而专业性的志愿者组织，一般都设有长短期目标，有严密的计划安排、制度保证以及行之有效的运作机制，若能在广大志愿者组织中将雷锋精神纳入志愿精神的章程中，使学雷锋成为志愿者行动的一面旗帜，就可使志愿者行动在相当程度上成为学雷锋活动的一个载体，从而从制度上有效克服以往在学雷锋活动中存在的一阵风、突击式的形式主义弊端，使学雷锋活动依托志愿者行动深入持久、讲究实效地开展下去。[①]

（2）要借助志愿者行动使学雷锋活动大众化。如前所述，志愿者行动在吸引国民特别是广大青少年从事各种慈善公益活动方面有着巨大的影响力，而且有着更为广泛的群众基础和更大的活动空间，因此，若能以志愿者行动为载体来开展学雷锋活动，无疑有助于使学雷锋活动进一步贴近群众，使雷锋精神在全社会的影响从深度到广度都能向前大进一步，发挥出更积极更有效的作用。

（3）要依托志愿者行动使学雷锋活动多样化。志愿者活动作为一种有组织的面向社会现实问题的自愿活动，较之个人自发的学雷锋活动在规模和程度上都更为广大和深入，在内容上也更丰富多样，包括扶贫济困、赈灾救急、助孤助学、助老助残、植树造林等各种慈善公益活动，因此，依托志愿者行动来开展学雷锋活动，等于使学雷锋活动也变得丰富多彩、形式多样，增添了其服务社会、报效国家、感化人群、净化人心的强大精神魅力，有助于弥补学雷锋活动在适应市场经济条件等方面的局限和不足。

第二节　志愿服务与志愿精神的内涵解析

志愿服务是行为，志愿者是主体，志愿精神是内涵，三者之间有着密切的联系。志愿服务的特点在于自愿性、无偿性、公益性和组织性，并体现出专业化、全民化的发展趋势，凸显出促进公民社会发展和公共精神展现的价值。志愿精神则在志愿者、接受志愿服务对象、社会整体和人文精神几个层面上表现出不同的侧重点。志愿服务、志愿者和志愿

---

① 臧乐源：《学习雷锋与开展青年志愿者活动》，《青少年研究》1995 年第 2 期。

精神是紧密联系的一系列概念。简单说来，志愿服务是对行为的界定，涉及这一行为的特征、功用、源流和发展趋势等等方面；志愿者指的是这一行为的主动方，即参与志愿服务，并以之作为界定自我身份的暂时或长期标志的人；而志愿精神就是体现在志愿者的参与行为、内心体验和志愿服务的作用过程和效果之中的，具有普遍意义和清晰内涵、体现在意识层面上的一些特征。可以说，志愿服务是志愿者的身份来源，是志愿精神得以展现的物质基础；志愿者是开展志愿服务的主体，是志愿精神的根本载体；志愿精神是志愿服务的本质所在，是志愿者行为和感受的升华。

一、志愿服务和志愿者的内涵

在一般通用的概念上，志愿服务（也称志愿工作、志愿行为、志愿行动等）是指任何人自愿贡献个人的时间及精力，在不为任何物质报酬的情况下，为改善社会服务、促进社会进步而提供的服务。这个概念有两点值得着重指出，其一，志愿服务是开放性的，并没有人员资格和服务范围的具体限制，原则上任何人都可能成为志愿者，任何行业或领域也都可能成为志愿服务介入的领域。从而不能把志愿服务狭隘地理解为就是“好人好事”、“助人为乐”等简单的生活服务、公益服务项目。其二，一种行为要成为志愿性质的行为，必须至少具有自愿性、无偿性和公益性三个特征，即它要出于参与主体的自主选择，超越常规的经济交换活动领域，并具有社会正效应。另外就当今社会的普遍情况而言，志愿服务一般还具有组织性的特征，即依托相对专业化的组织和指导力量的志愿服务成为主流。如在我国，各级共青团组织就是开展青年志愿服务最重要载体；其他带有草根性质的志愿服务，也多由各种非政府组织或基金组织负责开展和管理工作。总之，自愿性、无偿性、公益性和组织性，是被广泛接受的志愿服务的四个基本特征。

中国传统社会有着源远流长的乐善好施和助人为乐传统，各级官方机构、民间宗族团体和宗教组织是中国古代开展慈善互助活动的主要力量。新中国成立之后，“学雷锋活动”更是把助人传统和社会主义、共产主义精神结合起来，创造出极富中国特色和时代特色的社会服务机制，而且雷锋精神和志愿精神多有契合之处。然而，现代意义上的志愿服务首先是西方社会文化环境的产物，而且是经历历史的发展逐渐定型的。

从来源上说，国外的志愿服务起源于19世纪初西方国家宗教性的慈善服务。到19世纪末20世纪初，随着社会问题的增多和社会矛盾的加剧，国家和政府的力量开始介入，欧美等国先后通过了一系列有关社会福利方面的法律法规。立法行为规范和推动了慈善服务的大规模展开，同时也造成了对参与服务人员的需求的激增。随后在这些国家就出现了大量募集和动员志愿人员的活动，这实际上促成了现代意义上的志愿服务的生成。概括起来，在这一时期发生的转变主要体现在两个层次上。一是从宗教性到世俗性的变化，使“社会服务”和“全民性”的意义凸现出来。二是服务目的的深化，不再是简单地关注具体救助对象一时一地的需要，而是深入到解决社会结构性问题、关注社会总体发展需要的层面上；同时服务的重心也从改善被救助者的具体社会关系和社会生活，发展到致力于调整整体的社会结构与社会关系。随着志愿服务的展开，它是公众应该广泛参与的行为这一观念也在社会上逐步为人们所接受。

第二次世界大战在欧美志愿服务的发展中是另一个转折点，战争动员的需要使人们广泛认可了公民为国家提供无偿服务的理念。战后，西方国家的志愿服务有着突飞猛进的发展。这一时期，对志愿服务的界定又有了重要的发展，其中蕴含的公民精神，以及公民权利和义务观念受到强调。志愿服务被看做公民参与社会的重要途径，其发展状况也成为“公民社会”完善程度的标志之一。在概念上，志愿服务开始强调每个人参与社会事务的权利和促进社会进步的能力，以及对社会繁荣、共同进步所负的义务和责任。而参与志愿服务工作就成为表达这种“权利”、“能力”及“义务”的积极有效形式，成为公民权利和义务的具体表现。由此，在当今整个世界范围内的志愿服务发展中，“全民化”是一个突出的趋势。“志愿者”不是走进职业生涯之前的青少年人的暂时身份，也不是有闲富裕阶层的特权，而是每个公民的权利和义务。无论年龄、身份地位、资格和收入情况如何，每个人都可以也应该参与志愿服务或成为志愿者，并在志愿服务中表达自己的公民权利。

现代意义上的志愿服务和志愿者的另一个重要趋势是专业化，即一则重视不同志愿服务组织提供服务的专门化，一则重视志愿服务与志愿者个人兴趣爱好、专业技能或特长的结合。这是对志愿者乃“爱心”、“热情”高于能力的“廉价劳动力”的传统偏见的突破；另外也在坚持志愿服务无偿性、非功利性的前提下，逐步重视志愿者的精神收益和心理感受，如成就感、自我价值感、生活的充实感，以及专业技能的增长、人际合作能力的提高等等。同时，志愿服务的现金价值折算，志愿者的贡献评估和物质报偿等问题也进入了人们的视野。这一切并非对“无偿性”原则的违背，而是构成了新形势、新环境下的补充。

总体来说，当今对志愿服务的理解，一个重要的方面是将之纳入公民社会发展的框架之中。从社会作用上看，志愿服务及其相关组织机构，正是填补“市场不为”和“政府不及”之间空缺的重要行为力量，从而也是公民社会或者说“第三部门”的典型代表力量。在中国，已经开展的志愿服务的一个主要特征，是它主要存在于政府职能部门的管理和控制之下，并在发展中借助了政府组织的动员力量。譬如隶属于共青团的“青年志愿者”和民政部的“社区志愿者”，就是中国志愿服务的最主要组成部分。然而伴随着市场经济发展和政治体制改革，这一“公民社会”空间在中国也日益凸现出来，志愿服务正日益成为保障社会公益事业顺利展开的重要力量。近年来各类专业性的非政府组织纷纷出现，它们组织的志愿服务蓬勃展开，正是这一变革的表现。这类志愿服务与体制内的“青年志愿者”的共存和互相影响，将使中国的志愿服务走向新的发展阶段，形成一个新的格局。

二、志愿精神的内涵与特征

志愿精神是体现在志愿者和志愿服务行为之中的精神性特质。一方面，如何准确地界定志愿精神，不仅关乎志愿者个人对自己行为意义、目标预期和效果评价等方面的立场观点，也关乎整个社会对志愿服务的定义、期望和管理方式。譬如，如果我们仅仅把志愿精神局限为单向度的奉献和助人精神，那么志愿者的心理体验和收获、被救助者自主能力的激发，以及志愿服务对社会发展、公民参与的重要意义就会受到一定的忽视。另一方面，对志愿服务的完整理解也是准确总结志愿精神的前提。譬如，如果我们对志愿行为的观念只着重于大规模集体性的“运动式”活动（会展服务、传统的学雷锋活动等），则志愿精神的内涵也相应的会有流于形式之虞。

在对志愿精神的界定上，可以有不同的角度和着重点。在中国青年志愿者协会这一机构的定义中，中国的志愿者精神体现为“奉献、友爱、互助、进步”四个方面。而从历史源流的角度看，我们可以认为中国的志愿精神是传统美德、时代精神和人类共同文明的有机结合。它一方面是对中华民族团结友爱、助人为乐、见义勇为、尊老爱幼、尊师重教等传统美德的继承和光大；另一方面是社会主义时代精神的弘扬和雷锋精神在新时期的新体现。通过志愿服务的开展，中国在市场经济追求效率、利润，鼓励竞争的同时，强调公平、道义和爱心的社会主义道德观。

在联合国志愿人员组织的网页上，志愿者精神是这样加以表述的：“是一种在自愿的，不计报酬或收入的条件下参与推动人类发展、促进社会进步和完善社区工作的精神”，它是“公众参与社会生活的一种重要的方式”，是“个人对生命价值、社会、人类和人生观的一种积极态度”。从这两个具有代表性的界定看，二者尽管用词各具特色，定义简繁程度也大有差异，但也有着明显的共同之处，即对志愿服务的奉献性（自愿参与、不计报酬）和志愿精神促进社会进步的意义的强调。而如果从志愿服务影响的不同层面来看，我们可以从志愿精神在以下几个方面的分别体现中界定志愿精神的重要特点。

1. 从志愿者即提供志愿服务的人的角度，志愿精神可以总结为“奉献服务”

对志愿者来说，需要强调的精神是“志愿”和“服务”，这也是我们在对志愿者的理解中已反复发现的“奉献”、“不计报酬和收入”等方面的特征。这一点也体现在中国志愿者组织的誓词中，参加该组织的志愿者应该做到“尽己所能，不计报酬，帮助他人”。但与此同时，体现在志愿者角度的志愿服务内涵也不仅仅是单方面的施与，而是具有“双赢”的特色。志愿者在服务他人、服务社会的同时，自身也得到了完善，得到精神和心灵的满足。另外，志愿者在服务过程中也丰富了自己的生活经验、加深了对社会的认识，并培养了组织、领导、合作等方面的能力，增强了自信心，获得了成就感。从而，就志愿者的角度而言，在“助人”和“服务”的志愿精神内涵之中，“互助”的精神也体现出来。

2. 从接受志愿服务或救助的人的角度，志愿精神强调的是“自助自尊”，即对服务对象的自尊自信和自身潜能的激发

这是新时期志愿精神需要着重强调的一个方面。与传统的慈善救助观念不同，志愿服务认为每个人都有自己的价值和改善生活、服务社会的能力。服务对象不是消极被动地接受帮助的失败者，而是可以在他人的帮助下实现自身更好发展的积极主体。从而，志愿服务在面对服务对象时，平等和互动的态度是最重要的，只有这样才能有效地减轻对方在接受服务时的自卑感、疏远感等消极感受，增加他们对自己、对他人和对社会的信心。从志愿者和服务对象两个基本方面的结合来看，志愿精神就表现为“自助助人”和“自乐乐他”的特征。

3. 从志愿服务的社会作用角度看

在社会体系结构的层面上，志愿精神体现为“公民参与”的特色；在社会心理的层面，志愿精神突出表现为社会生活和人际关系的调整，即“互助友爱”的色彩。后一个层面在中国的青年志愿服务中得到了最突出的强调，其理念被总结为“爱心献社会、真情暖人间”；而在中国志愿者组织加入誓词中，“服务社会，传播先进文化，为建设团结互助、平等友爱、共同前进的美好社会贡献力量”这一理念也是宣誓的重点。志愿服务的这一社会效应与志愿服务的特征密切相关，它的个人化、人性化的服务方式，以及与志愿者个人兴趣、特长相结合特征，使

志愿服务较之传统的救助方式更具有亲和性和相互性，从而使志愿服务的过程不再是单方面的施与或救助，而成为相互关爱、相互交往和共同发展的过程。对比我国过去主要依靠政府力量实行的救助项目，志愿服务显然可以有效地拉近人与人之间的心灵距离，减少服务对象因消极接受救助而产生的挫败感和疏远感，从而对缓解社会矛盾，促进社会稳定起到积极的作用。而“公民参与”和“互助友爱”这两个层面的结合，就构成了前述的志愿精神中的“进步”或曰“推动人类发展、促进社会进步”的意义层次。

4. 就志愿精神所体现的人文精神价值的层面

联合国志愿人员组织作了一个很好的总结，即志愿精神体现为“个人对生命价值、社会、人类和人生观的一种积极态度”。显然，志愿精神在影响志愿者和救助对象、作用于社会体系结构和心理各方面的基础上，最终的目的是在全社会每个成员的心灵中得到内化，成为一种面对人生、社会和生命的个体态度。这是志愿精神的最深层次，是“奉献服务”、“自助助人”、“公民参与”、“互助友爱”和“共同进步”等精神内涵在个人人生态度之中的升华。另外，在总体上我们可以说，志愿精神的核心，从政治社会角度说是公民意识和公民精神；从社会心理和文化角度说是则是团结互助、和谐友爱的先进文化。

第三节　雷锋精神与志愿者精神之对比研究

20 世纪 90 年代，中国青年志愿者服务蓬勃兴起，成为中国社会一道亮丽的风景，青年志愿者精神也越来越被人们所熟知和认可。然而，在中国青年志愿事业的大发展中，不少人认为青年志愿者行动就是学雷锋活动，青年志愿者精神就是雷锋精神的新发展，我们认为这样的认识是不完全正确的。中国青年志愿者精神与雷锋精神确有相似之处，但两者之间存在许多不同。弄清两者之间的关系，对于正确理解中国青年志愿者精神和了解当前中国蓬勃发展着的青年志愿者活动是十分必要的。

一、时代背景与内涵不同

雷锋精神是社会主义条件下人际关系的真实反映，是社会主义条件下人际关系最核心的实质。从经济上说，就是公有制为主的基本经济制度，以及在此基础上形成的人民大众的整体利益，雷锋精神反映的正是这种建立在根本利益一致基础上的人与人之间和谐的利益关系；从政治上说，就是中国共产党领导下的人民当家做主的国家政权性质，雷锋精神反映的正是人民行使掌管国家权力的主人翁意识。现代意义上的中国志愿服务是改革开放的产物。随着市场经济体制在中国的逐步确立，原有计划经济体制中单位行政组织包办一切的社会运作模式开始松动、淡出。在国家退出的空间中，需要一个新的市场和自治社会的发育形成，志愿活动的兴起和志愿组织的成立，顺应了这种需要，中国青年志愿者队伍是其中一支重要的生力军。

2000 年，江泽民同志在杰出青年志愿者的来信上作出重要指示："青年志愿行动，是当代社会主义中国一项十分高尚的事业，体现了中华民族助人为乐和扶贫济困的传统美德，是大有希望的事业。努力进行好这些事业，有利于在全社会树立奉献、友爱、互助、进步的时代风貌。"[①] 共青团中央志愿者协会在坚持国际志愿服务精神的基础上，根据自己的实际，结合国家领导人的批示，把"奉献、友爱、互助、进步"作为中国青年志愿者精神，并被各界所认同。而雷锋精神"就是共产主义精神，就是全心全意为人民服务的精神，就是热爱党，热爱祖国，热爱社会主义，刻苦学习，艰苦奋斗，大公无私，助人为乐的精神"[②] 雷锋精神中至少包含三个层面的内容：一是思想政治层面上的热爱人民，热爱祖国，热爱社会主义，忠于中国共产党；二是伦理道德层面上的无私奉献精神，助人为乐精神，处处以集体利益为重、忠于职守

---

① 汪辛：《雷锋纪事》，解放军出版社 1998 年版。

② 丁元竹、江汛清：《志愿活动研究类型、评价与管理》，天津人民出版社 2001 年版。

的“螺丝钉”精神，勤俭节约的艰苦奋斗精神，言行一致的实践精神以及鲜明的阶级立场；三是人格品性层面上的积极主动的奋斗精神，以苦为乐的乐观主义精神，勤奋好学的“钉子”精神。

雷锋精神中有理想、信念式的意识形态因素，有突出的伦理道德内容以及个人品性总结，内涵十分丰富。雷锋精神承载的精神内容要远远超过青年志愿者精神，比较而言，青年志愿者精神理念清晰，概括简洁而鲜明。

二、两者表达内容不同

雷锋精神承载了太多的政治性，且雷锋精神的政治性不时体现在我国历次的学雷锋活动中。1963～1965 年，我们国家对于雷锋精神的学习是比较全面的，然而，1968 年以后，全面的雷锋精神却随着时代的变化而逐渐被抽象化。如 1973 年的学习雷锋的报道集中在“爱憎分明的阶级立场”，借以批判刘少奇的“修正主义”；1977 年的宣传中主要强调“雷锋精神是全心全意为人民服务”，雷锋的一生是“反修防修、在无产阶级专政下继续革命的一生”；党的十一届三中全会后，在“五讲、四美、三热爱”活动中，雷锋的道德光辉再次闪耀；在整个 80 年代直至 90 年代初，雷锋精神更多地被解读为反对资产阶级自由化思潮和反腐败的有力工具。

与政治性鲜明的雷锋精神不同，在中国改革开放不断深化的今天，以事业为导向的志愿服务活动便适时而生了。中国青年志愿者是中国志愿服务事业的重要生力军。中国青年志愿者行动是一项与国际接轨，与社会主义市场经济同向并轨的跨世纪事业。它致力于帮助有特殊困难的社会成员，推动社会保障体系的建立和完善；致力于消除贫困和落后，消灭公害和环境污染，普及科学文化知识，促进经济社会协调发展和全面进步；致力于建立互助友爱的人际关系和良好的社会公德，推动社会主义精神文明建设；立足于社会关注、党政关心、青年能为的社会公益事业，是动员和组织青年参加社会主义精神文明建设的有效载体，是新形势下共青团工作服务社会的新探索。[①]

中国青年志愿者精神不像雷锋精神那样有突出的意识形态特性，社会性和事业性是青年志愿者精神最鲜明的特征。“奉献、友爱、互助、进步”的中国青年志愿者精神，虽然在表述方式上改变了国际社会对志愿者精神进行“事业性”描述的做法。例如联合国把志愿者精神概括为“一种自愿的，不为报酬和收入而自愿参与推动人类发展、促进社会进步和完善社区工作的精神，是公众参与社会的一种非常重要的方式，是公民社会和民众社会组织的精神”[②]，但中国青年志愿精神的事业性和社会性特征不会因表达方式的改变而发生变化。

当前，中国的青年志愿者活动往往结合社会中大型活动展开，具有很强的时代性和事业性。例如，1996 年，团中央实施了中国青年者扶贫接力计划；2003 年，团中央、教育部、财政部、人事部共同实施了大学生志愿服务西部计划，按照公开招募、自愿报名、组织选拔、集中派遣的方式，每年招募 1 万名左右的普通高等学校应届毕业生，到西部贫困县的乡镇从事为期 1～2 年的志愿服务工作；2006 年 5 月，为进一步发挥共青团社区工作在构建社会主义和谐社会中的重要作用，统揽社区各类志愿服务工作，团中央又启动了“社区志愿服务和谐行动”；为迎接 2008 年北京奥运会，北京奥运会志愿者项目启动，把中国的青年志愿服务活动带向了前所未有的发展高度，越来越多的人关注和参与奥运会志愿服务工作，志愿服务精神也得到广泛的传播。

三、两者价值理念不同

目前，在我们国家，人们对志愿服务的界定，主要还是从精神文明建设的角度，把志愿服务作为人们精神活动的内容，以无偿服务、助人为乐为基本特征。1990 年，江泽民同志在接见“雷锋团”的讲话中明确提出，“雷锋精神的实质是全心全意为人民服务，为了人民的事业无

---

① 汪辛：《雷锋纪事》，解放军出版社 1998 年版。

② 北京志愿者协会：《走进志愿服务》，中国国际广播出版社 2006 年版。

私奉献”。[①] 青年志愿者精神也含有奉献、友爱的内容。用思想政治语言表达，它们的实质都是为人民服务，都体现了中华民族助人为乐和扶贫济困的传统美德。“学雷锋活动和志愿服务是人们在不同的社会历史条件下服务社会、服务大众、服务他人的表现形式”[②]，正是在这种认识的基础上，2003 年，时任团中央第一书记的周强同志发表了《弘扬雷锋精神，推进青年志愿服务》一文，文中明确指出：“奉献、友爱、互助、进步的志愿精神和雷锋精神一脉相承，都是加强社会主义精神文明建设、推进青年成长进步的宝贵财富。”

我们认为，要深入理解青年志愿者精神与雷锋精神的不同，单纯从精神文明建设的角度考虑还不够，必须结合该精神具体的实践载体进行分析。因为，一方面，实践载体传承、展现着这种精神；另一方面，实践载体本身的意义、形式也在很大程度上决定着其精神的生命力。探讨雷锋精神和中国青年志愿精神的关系，很大程度上需要我们认真辨析学雷锋活动与青年志愿行动的异同，这样才能使我们对雷锋精神和青年志愿者精神看得更加生动、真切、全面。

改革开放后，在我国的学雷锋活动中常会有这样的尴尬：当强调雷锋精神助人为乐的方面时，人们感到雷锋精神离我们很近；然而，在“助人为乐”的前面加上诸如“大公无私”、“毫不利己、专门利人”等限定后，人们又感到雷锋精神离我们很远。这种尴尬情况的出现，与我们对“私”字的不正确认识有很大关系。改革开放前，我们的经济建设、道德建设主要围绕着“公”和“私”展开，仿佛“批私”越彻底、“斗私”越深入，人们的心灵就越纯洁，道德就能越高尚。这种做法没有考虑广大人民群众的实际道德水平和层次。在社会主义初级阶段，完全剔除群众合理利己的内核后，这种高、大、全的精神只会成为少数先进分子的追求目标，群众基础在不断减少。

---

① 汪辛：《雷锋纪事》，解放军出版社 1998 年版。

② 丁元竹、江汛清：《志愿活动研究类型、评价与管理》，天津人民出版社 2001 年版。

青年志愿者行动以及该活动所体现出的志愿服务精神，继承了雷锋精神的先进性，同时更加注重参与个体的差异性、层次性，尊重群众合理的利己要求。青年志愿精神除了最基本的服务、奉献、利他以外，互利、共赢是其最鲜明的特征，既有利他的一面，也有利己的一面。青年志愿活动充分考虑志愿者的权利、需求和能力，这与我们过去把雷锋精神局限为单向的奉献、助人，甚至牺牲自己、成全别人的价值理念大为不同。

“不可否认，最初参与志愿服务的许多人只是把它看成‘做好人好事’的一种表现形式，但随着志愿服务逐步规范化、持久化、角色化，越来越多的志愿者意识到，志愿服务并非单向的‘付出’，在为社会，为他人付出的过程中，自己也得到了‘丰厚的回报’。这种回报不是以金钱的形式，而是体现为一种内在的价值感，在通过自己的能力帮助他人时，从一种‘被需要’的感觉中寻找到自我。被社会认可，被他人需要，感到自己的奉献有价值，作为一种‘内在奖励’能够带给人持久的激励，这也是志愿者队伍不断壮大的动力源泉。”①

其实，能让青年志愿行动生命力旺盛、志愿者队伍不断壮大的原因不单是通过该实践形式所获得的价值体验印证了马斯洛的需求理论。志愿服务是一种与社会发展和人民需要紧密相关的事业载体，在其所属的项目中，志愿者的确能够丰富自己的生活经验，加深对社会的认识，并培养一定的组织、领导、合作、沟通能力。共赢的理念在青年志愿服务中充分体现着。此外，现在的志愿服务本身都有相应的物质保障，这些活动在开展的过程中，也会充分尊重志愿者的权利和需求，并且与公民的成才和就业挂钩，真正体现着“以人为本”的价值理念。

因此，中国青年志愿精神承接了雷锋精神的实质，在价值理念上具有新的发展，那就是：中国青志愿者精神更体现出了共赢和以人为本的价值理念。

---

① 北京志愿者协会：《走进志愿服务》，中国国际广播出版社 2006 年版。

四、两者载体与所处环境不同

雷锋精神，既是雷锋同志的精神，也是一代雷锋式的人物共有的精神风貌，作为中国人民共同的精神财富，它是社会主义道德的概括和总结，是社会主义道德的人格化。几十年来，我们国家长时间地用雷锋这个榜样人物所承载的共产主义精神进行社会主义道德精神的宣传。在学习和宣传中，有两个问题逐渐地引起了人们的注意：一是榜样自身的形象，直接影响到人们对其所承载的精神的态度；二是对榜样人物的行为模仿，会消减该精神的影响力。

20 世纪 90 年代开始，有关雷锋同志的生平传记和回忆录不断地被重新挖掘整理，雷锋的手表、皮夹克，尤其是雷锋的爱情故事不时吸引着人们的眼球。人们发现，“神化”的雷锋原来是宣传的产物。雷锋人性化的形象使雷锋形象从“神”的位置回到了人间。随着雷锋形象的“归位”，过去附着在雷锋身上的精神是否也在经受着人们的怀疑和拷问呢？这是个值得我们思考的问题。另外，几十年的学习雷锋活动，过多地体现为对雷锋行为的机械模仿，以至于人们提到学雷锋，就不禁想起扶老大娘过马路、为孤寡老人打扫院落等助人行为。当模仿成为既定的形式套路后，人们对学雷锋活动的意义便产生了质疑，这种缺乏事业性载体的学雷锋活动，削减着雷锋精神的影响力。以人物命名的精神终会因该人物自身的局限性而无法填充新的时代内涵，除非有新的时代人物出现，并且能像雷锋那样，几乎所有的时代精神都能集于一身。在利益主体多元化的今天，这样全面的人物难以再出现了。近些年来，中国社会道德人物的评选和宣传，关注的是不同领域当中不同人物的某些精神。以事业为导向的志愿服务活动的出现，在一定程度上克服了以人物命名的精神在其发展中所遇到的瓶颈。

目前，国内的专家、学者，包括团中央，绝大部分人都认为我国的志愿服务吸收和借鉴了持续了几十年的学雷锋活动的经验教训，是对学雷锋活动的继承和发展。然而，我们必须清楚，中国的志愿服务，包括青年志愿者活动的兴起，并不是在学雷锋、弘扬雷锋精神的旗号下进行的。在青年志愿者活动展开前，中国的社区志愿活动和其他类型的志愿活动在20世纪80年代中期就开始了，这些志愿活动的兴起实质上是改革开放的产物。在志愿活动的进行中，人们发现，通过青年志愿者活动，尤其是志愿者所从事的事业，可以更好地弘扬雷锋精神。所以，1993年12月，中国青年志愿行动掀起后不久，眼光敏锐的团中央就在1994年2月4日发出了《关于开展“青年志愿者学雷锋奉献日”活动的通知》，于是，全国兴起了青年志愿者学雷锋做奉献的热潮。2000年，团中央又将每年的“学雷锋日”——3月5日，定为“中国青年志愿者日”，使得青年志愿者行动和学雷锋活动更有机地结合到了一起。

客观地讲，自从中国青年志愿行动在我国兴起后，学雷锋活动才算找到新的践行载体。与此同时，我们也看到，雷锋身上所承载的那些道德内涵也被党中央归结到公民道德纲要中加以贯彻，今天我们可以在社会主义荣辱观和社会主义核心价值体系中找到雷锋精神的印迹。实际上，学雷锋活动逐渐融合到志愿服务中，雷锋身上所承载的社会主义精神，已经被国家以社会主义核心价值体系的形式进行了新的阐释，这种新的阐释已远远超越了以榜样人物为载体的雷锋精神。从这个意义上讲，传统意义上的“学雷锋活动”和“雷锋精神”已经通过不同的社会活动或方式表达了出来，这也是雷锋不再像过去那样受到人们的崇拜的重要原因之一。

以人物为载体的雷锋精神在当代中国面对着这样的境遇，那么，中国青年志愿精神呢？我们相信，中国的青年志愿者行动将在新的世纪里蓬勃发展，随着这一行动的发展，必将有更多的时代精神内涵添加到中国青年志愿精神中来。

第四节　志愿者精神与雷锋精神的关系辨析及整合

在当前社会实践层面，志愿精神与雷锋精神相互叠合共同发挥着鼓舞社会风气、弘扬社会良善道德的作用。但在理论层面上，这两种精神之间还是有着相当的差异，它们形成时的社会背景不同，在伦理特质上各有不同，在规范伦理理论体系中的位置也不同。对这两种道德资源从理论层面展开辨析，是为了在建设公民社会的实践中更好地整合雷锋精神和志愿精神，从而建构符合当代中国社会文化环境、符合公民社会特质的道德资源。

一、志愿精神与雷锋精神的现实叠合

2012 年 3 月 1 日，中宣部、中央文明办召开会议，着手研究和部署“弘扬雷锋精神、开展志愿服务”工作，着意要把弘扬雷锋精神与开展志愿服务活动当作目前阶段创建精神文明工作的重要主题。由此，具有“海外血统”的志愿精神与中国本土的雷锋精神携起手来，共同成为我们社会精神文明与道德建设的风向标。

将雷锋精神与志愿精神互相认同，这种倾向最早可能始于民间。比如，早在 1994 年中国青年志愿者协会成立之时，就将中国青年志愿者日定在每年的 3 月 5 日，取学雷锋之意。又如，在汶川地震时，民众自发将参与救灾并牺牲的香港志愿者黄福荣称作“香港雷锋”。而民间的许多志愿者组织，往往也以学习雷锋作为自己的宗旨。一位志愿者这样说：“我是‘60 后’，是听着学习雷锋的歌，看着雷锋的电影长大的……志愿服务的理念是‘奉献、友爱、互助、进步’，提倡自觉自愿、不计报酬地为人民服务。在中国本土生长的‘雷锋精神’和源自国外的‘志愿精神’，就在新时代里重合到一起了。两者称呼不同，本质一样，都是人类社会自古至今认可和倡导的助人为乐的精神。”①

正在中国社会蓬勃开展的志愿服务活动，从其精神起源来看是从西方社会传入的一种道德行动模式和社会道德理念。这样一种具有“海外血统”的志愿精神，如何能在当代中国社会实现本土化和中国化，

---

① 葛文君：《雷锋精神大家谈之七：志愿服务用行动践行雷锋精神》，《乌鲁木齐晚报》2012 年 3 月 21 日。

如何能与中华民族的自有道德文化勾连交错、融为一体，这将是志愿精神在中国社会落地生根的关键环节。而雷锋精神作为中国本土“原产”的一种与志愿精神高度类似的社会道德资源，为志愿精神在中国社会和大众心理层面的广泛普及提供了亲和界面与良好契机。

雷锋精神形成于上世纪 60 年代初，雷锋的名字在中国家喻户晓、妇孺皆知，雷锋精神成为中国社会主义道德的典范和楷模，不仅感召了千百万中国人，而且在当代中国话语体系中，雷锋精神就是美好道德的同义语，“学雷锋”就是做好事、助人为乐等利他行为、促进公益行为的代名词。雷锋精神与志愿精神的核心特征都是利他倾向，这种一致性使得中国社会从民间到政府，都有将志愿精神与雷锋精神自动认同的心理定式，也决定了雷锋精神必然成为志愿精神在中国本土化、普及化的桥梁。

二、对志愿精神与雷锋精神之分殊的学理考察

实践经常会走在理论之前，但理论必须及时跟进以促进实践的进一步开展。从学理上讲，我们有必要对志愿精神和雷锋精神这两种精神资源展开深入的理论辨析，以更好地理解它们之间的深层关系，更好地促成它们在当代中国社会的有机结合。

1. 两种精神资源各自的社会形成背景

人们对志愿精神的解读重在三个要素：志愿、不为报酬、利他。这三个要素中，利他倾向（无论是帮助困难的个体，还是促进社会的利益）应该是最为核心的要素。志愿精神在其诞生之初，即表现为具有利他倾向的人们在自己生活的社区积极奉献，以促进社区生活更加美好。人们在其所生活的社区范围内，自发地（非强制）、不求报偿地为慈善的、教育的、社会的、政治的或其他有价值的事业贡献自己的时间和才干。现代志愿精神起源于美国。17 世纪以来，美国人用他们志愿的努力来塑造他们的国家：提供服务，组织政治行动，关心穷人，向弱势群体伸出援手，提供教育，保障公民的平等和权利，致力于社会改善。在具有较好整合态势、具有较强社会共同体意识的社会中，容易生

发出志愿精神，这是从社会共同体维度出发对于志愿精神形成机理的一种解释。此外，还有一种从宗教伦理维度出发的解释：欧美社会中的基督教伦理传统，也被认为是促成西方社会志愿精神形成的一个重要资源。

与志愿精神不同，雷锋精神在其确立之初，既不是一种社会本位（而是集体本位，社会本位和集体本位看似接近，但实则有本质的区别。社会本位与公民相对应，公民是有公民权利的；集体本位与个体相对应，在集体主义的话语体系中，并不特别强调个体的权利）、也不是一种与宗教相关的道德资源，而是在新中国集体主义社会背景下所形成的一种具有高度政治色彩的集体主义道德资源。

2. 两种精神资源各自的伦理特质

从社会文化背景出发的分析我们可以初步看出，虽然志愿精神和雷锋精神都具有利他、促进社会整合、提升人的道德境界等共同点，但由于文化背景和底蕴的差异而具有不同的伦理特质。

通常来讲，人们认为源自西方的志愿精神是以个体主义为基础的。过去我们对于个体主义有较强的误解，实际是误将个体主义当作利己主义甚至极端利己主义。诞生于集体主义中国的雷锋精神，则具有另外一种伦理特质。首先，雷锋精神具有鲜明的集体主义特征；其次，雷锋精神在其诞生之初与最初若干年的宣传和塑造中，具有极为鲜明的阶级立场，其“立场、精神、风格、斗志”，既有对阶级同志的高度关爱，也有对阶级敌人的坚决斗争。随着中国社会改革开放以及公民社会建设实践的展开，雷锋精神的集体主义面相逐渐被人们释为公民社会中公民个体对于社会及他者的道德责任，而其阶级面相则逐渐淡化。

3. 规范伦理理论视野中二者的位置

如果从规范伦理理论的视野来考察志愿精神与雷锋精神的分殊，就会发现二者在内在理论脉络上，也有着较为重大的区别。源于西方的、基于个体主义的志愿精神，可以归为一种美德伦理的范式，并且具有特殊主义的视野，这是因为志愿服务的动机脉络在于：个人在服务于他人和社会的过程中，能够不断完善自我的品格、提升个人的能力和境界，最终实现道德上的圆满、实现个人的幸福感。美德伦理的立足点在于确立个人美德，个人道德行动的动力则来自于行动者对幸福生活的追求。因此，符合美德伦理的志愿精神可以被视作一种内在目的论，它能够容纳志愿者个体对于自身幸福的特殊主义的伦理关切。

而中国本土的雷锋精神（尤其是意识形态和政治色彩渲染过的“雷锋精神”），则具有外在目的论的特征，即个体行动者的道德行动，目的是为了达成某种集体的“善”；在集体利益面前个体自身的价值和需要并没有特殊的重要性，或者说个体存在的价值只有靠其对集体的贡献才能存在。这种行动目标外在于道德行动者自身的外在目的论特征，使得雷锋精神具有一种“不偏不倚”的普遍主义伦理精神—这是近代规范伦理理论发展到后来所具有的一种理论特质，即在这样一种“不偏不倚”的普遍主义道德要求下，道德行动者既不可能对自身的利益有特别的关照，也不可能具有真正源于自我利益的行动理由，因而有可能塑造出一种“真正自我缺席”的道德行动者。但那些恰当包容个体的主体性意愿和需求、适当接纳个体性理由的学雷锋活动，则往往能呈现出自发的、并且持久的生命活力。

随着20世纪50年代以来规范伦理理论向美德伦理传统的回归，人们意识到：要成为一个真正的道德行动者，行动者必然具有某些特殊主义的、个体性的道德理由，而这种理由通常表现为个体追求自我道德完善或实现自身幸福的需要。我国社会自改革开放以来，由过去的计划经济转轨为市场经济，相应的也由过去单纯强调集体主义转变为适度主张个体权益，这样就在理论深层为志愿精神与雷锋精神的真正融合提供了契机。

三、志愿精神与雷锋精神在深层价值取向上的契合

要实现志愿精神与雷锋精神的融合，就必须使二者在理论内涵上互相接近，这就要求理论工作者开掘出二者相同或相近的伦理特质，有效说明二者之间本来就在价值观底蕴上存在共通之处。

1. 志愿精神的群体取向和社会面相

审视诞生于西方近现代社会的志愿精神，它确实有明显的个体主义特征，因而被广泛认为是立基于个体主义之上的道德精神。但不容否认的是，个体主义的志愿精神也总是以社会（社群、社区、群体）的利益为重要导向，因而有着集体主义的影子。确有欧美学者正在对志愿精神的这一面相积极挖掘，努力寻找志愿精神的集体主义根源和因素。实际上，在志愿者的行动动机中，本来就很难将利他倾向与自利倾向区分得一清二楚；作为社会存在者，个体与群体总有着千丝万缕的联结，个体出于自身利益的动机与出于群体利益的动机也总是相互交织。许多志愿者被无私和自利相混合的动机所驱动。比如一位美术馆的义工说："我想学习艺术，但是为社区做些回报也是我的责任"。

志愿事业在美国的发展历程，也显示出志愿精神的社会面相不断增强的趋势。最初，美国的志愿活动仅限于小范围内由个人或宗教机构发起和组织的利他行动，后来出现了由机构资助的红十字会这样的社会性组织；1900～1950 年，伴随着美国经济的起伏，尤其是 1930 年代美国经济大萧条期间，（以罗斯福总统为代表的）美国政府发起针对贫民的"国家服务"运动，激发志愿活动在美国日渐普及为一种全民性、社会性的道德行动模式，也使得志愿精神成为美国的一种准国家精神。随着志愿实践在欧美等国的广泛开展，志愿活动本身就有的社会面相也被广泛认识，人们甚至把社会服务当作志愿活动的代名词。

2. 雷锋精神中的个体能动性

雷锋精神也在不断与时俱进。"作为国家意识形态的重要组成部分，雷锋形象在不同的历史时期呈现出不同的特点。总体来看，出于特定历史时期的意识形态教育的需要，革命时期的雷锋被塑造为一个政治道德典型，其所体现出来的具体内涵也始终兼具国家认同建构与政党意识形态宣传的双重使命。而在经历了 20 世纪 80 年代的新启蒙文化和 90 年代的消费文化的洗礼，雷锋在后革命时代并没有消失，在主流媒体中，雷锋形象的政治意义逐渐淡化，并向具有普泛意义的抽象的道德符号转化。”[①] 在绝大多数国人心目中，“学雷锋始终是一项提倡助人为乐的公益活动。不论其缘起如何，经过四十年磨砺，如今已被简化为‘再单纯不过的符号’—可以‘极凝练地概括为三个字：‘做好事!’。这显然比用‘政治挂帅’或‘无私奉献’概括‘雷锋精神’，来得更贴切、更平实、更少非议。”

随着近年来对雷锋生活细节的全面披露，人们对雷锋的成长历程和个性特征有了更深入的了解，从而发现：雷锋之所以能够成就雷锋精神，除了他对国家、对党、对人民的无限热爱之外，还有一个重大原因，即强烈的主体性意识与强劲的个体能动性。雷锋有句名言：“我们是国家的主人，应该处处为国家着想。”这是其主人翁意识与主体性的鲜活呈现。虽然在整体精神取向上，雷锋精神是一种集体主义，但雷锋本人强烈的主体意识和个人能动性，也同样是他不断追求进步、追求理想的原动力。从雷锋日记看得出，雷锋有很强的生命意识，对于生命的价值和意义也有着不懈的追求，比如他会思考这些问题：“吃饭是为了活着，但活着不是为了吃饭。”“人的生命是有限的，可是，为人民服务是无限的，我要把有限的生命，投入到无限的为人民服务之中去。”“凡是脑子里只有人民、没有自己的人，就一定能得到崇高的荣誉和威信。”如果雷锋没有任何个体意识和个体性需求，他就不可能如此在意自我生命的价值和意义，也就不可能立志于通过服务集体而去追求个体的荣誉和威信。雷锋日记中这些真实的文字，体现出雷锋对于自身价值的追求，这一点也是成就雷锋精神的一个核心因素。

3. 两种精神资源在价值观底蕴上的共通之处

如果单纯从学理上讲，雷锋精神与志愿活动确实有相当大的分殊。这是理论“求真”的考察结果，也是一种高度关注于这两种精神资源原生状态的文化考察。正是从这种原生性考察出发，一些人对于志愿精神与雷锋精神的认识发生了偏差，认为就雷锋精神产生的时代来说，它

---

① 陶东风、吕鹤颖：《雷锋：社会主义伦理符合的塑造及其变迁》，《学术月刊》2010 年第 12 期。

是一种高度关注阶级立场、强调服务同志服务党服务国家的集体主义精神，而志愿精神则是一种带有鲜明公民社会烙印、基于个体主义立场的精神资源，所以两者之间存在着难以逾越的鸿沟。

但人类的精神世界和社会文化永远不是故步自封、而是不断演进变迁的，事实上中西方共同做出了文化努力，超越了原本的文化局限性，发掘出了新的文化可能性，这就是志愿精神所具有的集体主义根源和社会面相，以及雷锋本人精神世界中一直被忽视的个体自主意识及其对个体自身价值的追求。将这两个方面合而观之，就会发现，其实在最深刻层面上，志愿精神与雷锋精神可以很接近，这就使得雷锋精神与志愿精神的融合成为可能。当认识向更深层面掘进后，人们就可以发现，虽然志愿精神与雷锋精神在理路上可能有所不同，但却有着共同的根基：都是人类美好本性的展现，都是人类朝向更美好社会的一种道德性、实践性努力。不管是志愿精神还是雷锋精神，在总体上来讲都是人类对于一种超越性道德的追求。

4. 基于公民社会愿景的志愿精神建构与雷锋精神重构

（1）共同体意识是志愿精神建构与雷锋精神重构的理论基础。在当代中国，由于最近几十年内发生的社会经济模式剧变与社会精神文化的大幅调整，导致对如何看待、如何践行雷锋精神也形成许多争议。在这些争议的背后，其实潜藏着深刻的理论分歧，如集体主义与个体主义之争，社会责任与个人权利之争，政治意识形态建构与民间道德心理之争。在当前雷锋精神的政治色彩逐渐淡化之后，其与当下社会接轨的关键就在于：如何调适个体与集体的关系，如何平衡个人利益与社会利益。

共同体意识为雷锋精神在当前社会中的转化提供了极好的理论基础。中国传统社会中自古以来民众价值取向一直以家（庭）族利益为重，在传统的五伦中并没有给陌生人维度留下空间，因此普通人（知识阶层有所不同）的社会生活中只有私利没有公益。新中国建立后，以雷锋精神为典范的集体主义道德极大程度上改造了国人的意识，使得中国社会中开始形成对公共利益的关注。而当前公民社会的建设实践，又对培育公民的共同体意识形成强烈召唤。现代公民社会，一方面是由各种经济、政治制度现实地联结，另一方面则由共同体意识精神性地联结。“人们意识中的联合是群体的内潜方面，由制度促成的联合则是群体的外显方面”，这两个方面同样重要。志愿精神中蕴藏着强烈的共同体意识；雷锋精神中的集体主义在今天也完全可以理解为公民个体的共同体意识。这样，雷锋精神就可以在共同体意识的基础上与志愿精神相互汇合。

在现代公民社会的共同体意识之下对雷锋精神进行重构，需要从三个方面展开：其一，弘扬雷锋精神时一方面要注重促进社会、群体利益，另一方面也要注重促进道德行动者基于个体理由的道德动力培养机制，以使雷锋精神摆脱那种“毫不利已、专门利人”的过高道德要求，而使其还原为一种平实可行的道德精神，以此归还学雷锋活动本身应该具有的充足的道德内驱力。其二，强化雷锋精神中的共同体意识，强化雷锋精神合于公民社会的精神特质，增强其现代性。当我们廓清雷锋精神中过度的意识形态色彩和政治色彩后，雷锋精神就可以有效转化为现代公民社会“共同体意识”之下的道德精神资源，就能够很好地与志愿精神融合，最终转化为公民社会中公民个体为了社会更加美好而奉献于社会和他人的道德意识，转化为既有利于社会有机团结又有利于促进个体利益、促进自我实现的合理的道德行动模式。其三，考察雷锋精神与中国传统道德文化的联系，增强其文化底蕴，挖掘其文化深度，使其与更加深厚广袤的传统道德资源相联结。雷锋精神从表面看是中国社会主义文化的一部分，但它也体现出中国传统文化中“乐善好施”、“老吾老以及人之老，幼吾幼以及人之幼”等传统道德精神。与深厚民族传统文化相联结的雷锋精神，更能深入中国人的道德心理，更能具有根深叶茂且恒久常新的文化生命力。

（2）公民社会建设实践是雷锋精神与志愿精神融合的现实机遇。志愿精神，是一种与公民社会高度相关的精神特质。了解到志愿精神与公民意识的内在联结，就应当注意建构当代中国公民社会中的志愿精神时，一定要注意克服唯道德主义倾向，而要将志愿者个人的兴趣、利益、收获、成长适度结合，这样才能增强志愿活动的吸引力，从而避免过去“做好人好事”要不断被呼吁和号召的局面。

建设公民社会，是当代中国所面临的至关重要的文化战役。公民社会中，公民个体、社会及国家均享有适度的权利，由于强烈的公民意识，公民个体能够自觉地将自身利益与国家、社会的利益相结合。而志愿精神的普及正是培育公民意识的良好途径，因为独立与自治是志愿精神的前提。

在建设现代公民社会的过程中，当代中国可资利用的社会文化资源总体而言可以分为三类：中华民族的优秀传统文化；社会主义文化资源；西方公民社会的理论资源，即西方先进文明成果的一部分，其可以作为我们社会文化的新资源，志愿精神即是公民社会中极为重要的道德资源。在建设公民社会的过程中，只有妥善利用好我们所拥有的这三种文化资源，才能够实现振兴中华民族文化的宏愿。

当前中国社会中公民社会的建设实践，为雷锋精神与志愿精神的融合提供了现实机遇。我们曾经有过对于自身文化传统不加选择、全面否定的惨痛教训；今天，在面对雷锋精神这一文化资源时，则要吸取历史经验，对其善加利用，根据当下的社会实践来对其加以时代性转化，使其合理恰当地融入志愿精神中、融入公民社会的建设动力系统中。总之，要善待雷锋精神这一宝贵的本土性道德文化资源，这不仅是中国社会文化演进的正常逻辑，也是让中国社会的志愿精神在世界民族之林中独具特色的重要途径。

第八章

用雷锋精神推动志愿者行动的有效举措

志愿者是一支代表时代发展潮流，充满生机和活力的有生力量，是社会主义精神文明建设的生力军。雷锋精神凝结着共产主义的思想道德和中华民族的传统美德，是我国社会主义道德准则和价值观念，是青年志愿者行动的光辉旗帜。用雷锋精神推动志愿者行动，既是广大成员在雷锋精神的指引下积极倡导社会新风、奉献自我、回报社会的一种方式，又是在实践中锻炼自我、自觉成才的一条途径。结合前面阐释的我国志愿者行动存在的问题及产生这些问题的原因，本部分着重论证用雷锋精神推动志愿者行动的有效举措，概括而言，以下主要围绕四个方面展开论证：

第一节　推进雷锋精神与志愿者精神的内在融合

新时期传承雷锋精神，要传承其坚定的政治信念、为己利他的奉献精神、爱岗敬业的“螺丝钉”精神、刻苦好学的“钉子”精神、艰苦奋斗的创业精神以及助人为乐的合作精神。志愿服务的专业化、庞大的参与群体、组织形式的多样化等特性使得志愿服务成为传承雷锋精神的重要载体。以志愿服务为载体传承雷锋精神，一方面要在志愿者或志愿组织内部弘扬、践行雷锋精神；另一方面要以志愿服务为载体，向全社会宣扬雷锋精神。

一、把雷锋精神融入志愿者行动之中

应把雷锋精神融入志愿者行动之中。雷锋，可以说是中国最早的青年志愿者的杰出代表。他自觉地把自己的光和热献给社会，无私地为他人排忧解难，处处体现着青年志愿者的崇高品德和本质特征。因此，我国的志愿者行动，无疑是雷锋精神的继承和弘扬。学习雷锋精神，可以提高青年志愿者素质，使青年志愿者的宗旨更为明确，活动更自觉，从而使青年志愿者的活动开展得更有成效。在志愿组织内部传承雷锋精神。以志愿服务为载体传承雷锋精神，首当其冲的是志愿服务主体要具备雷锋精神，可通过以下途径实现：

一是让具有“雷锋精神”特质的志愿精神成为志愿者团队的核心理念和指导思想。“奉献、友爱、互助、合作”是雷锋精神与志愿精神共同遵循的理念。宣扬具有“雷锋精神”特质的志愿精神，就是将雷锋精神融入志愿精神之中，并使之成为志愿者团队的核心价值理念和指导思想。

二是将雷锋精神作为志愿者行为的重要精神支柱。雷锋可以说是中国志愿者中的一个杰出代表，我们不仅要学习和弘扬雷锋精神，更要让雷锋精神成为每个志愿者重要的精神支柱。雷锋的奉献精神、螺丝钉精神、节俭精神都值得每个志愿者学习和发扬。其次，在志愿服务中贯彻雷锋精神，重点发扬雷锋精神的核心要素，即全心全意为人民服务的奉献理念，克己奉公、积极进取、勤俭节约的高尚的道德情操，将雷锋精神与志愿精神有机结合起来，提升志愿者的思想道德境界，使每个志愿者做好事愈发自觉、愈发主动，从而造就“雷锋式”的志愿者，让“雷锋叔叔”回到我们的身边。

事实上，即便是在志愿者运动盛行的西方国家，他们也把雷锋作为志愿者的一个榜样来学习。在我国广泛学习雷锋精神的时代，雷锋精神也传播到了国外，国外许多青年人也自发组织起来作为志愿者学雷锋。例如，美国的一些青年志愿者，在组成救护队、扶老携幼过马路等志愿服务时，将“雷锋”字样的标记戴在胸前；在法国也出现了“老年雷锋”，荷兰出现了“牛仔雷锋”，他们都是主动做好事的志愿者。[①] 那种将志愿者行动与学雷锋活动区别看待、认为彼此没有关系的看法是错误的，应予以纠正。

志愿精神在自愿、利他、奉献等方面与雷锋精神有着相似之处，志愿者行动本身是一种付出爱心、完善自我的双向活动，而且有着更为广泛的群众基础和更大的活动空间，能够吸引当代众多青年积极参与，因此，我国志愿者应联系实际将雷锋精神融入志愿精神之中，使之成为志愿者团体的核心价值理念和指导思想，并予以发扬光大，使志愿者行动成为学雷锋活动的一个载体，这有助于使雷锋精神成为志愿精神的重要内容并贯彻到行动中，提升广大志愿者的思想素质和精神境界，使志愿者的奉献理念更为明确，献爱心、做好事变得更自觉、更主动，进而使志愿者行动成为雷锋精神的延伸，在全社会造就出千万个雷锋式的志愿者，让“雷锋叔叔”在市场经济条件下重新回到现实中。

三是寻找身边的“活雷锋”。首先，在志愿组织内部寻找雷锋标兵，树立榜样。今天，我们寻找雷锋标兵，不一定要跟历史上的雷锋那么完美，只要他具有雷锋精神的任何一个闪光点，都可以予以标榜、嘉奖、鼓励。通过这些榜样的树立在志愿组织内部营造良好的社会风气，引导、践行雷锋精神。其次，志愿组织面向社会发动，寻找雷锋活动。志愿组织在招募成员的过程中，积极寻找各行各业的“雷锋”，并将他们积极纳入志愿者的队伍中，从而保证志愿者队伍的纯洁性，以便于更好地践行雷锋精神。

四是开展志愿者“学雷锋”活动。雷锋精神的主要体现的是立足本职工作，干好本职工作，而不是说离开工作岗位去做好事。志愿者“学雷锋”活动，指的是志愿者立足于自身的岗位实践。通过实践活动践行雷锋精神，将雷锋精神内化为自身的个人品性。如在志愿组织内部

---

① 田鹏颖：《雷锋精神展示中华优秀文化的永恒魅力》，《思想教育研究》2012 年第 2 期。

通过开展“志愿者服务技能学雷锋”、“业务技能学雷锋”等活动，传承爱岗敬业的“螺丝钉”精神和刻苦钻研的“钉子”精神，通过这些活动，强化志愿者的业务技能和知识水平，提升对雷锋精神的认识。

第五，在志愿者行动中发扬雷锋精神，应重视从实际出发，重点强调和发扬全心全意为人民服务、无私奉献、不求回报等雷锋精神中的核心要素，以及克己奉公、关心他人、积极进取、勤俭节约等高尚的道德情操，而对于因历史背景原因而带来的强调阶级性、政治性等意识形态色彩则应予以淡化处理，从而在志愿者实践活动中将雷锋精神与志愿精神有机结合起来，收到事半功倍的巨大社会效益。这样既有助于使学雷锋活动能够充分借助和利用志愿者行动的优点和长处，也使得志愿者能够切实地贯彻和发扬雷锋精神，达至更高的精神境界，并使志愿者行动收到更好的社会效果。

二、使志愿者行动成为弘扬雷锋精神的有效载体

通过志愿服务向社会宣扬雷锋精神。个体的品德塑造是一个长期的过程，雷锋精神作为共同的价值追求，需要不断宣扬、强化。志愿服务依托其专业化特性，构建弘扬雷锋精神的长效机制，努力让雷锋精神内化为每个个体自身的道德要求，使志愿者行动成为弘扬雷锋精神的有效载体。

1. 宣扬、传播雷锋精神，在全社会形成人人知道雷锋，人人争当雷锋的氛围

首先，志愿服务组织通过话剧、歌曲、微电影等多种方式，依托志愿者，向社会公众广泛宣传雷锋精神，尽力让公众知晓雷锋精神的实质。努力实现学雷锋活动的组织化与群体化。其次，向社会发动大规模的“寻找雷锋”活动，树立身边的榜样。这个雷锋可以是岗位标兵、可以是助人为乐典范、也可以是学业精英，只要能体现雷锋精神的任何一个特性，都值得我们去标榜、去学习。积极发挥青年志愿者行动的双向性特点，使广大青年志愿者，在为社会、为他人服务的过程中，努力学习社会知识，学习他人的长处，锤炼品德，增长才干。再次，在我国

不断建立并完善全国性的青年志愿者组织，使雷锋精神融入这些组织的章程中，成为其群体意识，这无疑有助于雷锋精神的弘扬，同时有组织开展群体的学雷锋活动，使雷锋精神能发挥更大更有效的作用。

2. 通过设置形式多样的志愿服务项目，将传承雷锋精神的活动常态化、多样化、大众化

学雷锋活动难以持久开展的一个重要原因，就是缺乏有效的组织、团体以及相应的制度使之经常化、长期化。而专业性的志愿者组织，一般都设有长短期目标，有严密的计划安排、制度保证以及行之有效的运作机制，若能在广大志愿者组织中将雷锋精神纳入志愿精神的章程中，使学雷锋成为志愿者行动的一面旗帜，就可使志愿者行动在相当程度上成为学雷锋活动的一个载体，从而从制度上有效克服以往在学雷锋活动中存在的一阵风、突击式的形式主义弊端，使学雷锋活动依托志愿者行动深入持久、讲究实效地开展下去①。

具体而言，志愿服务的常态化是通过设置具体志愿服务项目而完成的。要促进传承雷锋精神的常态化，就要设置相关的志愿服务项目并将之固定下来。在设置具体志愿服务项目的时候，特别要关注的是如何传承雷锋精神中的思想意识形态观念，即坚定的信念、崇高的信仰，因为这是雷锋精神不同于志愿精神之处，但在志愿精神引导下，目前志愿服务的主要关注点是伦理道德和个人品性方面。因此，要传承雷锋精神，特别要注意设置一些将个人奋斗目标与祖国根本利益结合起来的志愿服务项目。如大学生志愿服务西部计划，可以使大学生在志愿服务的实践过程中了解中国现阶段的国情，增强历史使命感、社会责任感，最终树立热爱祖国、热爱人民的思想意识。

同时，努力实现学雷锋活动的多样化与大众化。学雷锋活动，既要立足本职，搞好本职工作，又要开展多种多样的为社会为他人服务的活动。积极倡导志愿者组织根据自身特点，发挥自身优势，开展多样化卓

① 毛世英、张妍：《志愿者行动与学雷锋活动之异同比较》，《绵阳师范学院学报》2010 年第 10 期。

有成效的活动，诸如科技扶贫、大型会议志愿服务、为希望工程募捐、包户包人为孤寡老人、残疾人服务、美化社会的服务活动等等。依托志愿者行动来开展学雷锋活动，等于使学雷锋活动也变得丰富多彩、形式多样，增添了其服务社会、报效国家、感化人群、净化人心的强大精神魅力，有助于弥补学雷锋活动在适应市场经济条件等方面的局限和不足。此外，还要借助志愿者行动使学雷锋活动大众化。志愿者行动在吸引国民特别是广大青少年从事各种慈善公益活动方面有着巨大的影响力，而且有着更为广泛的群众基础和更大的活动空间，因此，若能以志愿者行动为载体来开展学雷锋活动，无疑有助于使学雷锋活动进一步贴近群众，使雷锋精神在全社会的影响从深度到广度都能向前大进一步，发挥出更积极更有效的作用。

3. 完善相关保障措施，促进雷锋精神的有效宣扬

首先是组织保障，即在志愿服务组织内部专设学雷锋办公室。主要职责是负责传承雷锋精神的相关志愿服务项目的设置，雷锋精神宣扬的相关活动；从而保障雷锋精神宣扬的常态化。其次要设立相关的激励机制，即对志愿者自身的学雷锋活动以及志愿组织面向社会发动的学雷锋活动的参与主体给予一定的精神激励和物质激励，根据不同的学雷锋主体提出不同的激励措施。如对志愿者而言，以精神激励为主，而对于参与学雷锋的志愿组织外成员而言，将物质激励与精神激励结合起来，通过这种激励方式，鼓励更多的主体参与学雷锋活动，从而普及雷锋精神。最后是制度上的支持。志愿组织在章程的制定过程中，要将传承和弘扬雷锋精神纳入志愿服务的活动宗旨。同时在经费制度、组织制度上予以明确，保障传承雷锋精神活动的有效开展。以北京市的志愿者行动为例，北京市在2008年北京奥运会之后成立了北京市文化志愿者服务中心，通过组建机构、完善制度、设立项目、搭建平台等具体举措，目前已初步建立起了全市的文化志愿服务体系，形成了以北京市文化志愿者服务中心为龙头、全市19个区县分中心为基础，广泛吸纳各行各业的文化志愿者队伍。截至2011年底，该中心已注册个人文化志愿者

1.1 万余名、志愿者团体 280 余个。[①] 2012 年初，北京密云开发区有大量的外来务工人员，密云志愿者服务分中心因此把这里设立为文化志愿服务点，为他们送上专场文艺演出，帮助他们的图书室免费更换图书、为他们免费放映电影，以丰富其精神文化生活。大兴区文化志愿者服务分中心在义和庄“SOS 儿童村”举办“关爱孤儿，共同成长”活动，38 名文化志愿者以一对一的形式帮助有残障的孤儿，让他们感受到世界的温暖，包括教导他们日常生活的技巧，给他们送去衣服、书本等生活和学习用品，带领他们游园等。东城区文化志愿者走进社区与居民交流传统手工制作技艺，并着重对困难户居民或残疾人群进行有针对性的指导。门头沟区开展“一湖多园”文化志愿者行动，160 名文化志愿者通过设在各个公园的文化艺站，向基层群众提供无偿的文化技能教授活动。丰台区举办以“纪念毛泽东同志为雷锋同志题词”为主题的展览，展品超过千件，同时以播放有关雷锋的电影和歌曲等形式，对志愿者和参观者进行学习雷锋精神主题教育，极大增进了雷锋精神与志愿者行动的内在融合。

第二节　用雷锋精神深化对志愿者内涵的理解

大学生是目前志愿者群体中的主体，也是最有生机与活力的群体。大学生作为高校志愿活动最直接的参与者和实施者，作为战斗在高校志愿活动第一线的生力军，其自身素质的不断提高成为推进高校志愿者活动发展的坚实基础。新的世纪，随着志愿工作的深入和发展，对大学生志愿者素质的要求更加全面，而大学生志愿者素质的完善不仅仅需要政府的关怀、社会的支持、学校的努力，最根本的还是需要大学生不断的

---

① 李晓林：《北京文化志愿者：以志愿服务体现雷锋精神》，《中国文化报》2012 年 2 月 29 日。

发挥自身的主观能动性，加强用雷锋精神对志愿者内涵的深化，进行自我教育和自我完善，这不仅仅是大学生更好地履行志愿者的神圣职责、完成志愿者的光荣使命的重要手段，也是大学生自身不断成熟进步的前提条件。具体而言，可以从以下几个方面着手：

一、深刻理解并注重培养志愿精神

应该深刻理解并广泛推广志愿精神的现代含义。志愿精神是指一种自愿的，不为报酬和收入而参与推动人类发展、促进社会进步和完善社区工作的精神，是公众参与社会活动的非常重要的方式，是公民社会的和公民社会组织的精髓。当今对志愿精神的理解，很重要的一个方面就是将之纳入公民社会发展的框架下。因为，随着志愿服务自身的发展，从简单地关注具体救助对象一时一地的需要，转向深入到解决社会结构性问题、关注社会总体发展需要的层面，从改善被救助者的具体社会关系和社会生活，发展到致力于调整整体的社会结构与社会关系等，志愿服务开始强调每个人参与社会事务的权利和促进社会进步的能力，以及对社会繁荣、共同进步所负的义务和责任，志愿服务被看做公民参与社会的重要途径，其发展状况也成为“公民社会”完善程度的标志之一。① 因此，不能仅仅把志愿精神局限为单向度的奉献和助人为乐，否则志愿者的心理体验和收获、被救助者自主能力的激发以及志愿服务对社会发展、公民参与的重要重义就会受到一定的忽视。独立与自愿是志愿精神的前提，责任和奉献是志愿精神的核心，服务和参与是志愿精神的本质，利他与进步是志愿精神的结果。② 也就是说，志愿精神是组织或个体形成的自由选择精神，只受团体内部或个人意志的影响，而不受政府其他外界环境的支配；志愿精神是基于对社会的责任而产生的对社

① 穆青：《如何理解志愿服务与志愿精神》，《北京青年政治学院学报》2005 年第 9 期。

② 谭玉龙：《我国志愿精神培育中的政府责任研究》，《广西民族大学》2008 年第 5 期。

会奉献的一种精神状态；它反映在行动上就是不计报酬和收入，无偿地为他人、为社会奉献自己的知识、体能、劳力、经验、技能和时间等；其最终结果是使个体自己、他人与社会得到共同的提高与进步。

同时还要注重志愿精神的培养。志愿精神是个人对生命价值、社会、人类和人生观的一种积极态度。叶祖宇曾说过：“只有内心很富有的时候，才会有给予别人的念头。”大学校园不再是“象牙塔”，不是“世外桃源”，“社会的各种思潮、价值取向必然反映到校园中，生活处处都渗透着志愿精神，需要人们用善良之心去对待。提倡志愿服务从身边做起、从一点一滴的小事做起，平常化、小型化、大众化，激起大学生对于周围现象及社会问题的关注，以专业的训练及管理方式，透过实践付出的过程，”[①] 让大学生深切体验志愿服务的真谛，提高志愿者对志愿精神的内在认同程度。志愿者不可能是道德的完美者，但应该是一个心态健康、积极进取的人，是孝亲敬长、修己善群、济人利物的人才。具体而言，一要全面贯彻党的教育方针，大力弘扬志愿精神，引导大学生树立“志愿者既是奉献者又是受益者”的观念。重视志愿精神教育中“体验”的功能，将道德教育寓于丰富多彩的志愿者活动中，把活动的参与者从“少数同学”扩展到“多数同学”，从“特别人”扩展到“普通人”，让更多的学生得到志愿者服务的体验。二要加强教育引导，普及志愿理念、弘扬志愿精神，传播志愿文化。我们应当通过培育志愿理念、倡导主流价值的手段，引导志愿者在坚持固有的志愿精神的前提下，寻求志愿者服务经典理念与时代精神的完美融合，使其成为广大大学生心目中的一种自觉意识。把培养大学生志愿精神作为进一步加强和改进大学生思想政治教育的重要内容，纳入课堂教学主渠道；在学生社会实践活动中加大志愿者服务的力度；不断丰富志愿者服务活动的内容和形式；积极树立大学生志愿者服务活动先进典型。

---

① 谭建光：《中国广东志愿服务发展报告》，广东人民出版社 2005 年版，第 33 ~ 34 页。

二、增强志愿服务的意识

社会各方面尤其是高校要充分认识大学生志愿者行动的重要性、要把大学生志愿者行动放在社会的整体系统中来认识，要加强宣传，成立专门研究机构，并与社会研究机构合作，使高校、政府、社会形成合力。重点探讨怎样发挥年轻大学生的志愿服务的热情与才能，募集志愿服务经费，深化和改善包含志愿者培训、管理、招募和项目评估在内的高校志愿者工作制度，尽最大努力呵护和支持正在兴起的大学生志愿者行动。

一方面，要大力倡导志愿者服务理念。参加志愿者工作既是“助人”，亦是“自助”；既是“乐人”，也是“乐己”。社会、高校要加强对大学生志愿者行动的宣传和倡导，通过杂志、广播电视、互联网、广告牌、专题讲座、橱窗等各种宣传载体和宣传阵地，通过自我教育、课堂教育、社会公益教育等多种途径，加大志愿者服务的公益性宣传力度，弘扬“奉献、友爱、互助、进步”的志愿精神，使志愿服务的理念深入人心，提高大学生的服务意识和责任意识，让全体大学生以及社会各界人士都来关心、支持和参与志愿者服务。另一方面，要以先进事迹感染人。围绕“3·5中国青年志愿者服务日”、“12·5国际志愿者日”等契机，集中开展志愿者服务活动，多角度、多层次的广泛宣传志愿者事迹、志愿人物及志愿现象，营造浓厚的志愿服务氛围。通过宣传，使先进的人物事迹产生光环效应，吸引一大批青年志愿者加入到志愿者行动大军来。

三、把参与志愿者活动作为实现自我教育的重要途径

志愿者行动强化了大学生自我教育的力度。大学生的自我教育，是指大学生以积极的态度对待外部的灌输和环境的影响，自觉地转变思想、培养品德和控制行为的思维活动。完善的德育教育过程是教育与自我教育相结合的过程。而自我教育具有自觉性和主动性的特点，它是实现高校德育目标的关键，是教育功能和作用发挥的中介，能充分发挥受

教育者的主观能动性，使受教育者自觉、主动、积极地进行自我学习。“自觉自愿”的原则，可以说是志愿者行动区别于以往大学生各种教育或管理活动的一个最突出特点。大学生志愿者活动是大学生在自觉、自愿的基础上，自主选择志愿者的组织，参与志愿者组织开展的各项活动，志愿者不是被教育者，在活动中不再是抽象的、简单的、被动的接受教育，而是一种自觉行为条件的积极体验。它反映了大学生对“服务他人，奉献社会”的价值追求，也体现了大学生志愿者行为的自觉性、自主性，它使大学生在奉献社会、帮助他人的过程中认识自己、印证自身价值，使大学生的自我表现意识得到满足，追求和实现自我价值的愿望得到增强，促进了大学生自身思想素质的完善和升华。[①] 由此可见，志愿服务与自我教育具有内在的一致性，是大学生有效进行自我教育的活动载体。

志愿者行动是大学生接受社会教育、学校教育、自我教育三者统一的过程，三者之间相互联系、相互作用，是不可分割的整体。在志愿者行动中，他们加深对党的信任，增进了对人民的感情，逐步树立正确的世界观、人生观、价值观；他们体察社情民意，关心民生，自觉地将个人价值与社会价值相结合；他们深切地体会到自身的价值，感受到志愿服务对塑造新型人格的强大作用，逐步学会做人，学会做事，自觉地将大学生行为准则、社会主义公德、职业道德规范运用于志愿者行动中；他们增加了工作经历和人生阅历，更加明确了自身的长处和优势，更理性客观地规划自己的人生道路。志愿者活动使大学生获得了自主、自立、自治、自理的机会，在实践中体验自我教育能力，培养发展自我教育能力，向自我评价、自我教育、自我完善的目标迈进，使大学生的综合素质教育获得全面提高。此外，通过大学生志愿者活动，一方面可以使大学生更好地认识到学校德育工作的重要性和有效性，加深大学生对高校德育工作的理解；另一方面，学校也应该在大学生开展志愿者活动

① 沈东华：《论高校青年志愿者行动的德育功能》，《黑龙江高教研究》2004 年第 119（3）期。

中，更有效地考察学生的思想政治素质，检验德育工作的实际效果，从而使高校德育工作发挥出更有效的作用。

此外，还要把社会需要与志愿者的需要有机结合起来，在有效地服务社会的同时亦满足志愿者的自我实现需要，让青年学生认识到志愿者活动本身就是一个学习的过程，可以在活动中提高道德认识、判断和分析解决问题的能力，强化志愿者的情感体验，将志愿服务内化成为自觉行为，真切感受“受人尊重”和“被人需要”，变“要我参加”为“我要参加”，保持志愿者参加活动的热情。一方面，要确保志愿者能透过服务满足自我实现的需要。在设计和开展志愿服务活动项目时，一定要把社会需要与志愿者的需要有机结合起来，在有效地服务社会的同时亦满足志愿者的自我实现需要。如：安排活动时关注每位志愿者自我潜能的发挥，尊重志愿者的意愿；创造机会，鼓励志愿者在服务中学习新技能；提供给志愿者一些适当的训练及成长机会等。另一方面，要强化志愿者的情感体验。在志愿精神的内化过程中，情感体验是关键。只有通过深刻的情感体验，才能将外部的要求转化为内在的需要。而打动人心、获取认同的重要手段就是诉诸具体的形象和故事。在志愿服务形式的选择上，绝不能放弃最基础的“一对一”服务，要以人为直接对象，真切感受“受人尊重”和“被人需要”，以此来保持青年志愿者的内在动力。

四、建立大学生志愿者管理的责任意识

建立大学生志愿者管理的责任意识，就是要在大学生志愿者服务活动中，强化责任意识，推行责任管理制度。并不是单纯把志愿服务活动看成是开阔自己社会眼界的机会，把志愿服务活动看成是走向社会锻炼自己能力的契机，而是要在志愿服务活动中认识自身存在的社会责任与社会价值，真正把自己融入社会的发展与变革之中，把社会的进步和发展作为自己的义不容辞的责任。

大学生除了要具备良好的教育水平和终身学习的态度外，更重要的是要具备良好的职业能力，包括沟通能力、团队工作能力、忘我的敬业

精神、独立解决问题的能力等等，这些都是具备责任心的基础。尤其在中国加入 WTO 后，国际交流的机会大大增多，将会有越来越多的高校志愿者走出国门，承担更多的国际义务。面对机会与挑战，更要求大学生放低姿态、虚心学习，增强责任意识，加强能力培训和业务培训，使自身的社会价值得到最大限度的发挥。

同时，志愿服务活动也必须讲究实效，在特定的时间空间中完成特定的志愿服务的任务，真正使志愿服务活动取得实效。由于主观因素的影响未能取得志愿服务活动预期目的的，应当做深刻的反思与总结，造成恶劣的社会影响的也应当追究志愿者当事人的相关责任。

第三节　创设志愿者行动发展与完善的有利环境

促使志愿者行动得到发展与完善的有利环境具体包括两个方面，即有利于志愿者行动得到完善与发展的政治环境以及社会环境。

一、创设志愿者行动发展与完善的政治环境

概括而言，有利于志愿者行动得到完善与发展的政治环境主要包括政府需加大政策扶持力度、建立健全相关法律法规、加强对志愿者行动品牌的树立与加大宣传力度、完善组织机构并建立多层次组织模式、积极开发计算机网络在志愿者行动中的应用、加强志愿者活动的对外交流六个方面：

1. 政府需加大政策扶持力度

党中央的倡导与共青团在广大青年中的组织力、凝聚力和亲和力为中国大学生志愿者活动提供了强大的组织资源，为大学生志愿者活动的深入发展提供了保障，并成为最重要的推动力量。政府的扶植与支持对青年志愿者行动是至关紧要的，虽然志愿活动就其实质而言是一种非政府行为，但在中国目前公民社会尚待发育成熟的条件下，政府的推动、

支持与扶植，对志愿活动的开展有着重要的意义。虽然青年志愿者行动已经产生了越来越大的社会影响，但是其进一步发展仍需政府的大力推动，中国的特殊国情决定了中国的青年志愿者行动要在许多方面大胆创新，走出一条新路，这一切都离不开政府的支持，在今后大学生志愿活动的开展中，应着重加强政府对志愿者在社会政策方面的支持。

志愿者组织深入、持久并可持续发展，需要政府不遗余力地推动，制订各种政策，使对志愿者的激励制度化。我国政府应该结合本国国情，吸取新加坡等国外志愿者激励机制的精髓，明确我国志愿者激励的标准。以志愿者注册为起点，建立和完善志愿者预测与规划、教育与培训、绩效评估、激励等配套管理机制。如推行志愿者注册制度和志愿者实践储蓄的制度，设立政府一同参与的志愿服务奖，根据服务时间和贡献，授予志愿者公共服务勋章；由政府支持为杰出奉献的志愿者提供优先的社会服务和福利，如在公务员的考选中优先得到录用，在就学录取上享有优先权，在职业生涯中提供更多的发展机会等。我国政府应将志愿服务纳入社会保障体系，设立专项储备基金，以解决志愿服务的资金短缺问题。专项基金列入财政预算，由政府财政开支，可用于一些特殊的志愿服务领域，如抢险救灾、环境保护、维护治安等，志愿者有时所面临的危险是极其严重的，也不是个人能承担的，只能由国家和社会来分担，提供法定的社会保障。对一些从事特殊志愿服务的人员，应为其提供相应的社会保险，一旦志愿者的生命、健康、财产等受到损害后，使其能获得必要的补偿或赔偿，达到切实保障志愿者各项权益的目的。志愿者法的确立可以体现政府对志愿者社会地位上的认可，给予志愿者适当的社会性承认，确认其社会功能、角色与地位，是增强公民参与志愿者行列的重要推动力。

2. 建立健全相关法律法规

志愿者行动的发展需要一个良好的外部环境，政策法制是确保志愿服务事业健康发展的制度保障。政策支持涉及立法、工作、生活和荣誉等诸多层面。加快推进志愿服务立法进程，从法律角度保障志愿服务事业长期深入进行是志愿者行动长效发展的保障。在志愿服务立法方面，地方立法走在了前列。1999年广东省颁布了《广东省青年志愿服务条例》，这在我国志愿服务事业开辟了先河，无疑是对青年志愿者及组织合法权益的一种保障。2005年的5月19日和6月6日，南京市和成都市分别制定和颁布了《南京市志愿服务条例》和《成都市志愿服务条例》。这些措施都有效地鼓励志愿者行动的持续开展。然而，很多条例却难以落实，比如，一些地方规定“志愿者组织要为在特殊条件下工作的志愿者进行人身保险”，但由于资金紧张而使这一规定流于形式。据2011年团中央最新统计，我国目前已有18个省（区、市）和十几个城市制定了志愿服务地方性法规。[1] 但迄今为止，我国政府对如何开展和完善志愿者工作还没有建立一套完善的法规。因此，应尽快实现志愿服务全国性立法，为其创造良好的法制环境，推动我国青年志愿者行动健康持续地发展。[2] 具体而言，应重点突出志愿者享有如下法定权利：①自主选择的权利。即志愿者可以自由决定参加或不参加某项志愿服务活动，而不受任何组织和个人的强制和干涉。②受尊重的权利。志愿者在从事志愿服务时，应受到他人的尊重，任何人都不得对志愿者进行侮辱、诽谤和歧视。③人身保障的权利。志愿者在从事志愿服务时，其生命权、健康权、经济权不受侵犯，任何人不得强迫志愿者从事危及其人身权益的活动。志愿者在志愿服务过程中，享有休息权，志愿者有权根据工作和身体承受程度，决定休息或放弃休息，而不受其他人强制。④物质保障的权利。在志愿服务活动中，志愿者有权获得物质保障，如果遇到困难，志愿服务组织应当给予必要的帮助。⑤接受培训的权利。志愿者在从事志愿活动前，有权要求接受与履行服务行为所适应的知识和服务技能培训，以便更好地满足志愿服务活动的要求。[3]

在积极争取国家对志愿服务立法和出台更多支持政策的同时，志愿

---

① 《期待志愿服务事业立法加速》，http：//www. chinalawedu. com/new/21604a23361aa2011/2011125yishua154152. shtml。

② 王华：《青年志愿服务发展现状及对策分析》，《天津师范大学学报》2008年。

③ 缪仲妮：《论我国志愿服务法律制度的完善》，《法学研究》2006年第7期。

者组织要深入、持久并可持续发展，需要发动社会力量为志愿者提供更多、更广泛的志愿服务选择，创造更好的服务和工作条件。总之，要通过一系列政策和法律的制定和落实，体现出政府对志愿者社会地位上的认可，确认其社会功能、角色与地位，能够吸引和激励更多的志愿者参与志愿服务，是有效地促志愿者活动持续开展的法宝。[①]

3. 加强对志愿者行动品牌的树立与加大宣传力度

品牌是社会公益事业的生命线，树立品牌会使青年志愿者行动具有更持久的生命力。目前，我国志愿服务事业的品牌效应还不是很大，志愿活动往往处于被报道、被宣传的被动地位，所以很难赢得社会的大力资助和支持。到目前为止，志愿者行动比较缺少自己的形象广告。国外的成功经验告诉我们，要确保志愿者行动健康的发展，必须培育和宣传我国志愿者行动品牌，扩大其影响，让志愿精神深入人心。当前国外的志愿服务开展得十分活跃，可靠的慈善品牌和坚持不懈的宣传教育使志愿服务拥有广泛的群众基础和良好的声誉，形成了一套比较完整的运作机制。因此，我们也应当建立一套志愿服务群体的视觉、听觉的识别系统，要包括服装、胸卡、队旗、手册、地图、海报等硬件，也要包括口号、歌曲等软件，形成理性共识与情感冲击力的结合，将青年志愿服务形象化、符号化、视觉化，增强成员之间凝聚力。宣传志愿者及组织的方式应当是多样化的，例如可以在电视电台的黄金时段，插播有关希望工程、支援西部建设等公益活动的广告，也可以利用互联网与新浪、搜狐等知名网站合作，对广大公众进行宣传和介绍。许多地方的志愿者组织已经推出自己的网站、网页。志愿者组织的网站应确保内容丰富、形式多样，可以与志愿者进行良好地互动。志愿者组织通过建设好网络资源，在互联网上宣传志愿活动的理念和内容，可以吸引更多的公众参与志愿活动。就北京奥运青年志愿服务而言，打造北京奥运服务品牌，塑造出的美好北京奥运服务群体形象给世界人民留下了深刻的印象，将奥

---

① 余逸群：《青年志愿服务的组织建设和保障机制》，《北京青年政治学院学报》2005 年第 3 期。

运志愿者们比作“最美丽的名片”就是一种典型的品牌塑造。

有了品牌还需要宣传，所以志愿者行动需要在电视、电台和互联网上加大宣传力度。比如，可以在电视、电台播放关于志愿服务的公益广告；在互联网上，建立有关志愿服务的网站、网页等，力争内容新颖，形式多样。只有这样，时时处处不忘宣传，志愿精神的理念和服务宗旨才能深入人心，才能在全社会范围内形成良好的舆论支持范围。还可以在志愿者参与服务时穿有品牌标志的统一服装，使用特殊的口号等。另外，可以通过办杂志、贴宣传海报、编制志愿者行动手册等多种别具一格的品牌宣传，将志愿者最好的形象随时展现在公众面前。只有这样，人们才会对志愿者行动所倡导的价值判断和价值取向产生理性认同，才能促进志愿者行动更好地发展并推动整个社会文明进步。

4. 完善组织机构并建立多层次组织模式

志愿者来自不同的行业、职业，但大学生是志愿者的重要组成部分。大学是青年精英集中的地方，而高校共青团是对青年学子进行思想政治教育的重要组织，是开展志愿者活动的主力军。规范的管理、完善的大学生志愿者组织模式是成功开展志愿者活动的重要保障。拿高校来说，各高校的团委是大学生志愿服务活动的直接管理者，有责任不断完善志愿服务的组织模式，在最大限度上动员大学生参与志愿者活动。校团委对全校性的志愿者组织、志愿者服务活动负主要责任，同时对于各基层的志愿者活动有领导和管理的义务。最终可以形成“学校团委（校级志愿者协会）——院系团委（院系志愿者社团）——班组团支部（基层志愿者小组）”的组织网络。依据高校这一组织管理模式，在社会其他领域也可以形成“地区级志愿者协会——街道（镇）志愿者社团——社区志愿者小组”多层次组织模式。这种模式可以保证青年志愿者行动的组织性、一致性和连贯性，有利于各级组织加强对青年志愿活动的管理和动员工作的开展，保证青年志愿者行动的有序高效。

同时，强化组织服务功能，活跃基层志愿者组织。多层志愿者组织模式的建立是志愿者行动得以发展的前提，但要取得长足发展，关键是怎样用创新的办法真正让基层的志愿者组织活跃起来。志愿者行动的志愿性、民间性、服务性、公众性等特征决定了这一事业的发展必须要靠基层，活跃志愿者行动的基层组织，做好这一工作可以从以下方面着手：一方面，进一步培养基层志愿服务管理的骨干力量。基层骨干力量是基层青年志愿组织规范管理、科学发展的根本。要鼓励志愿服务人员在积累经验后尝试参与统筹指导、管理协调工作。另一方面，进一步增强基层志愿组织的动员能力。例如，通过推广注册志愿者制度，开展有吸引力的活动项目，吸纳更多的社会公众参与到志愿服务中来。还可以广泛吸纳青年自发志愿组织，并为他们提供切实的帮助和服务，适当放宽志愿者组织的要求，以增添人员、扩大组织规模。再一方面，进一步增强基层组织的整合能力。争取党政支持，加强协作配合，通过发展社区合作伙伴等方式，不断整合现有的人力、物力、财力等资源，形成工作合力。

5. 积极开发计算机网络在志愿者行动中的应用

计算机网络在志愿者招募、选拔过程中作用很大。通过网络，一个人可以很快成为一名注册志愿者，并且可以了解最新的志愿服务信息。建立信息网络，可以系统地发掘和动用社区的人力和财力资源。成立志愿者资源中心，组织社区志愿者关怀团体，建立地区性志愿者资源网络及有效的服务中介系统，以作为招募和统筹志愿者的途径。充分发挥网络的作用，可以提高管理效率，降低管理成本。志愿者信息管理系统可以在不同的志愿者组织中建立，时机成熟可以建立一个全国性的信息系统。志愿者信息管理系统的复杂程度和实施难度取决于它的实施范围。志愿者工作需要一个巨大的数据库支持和一个范围广泛的群众参与。而建立信息系统的含义是指必须有一个信息系统作为志愿者管理的一部分，这个信息系统包括计算机软件系统和硬件系统，内容包括信息收集网络和信息处理系统。

同时，必须建立一个在志愿者管理和研究方面有丰富经验的专家队伍的信息库。在志愿者工作过程中，专家队伍将发挥重要的作用，尤其在技术分析和信息处理方面，专家会发挥关键的作用。专家提供的技术和信息将影响到志愿者工作的决策可行性、决策的执行、监督和评估。

专业化的志愿者服务机构的建立，对于志愿者的发展具有至关重要的作用。从资源共享的角度出发建立信息咨询系统，构建专业化服务网络，从而为志愿者组织的发展提供重要条件。通过志愿者网络的建设，青年志愿者能及时了解志愿活动的相关内容。青年志愿者之间可以互相沟通、交流意见，进而产生巨大的责任感和使命感，激励志愿者为完成活动的总体目标而努力。通过网络媒介，能达到对外宣传志愿活动成功搭建管理者与青年志愿者沟通的桥梁，及时收集来自各方面对志愿服务及管理的意见和建议，为志愿服务活动监督提供第一手材料，从而促进志愿服务活动的发展。

6. *加强志愿者活动的对外交流*

加强国际间的交流与合作是我国青年志愿服务适应全球化趋势的必然选择。“他山之石，可以攻玉”，西方发达国家在志愿服务过程中积累了不少成熟的经验，学习与借鉴这些经验与方法，进行相互间的沟通与交流，既可以资源共享，又可以取长补短，有利于大学生志愿服务事业的发展，尤其是发展中国家更需要通过国际交流与合作学习先进经验，树立国家形象。“1971 年以来已有来自发达或发展中国家的 3 万名志愿者在 140 个国家从事志愿工作。其中 39% 在亚洲和太平洋地区，29% 在非洲，14% 在中欧和东欧，余者在阿拉伯地区、加勒比地区或中、南美洲。目前有 70% 的志愿者来自发展中国家，其余 30% 来自发达国家。”①

目前我国已具备了开展国际大学生志愿服务合作的条件。大学生志愿组织体系已渐健全，已拥有一批懂技术、懂外语、高素质的大学生志愿者，积累了参加重大志愿服务项目的相关经验。因此，政府、社会和高校要积极鼓励和支持大学生志愿组织加强与国际志愿服务组织间的交流，通过“走出去、请进来”等方式增加国际的交往，了解和掌握国际大学生志愿服务的先进经验和共同的发展规律，以提高我国大学生参与国际社会的能力和志愿服务的国际影响，争取国际上的更多支持，逐

① 安国启：《志愿行动在中国》，中央文献出版社 2002 年版。

步走上国际化、全球化的发展道路。

二、创设志愿者行动发展与完善的社会环境

概括而言，创设志愿者行动发展与完善的有利社会环境主要包括四个方面：即给予大学生志愿者活动充分的社会认可、给予大学生志愿者活动必要的资金扶持、完善志愿者行动的社会工作体系以及培育和弘扬志愿文化。

1. 给予大学生志愿者活动充分的社会认可

在市场经济发达的国家，“志愿者”具有很高的社会评价，志愿工作的价值得到广泛的社会认可，政府部门、志愿机构和社会各界人士都热心于志愿服务，政府大力投资志愿组织并给予政策上的扶持，企业为塑造良好的公益形象而积极资助公益事业，非志愿机构为人们参与义务工作提供机会、培训和嘉奖，从而形成了政府、志愿机构和企业互相协调互相补充的社会服务体系。

在我国，由于志愿者活动开展时间较晚，以及社会转型时期人们复杂的社会心态，使得社会公益活动难以深入人心，难以激发起全民的互助意识。在这样的心理作用下，志愿者活动的社会意义往往被低估，而只是简单地将之等同于“学雷锋，做好事”。企业界对于志愿者创造的社会效益也缺少认同。

在扶助许多社会弱势群体的同时，中国青年志愿者行动自身也是一个需要扶助的对象。作为刚刚起步的社会救助手段，它需要更多的社会关注，需要更大力度的社会支持，为了志愿活动能够获得更大的发展空间，目前它最需要的是自我救助，通过丰富多样的宣传手段，通过加强对社会弱势群体的救助，使自身获得丰富的道义资源和高尚的道德形象，从而得到社会广泛的认可和支持。

2. 给予大学生志愿者活动必要的资金扶持

当前，我国志愿者组织的资金来源主要依靠政府财政，这些资金分配通常会给予“官办”或“半官办”志愿者组织，如共青团系统的青年志愿者组织、民政系统的社区志愿者组织等。企业或个人的自愿捐

助，主要是给予一些与政府机构紧密相连的志愿者组织，而较少捐助给“草根”志愿服务组织。众所周知，自改革开放以来，我国的经济得到迅速发展，涌现出一大批具有较强实力的企业，有社会责任感、有能力的企业和个人对青年志愿者活动应给与支持，在这方面，西方国家的做法给我们提供了深刻的启示。在西方发达国家，志愿者组织拥有比较稳定的资金来源，以美国为例，志愿者活动的资金最主要的来源是捐助和遗赠，其中90%左右的资金是经常性的慈善福利基金。根据美国税法的规定，遗产包括死者于死亡之时所拥有的一切有形和无形的动产和不动产。遗产税的申报根据规定的“最低遗产”起征点，低于这个点，不用申报，超过这个点，逐级加大征收力度。美国遗产税率是根据遗产数额的多少而定的，以1981年为例，最低是18%，最高税率为70%，1985年最高税率降到了50%，因此美国的富人们宁愿在生前按自己的意愿捐出，扶持一项自己支持的事业，其中很典型的做法是在生前以自己的名字组织一个慈善基金，按自己的意愿捐助社会公益事业。美国志愿者组织的另外一个重要资金来源是公司基金和科学文化福利基金，这类基金会中最著名的有洛克菲勒基金会、福特基金会、杜克基金会和卡内基基金会等。美国工商企业捐助慈善活动出现在19世纪初，主要用于基督教社团。后来工商企业界的人士将这种捐助用于有助于企业的经营发展方向，或通过捐助来提高公司的知名度，树立企业形象和地位，争夺客户；同时也在企业内部树立良好的道德规范。到了20世纪20年代，大多数美国公司内部都建立了与慈善活动有关部门的预算拨款机制。2002年美国《新闻周刊》对于比尔和梅琳达·盖兹基金会进行了报道，认为比尔和梅琳达·盖兹基金会的运作为慈善事业带来新动向。该基金会目前是世界上规模最大的私人基金会，拥有253亿美元的资产，有200名雇员帮助基金会的运作。它将捐款的60%用于世界性的医疗保健项目，帮助不发达国家和地区的疾病预防和治疗。1998年，盖兹夫妇捐助用于发展中国家儿童的牛痘接种费用达1亿美元。2001年6月，基金会向新成立的全球艾滋病基金会捐赠1亿美元。戴尔电脑公司的董事长麦克·戴尔也向志愿者服务组织大量捐赠，他在其企业所在城市搞了一次圣诞节庆祝活动，一次捐助达 12 万美元。又如著名的福特基金会，它在中国平均每年的经费大约在 500～1000 万美元。其中约 40% 用于扶贫项目和社区发展项目，40% 用于“促进和平和社会公正”的目的，20% 用于支持教育、媒体、文化和艺术事业的发展。①

我国政府非常重视志愿活动在我国的发展，《中共中央关于加强精神文明建设若干重要问题的建议》指出：“要从社会主义现代化建设的大局出发，把精神文明建设纳入经济和社会发展的总体规划，保证必需的资金。”我国志愿者行动开展时间不是很长，还没有形成统一的管理与支持体系，开展活动的一些必要的经费也没有固定的来源，就目前情况而言，解决青年志愿服务的资金问题，单靠政府提供是远远不够的。所以，按照我国的国情，可以通过四条途径来筹集志愿服务的资金。一是争取政府拨款。政府可以通过财政拨款和补贴、成立专项基金、作为第三方为服务付费、提供项目经费等形式资助志愿者组织。共青团广东省委联合有关部门、社会机构，成立了“广东省志愿者事业发展基金会”，宗旨是资助“志愿服务项目、志愿文化宣传推广、志愿者事业研究、志愿者培训交流、志愿者激励、志愿者权益保障”等。基金会得到社会机构和工商企业的支持，筹集了 3000 多万元资金，通过本金增值的方式，提供经费支持各种志愿者事业的发展。作为全国第一个志愿者事业基金会，具有极大的社会示范效应。② 二是借助社会和企业的支持，进行社会募集。通过制订捐助者可以减免个人所得税的政策，企事业单位对于志愿组织、志愿服务的资助将给予适当的税收减免待遇。三是通过有偿服务获取一定的利润。从我国的现实国情来看，志愿组织可以通过部分有偿服务来获取一定的成本性收入，比如，可以在运作服务项目时采用冠名权的方式，在活动开展时的服装、标志、公益广告等打出赞助商的名称；设立收费项目，对一些社会或部分群体有需求、志愿

① 谢芳：《志愿者服务在美国》，《社区》2004 年第 15 期。

② 谭建光：《和谐社会需要志愿服务的创新》，《中国党政干部论坛》2007 年第 9 期。

组织能为，但明显不属于志愿服务范围的项目，可适当收费等，所得收入不能分配给组织里的个人，而是成为组织活动资金的一部分，以此来鼓励社会资金向志愿服务领域流动。四是争取国际志愿服务基金和海外捐赠。

3. 完善志愿者行动的社会工作体系

以高校的青年志愿者活动为例。目前高校的青年志愿者活动主要是在校团组织的领导下由各校社团组织自己开展活动，由于受到物力、财力及信息不畅等诸多限制，使得高校的社团组织活动单一，学生的选择余地狭小，很难对大学生的自我价值实现起到激励作用。同时，入世后跨越国界的政治、经济、社会和文化交流必然会给宁静平和的校园带来震撼性的冲击，大学生渴望更广阔的发展空间，渴望以更积极的态度参与促进社会文明进步的活动。随着社会的进步和大学生自我参与意识的增强，高校已无力从整个社会工作宏观发展的角度对高校志愿者活动作出全面的规划，而独立的、具有职业性质的社会工作专业机构则将是志愿者活动赖以持久发展的重要组织基础。因此未来的发展趋势将是高校和社会民间组织联合开展活动，将具体的项目交由专业的社会组织运作。

高校志愿者组织要实行社会化的项目运作，首先要搭建社会化的网络体系。高校共青团和青年志愿者组织应该加强与地方政府、地方团组织、企事业单位和其他民间志愿组织的联系，将高校的志愿者行动纳入社会整体工作体系中，搭建多方位的信息、网络体系。有了多方位的信息来源，才能更好地了解社会需求，拓宽视野，确立工作重心和方向，设计迎合社会需求的优秀服务项目，改变服务项目少、内容单一、服务领域局限的现状，为广大富有爱心和激情的志愿者们提供丰富的志愿服务项目，满足志愿者要奉献，要服务的需求。在项目运行时，要主动走出去，加强与地方政府、地方团组织、企事业单位和其他民间组织的合作，广泛借助社会力量，充分挖掘社会资源，实现社会资源的合理配置，以达到志愿服务的最好效果。在项目后期的总结评估阶段，也应该将社会反馈和评价作为志愿服务项目总结评估的重要方面，有利于志愿者组织不断提高服务质量。

其次要拓展服务领域，加强基地建设。高校志愿者组织要实行社会化的项目运作，需要创新志愿者服务形式和项目，在原有的基础上不断拓展服务领域，加强志愿服务基地建设。志愿服务要为经济社会的发展服务，服务领域应该触及社会发展的各个方面，包括社会公益服务、社区发展服务、弱势群体服务、应急服务、成长辅导服务、扶贫开发服务、法律维权服务、公民教育服务、环境保护服务、社会调研服务、新兴领域服务等等。另外，借鉴国外经验大力开展预防性的志愿者服务，如社会研究、教育等工作，也是扩大志愿者服务范畴的途径之一。高校青年志愿者组织可以结合自身实际，选取一些重点项目进行培育。建立志愿者服务基地能给志愿者组织提供稳定的服务对象和服务项目，是志愿者组织社会化运作，与社会实现良好合作、互利共赢的表现，也是推动高校青年志愿者服务发展的有效途径之一。四川少数高校在具体的服务过程中有过这方面的尝试，如：青年志愿者服务队与自贡市荣边中心校共建“关爱农民工子女”志愿服务基地；四川大学等高校围绕灾后重建工作对灾区某些乡镇实行定点帮扶；某些高校在服务社区的过程中与社区进行结对帮扶等等。但是大多高校志愿服务组织在这方面做得还远远不够。今后应该加大力度，大力争取与地方政府或是其他企事业单位的支持与合作，通过命名挂牌，制定基地管理办法、志愿服务计划，签订服务协议，共建敬老院、福利院、孤儿院、医院、康复中心、博物馆、交通要道、旅游景点、农民工子女学校等志愿服务基地，使服务基地真正成为高校青年志愿者在实践中服务、奉献的阵地，成为志愿者行动的坚实载体，以基地建设推动志愿月及务的发展。

4. 培育和弘扬志愿文化

在志愿服务活动中体现出“奉献、友爱、互助、进步”的志愿精神是传承了中华民族扶贫济困、助人为乐的传统美德和人类文明的先进成果，适应了市场经济条件下公民道德建设的方针原则与核心内容，与建立和谐社会相适应的社会主义道德建设体系的要求相一致。与传统的“学雷锋活动”相比较，志愿服务更加体现了自愿性、非政府性等特

点，反映了人类社会普遍的基本价值观念，更加适应时代特点和与国际接轨的要求，更加契合广大社会成员的思想实际，更容易转化为他们的道德实践。因此各级党团组织应高度重视，积极培育志愿文化，使志愿服务活动成为加强社会成员思想政治工作的有效途径。

文化虽然是无形的、隐含的、不可触摸的，但对志愿者却具有目标导向、行为规范、精神凝聚和内在激励等多重功能，它是志愿者激励模型顺利运行的重要基础保证。志愿文化是指志愿者组织在长期的活动过程中形成的，被志愿者所认可、接受、传播和遵从的基本信念、共同价值观、道德规范、行为准则、社会角色和人文模式等的总称①。作为组织共享的信念、态度和价值观，志愿文化在实现组织目标的过程中发挥着重要的作用。志愿文化塑造着人们的行为方式、交往方式、工作方式，影响着组织的运行效率，同时使志愿者产生归属感，引导其忠于组织，从而有助于志愿者组织体系的稳定。优秀文化的建设是一个长期、渐进的过程。

首先，管理者可以通过开展各种文化仪式活动培育志愿文化。文化仪式活动是志愿组织文化的一个重要因素。从某种程度上说，如果没有文化仪式活动，就没有文化。许多文化观念，正是通过各种文化艺术活动才得以体现。例如通过奖励优秀的青年志愿者，可以满足青年志愿者的成就需求。通过技能培训，可以满足志愿者的求知需求等等。因此，在志愿文化建设中，要精心设计、组织各种活动，以增强志愿者对组织的认同感和自豪感，增强志愿者组织的凝聚力。

其次，树立模范人物。模范志愿者，是指工作业绩显著、在志愿者中享有威望的员工。模范人物作为志愿者评判自己思想、行为的一面镜子，在培育组织文化过程中起着特殊的引导作用。他们自身的号召力、影响力、感染力对建设优秀的志愿文化，培养志愿者的共同价值观念，形成和谐的组织氛围，起着巨大的促进作用。管理者应注意利用志愿者的从众心理、模仿心理及心理定势特点，通过典型事件教育和模范人物

---

① 于强：《销售人员激励研究》，《山东大学学报》2005 年。

榜样激励等，进行组织文化模式的心理和行为强化训练，这对志愿文化建设具有非常重要的意义。

总之，借助典礼、仪式、示范性故事、模范人物、志愿者杂志等多种途径和手段，向志愿者宣传贯彻志愿文化。其中，典礼和仪式可以对志愿组织所倡导的事物加以宣传和表彰，强化组织所倡导的价值观和理念；而示范性故事则可以把组织所推崇的文化价值观以一种栩栩如生的形式展现在人们的面前，为志愿者提供一种具有共识性的理念。通过把典礼、仪式、示范性故事、志愿者组织价值观和理念的有效结合，可以创造出一种非常具有影响力和渗透力的文化氛围，推动组织文化的建设过程。需要指出的是，志愿文化并不是一成不变、一劳永逸的。随着内外环境的变化，志愿文化需要不断发展、不断优化、不断创新，与时俱进。

第四节　实现雷锋精神推动志愿者行动的制度化建设

实现用雷锋精神推动志愿者行动的制度化建设主要可以围绕以下几个内容展开论证，即规范人员招募动员和管理机制、加强志愿者培训机制、完善志愿者行动奖励机制、建立健全青年志愿者行动的评价监督机制以及完善大学生志愿服务活动的保障机制。

一、规范人员招募动员和管理机制

完善其组织招募动员机制，让更多大学生青年参与志愿者队伍，是高校青年志愿者事业发展的基础。志愿者招募机制包括了人员招募原则、宣传动员、组织建设、注册登记等工作制度，旨在规范管理工作，建立高校志愿者的队伍和个人服务档案，大力加强队伍建设。

1. 作好规划

高校各级党团组织在招聘志愿者之前应作好规划，明确组织需要哪种类型、具备哪些特殊技能的志愿者，以及需要志愿者的人数比例。按照工作规范要求，为每个志愿工作职位编制正式的职务说明书，概述该项工作的任务、责任时间安排和工作方式以及所需要的知识技能等，使志愿者明白组织希望他们做什么。与此同时，根据志愿者的兴趣爱好、技能特长进行分类管理，便于在开展志愿服务时，可以根据大学生志愿者的知识水平、专业结构及兴趣爱好等不同特点，组建不同的专业队伍，积极满足志愿者行动发展层次化、专业化的要求，使志愿者能够“各得其所”，避免在以后工作中出现服务不当、分工不清的问题。此外，高校志愿者招募原则上必须坚持公开、自愿的原则，可以在校园范围内利用海报、广播、网络等媒体，加大宣传动员力度。注意避免依靠行政动员或者强制规定享受国家资助的困难学生必须加入志愿者组织的做法。

2. 把好入口关

除考虑学生的爱心和热情之外，也应当设立一个门槛，把好“纳人”关，参考平时表现，制定出具体的筛选条件，把那些思想道德素质高、业务能力强、热心社会公益事业的青年吸纳到志愿者队伍中来。招募志愿者时，组织应先了解志愿者的潜在追求。由于志愿者的动机通常是多元且混合的，而志愿者复杂的动机会限制他们可以做的以及将会做的，管理者如果无法配合志愿者复杂的动机，而只安排他们完成组织需要的任务，则将很难招募到新志愿者，而维持原有的志愿团队也较为费力。甄选志愿者时，应选择一个最适合的人，而不是选择一个完全符合资格的人。前者是对那些符合条件者再进一步排序，从中选出最符合职位需求与组织需求的人。只有如此，才能使志愿者各尽所能，发挥自身优势。

3. 还要加强青年志愿者注册登记管理

注册登记制度、志愿服务认证制度是对青年志愿者身份的肯定和价值的认可。目前以共青团中央、中国青年志愿者协会颁布的《中国青年志愿者注册管理办法（试行）》为标准的志愿者注册制度已在全国普遍实施，它代表着被服务者和社会对志愿服务的一种认可，是对志愿者荣誉的确认，我们应该继续坚持并不断完善，逐步推进青年志愿者工作的正规化与制度化。关于青年志愿者注册必须做到：首先，有意愿的青年向基层青年志愿者组织提出书面申请并填写注册登一记表。其次，基层青年志愿者组织对申请人申请情况进行审查，向审核合格的志愿者颁发标明注册号等内容的青年志愿者登记证。最后，青年志愿者组织还要对新注册的志愿者发放青年志愿者手册，并对他们进行相应的入会培训，增强青年志愿者行动的组织性。

4. 动作现代科技手段

志愿者组织要运用数据库等科技手段，提高信息处理技术水平，加强志愿服务信息、系统建设，最好能够实现电子注册、电脑管理，提高工作效率。

二、加强志愿者培训机制

青年志愿者服务活动开展得成功与否关键在于志愿者，而造就高素质的志愿者队伍则要靠扎实有效的培训工作。志愿服务不能仅凭热情，必须有技术专长，还要有组织、有能力。因此，在参加志愿服务之前让青年志愿者接受一定时间的培训是必要的。基层青年志愿者组织作为青年志愿者行动的领导机构，贯穿于志愿者活动的全过程，必须充分挖掘各种社会资源，邀请专家教授、岗位能手以及优秀志愿者代表为青年志愿者提供全方位的培训、指导，使青年志愿者的思想水平、业务知识、团队精神和沟通能力等方面的素质得到提高。通过培训使青年志愿者学到专业本领，增长才干，增强服务能力，提高青年志愿者行动的服务水平，为更好地奉献社会、服务他人做好充分的准备。

志愿者培训工作的策划及管理步骤为：分析机构状况——工作或任务分析——列出所需的知识和技能并选择训练对象——说明训练需要——决定训练目标——拟定训练课程：包括确定时间表，编排训练课程，选择训练方法——实践应用及评估——修订建议。培训活动必须配合工作要求来设计。志愿者培训内容可归纳为两个范畴：基础理论，技巧训练。每项培训活动需要平衡两者的比重，避免培训活动流于表面化。基础理论内容主要包括志愿服务工作概念和服务对象的相关知识，技巧训练主要包括：①志愿服务技巧即人际沟通技巧，自我认识以及活动程序设计；②特别技能培训，包括探访技巧与其他服务者提供的合作技巧，急救训练，带领游戏技巧，小组工作技巧；③管理技巧培训，主要有服务策划课程，领袖才能训练，资源管理等。如奥运会志愿者的专业培训的主要内容是根据服务岗位的具体要求，培训志愿者相关的专业知识和技能。专业培训将以面授为主，主要由奥组委及指定的培训机构来组织实施。岗位培训的主要内容是介绍岗位的基本情况、工作任务、业务流程和工作场地的相关情况、紧急情况的处理措施和志愿者团队管理等方面的内容。另外，青年志愿者人数众多，为满足各种不同需求的志愿者，方便其参与培训计划，需采用灵活的培训形式。如可根据志愿者个人需要与特点定制可供选择的菜单式培训内容。

同时，培训机制的建构还应注意以下三点：第一，短期培训与中长期培训相结合。除了针对新成员和具体的志愿服务项目开展短期、突击性地培训之外，志愿者组织应当围绕自身的发展目标和方向，从关心成员的成长和发展的角度出发，制定一些中长期的培训计划。使志愿者在参与志愿服务之外，能够得到更多的收获。第二，技能培训与素质培训相结合。在培训内容上应该注重多元化。除了短期的技能培训外，应该满足志愿者成长成才需要，加强对志愿者的素质培养。大学生除了要具备良好的文化修养和道德品质外，更重要的是要具备良好的职业素质和个人责任心，包括沟通能力、团队协作能力、忘我的敬业精神、独立解决问题的能力、驾驭复杂场面的能力等等。志愿者组织要通过素质培训，提高大学生志愿者的志愿服务能力和综合素质。更重要的是通过培训传播公益理念，加强志愿服务文化建设，深化其志愿服务理念，培养其强烈的组织归属感，凝聚人心，使志愿者化被动为主动，这才是保证志愿者不流失的根本办法。第三，培训形式应该多样化。志愿者组织应当改变以往那种死板、单一的授课式的培训方式，邀请一些人力资源专家、学者或是具有丰富志愿服务经验的志愿者，通过开设讲座、开展集体学习讨论、举办优秀志愿者事迹报告会、参加实践等灵活多样的方式，提高志愿者思想认识、志愿服务理念、专业技能、社会沟通能力和组织管理能力等，使培训在内容上迎合广大志愿者的需求，在形式上能够引发志愿者的兴趣，吸引他们主动参加培训，从而取得良好的培训效果。第四，应注重不断创新培训方式。创新是当今时代的精神和社会进步的潮流，大学生志愿者人数众多，各有各的特点，为满足不同需求的志愿者，方便其参与培训计划，需采用灵活的培训形式，尽量做到生动活泼，使志愿者便于理解、乐于接受。可根据志愿者个体需要与特点定制可供选择的菜单式培训内容，使培训成为志愿者融入组织、寻找归属感和培养团队精神的过程；培训的师资应主要由志愿服务领域的专家、相关领域的专业人士及资深志愿者组成，注意把知识培训与实践培训结合起来，多采用以老带新的方法，由资深志愿者带领新成员从事一定时间的服务，以增强实践体验。

三、完善志愿者行动奖励机制

激励在人本管理中广泛被采用，并切实有效。人本管理，就其职能而言就是科学地运用各种激励的手段，满足人的不同需要，激发人的动机，诱导人的行为，发挥人的内在潜力，其根本目的就是调动员工的积极性，保证企业生产经营一直处于最佳状态。高校青年志愿者组织要实现人本管理，应当完善科学的激励机制。

志愿服务是一项需要倾注感情和精力的事业，没有志愿者的热情参与和支持，志愿服务只能是一种梦想。但是，没有激励，志愿者的参与热情能维持多久？当代青年渴望赢得社会尊重，渴望获得社会荣誉和赞许，渴望实现自身价值，完全的道德理想主义很难满足他们的愿望。志愿者组织必须建立完善激励制度。好的激励制度一方面可以强化对志愿者持续服务的激励，保持服务项目的延续性，另一方面可以鼓励更多的大学生走到志愿者队伍中来，弘扬志愿服务精神。

我们可以参照国外的先进做法，针对学生的特殊身份，从人本管理角度出发，满足志愿者个人内在不同需求，激发其潜能，给予他们想要的荣誉感和成就感，完善落实多样化的志愿服务激励机制。具体有以下四点体现：

1. 目标激励法

目标激励是作为一种内在型激励方式，能直接调动青年志愿者追求特定目标的内在动机和潜能，使得工作积极性和创造性得到最大限度的提高；通过自我激励，使青年志愿者不断克服困难、追求成功：其还可以有效提高青年志愿者的参与意识，营造志愿者组织的民主氛围。应为志愿者组成的工作团队设立具有较高价值和意义重大的目标，并将其与志愿者团队成员的奉献需求有机结合，建立相互的目标，为目标的实现创造条件。在志愿服务活动中，管理者应从招募、注册开始注意了解志愿者参与志愿者服务的动机，创造一个能鼓励志愿者工作的环境，招募志趣、价值观念相同的志愿者，尽量使志愿者个人愿望与实际需求相结合，志愿者个人目标与组织目标相结合。管理者应该根据活动岗位的具体需求，结合志愿者的服务意向、专业技能和在参与公益实践活动中的表现，为志愿者安排适当的工作岗位、分配相应的工作任务，确保岗位清晰、职责明确，保证志愿者与工作岗位的准确对接。管理者应构建并维护开放式的双向沟通渠道。管理者应该每天、每周、每月不间断地对志愿者的行为提供反馈，包括：赞扬志愿者的行为并鼓励其保持和改进；对志愿者行为的偏差提出修正意见；与志愿者研讨解决问题的思路；采纳志愿者个人的合理化建议，在满足志愿者自我实现需要的同时实现组织的目标，达到目标管理的最佳效果。当然还可以利用实物目标的激励作用。比如，物品激励。在开展志愿服务时，特别是大型公益活动，如义务献血、骨髓捐赠、赛事活动等，为志愿者提供具有纪念意义的物品，如：T恤衫、帽子、证书、活动纪念品等，在一定程度上能为志愿者留下参与志愿服务的美好记忆，激励其继续努力。再比如，项目激励。志愿者组织要设计好的项目吸引优秀人才，为志愿者提供展示自身能力的机会，充分发挥其主动性、创造性，使志愿者获得从事志愿服务的成就感。从满足志愿者自我实现的需求的层面上实现对志愿者的良好激励。

2. *心理契约激励法*

心理契约激励方法可以满足青年志愿者奉献的心理需求。所谓心理契约，是指雇佣双方对雇佣关系中彼此对对方应付出什么同时又应得到什么的主观心理约定，约定的核心成分是雇主与雇员双方内隐的不成文的相互责任①。心理契约是一个复杂的心理结构，它具有主观性、动态性、有期望的特点。心理契约的内容是志愿者个体对于相互责任的认知，是一种主观感觉，其因组织工作方式的变更而处于一种不断变更与修订的状态。心理契约是双方彼此间吸引力的均势，这种吸引力就是对方能满足己方的某些期望的潜在的可能性，所以它的有效性取决于其互利性，取决于能否满足对方期望。志愿者的工作必须得到志愿组织的欣赏和认可。有以奖励、颁发证书、发匾、颁发纪念别针以及举行表彰宴会等形式的正式认可。也可以说声“谢谢”，介入志愿活动帮助他们决策，通过授权建立相互信任关系，关心志愿者的家庭生活和兴趣，平等对待志愿者，邮寄感谢信给志愿者家庭，允许志愿者参加社区培训活动，记住志愿者的生日，庆祝志愿者参加志愿组织周年纪念等非正式形式表示认可。对具体组织而言，其群体凝聚力的形成和增强在于对共同事业的认同和对创造过程的认同，众多成员努力投身于活动当中。随着时间的推移，志愿者的活动得到了越来越多的人的认同和支持，同时还有志同道合者加入这个团体，活动取得良好的社会效果，这一切对志愿者来说都是巨大的激励。建立志愿者组织的“心理契约”，应以科学的职业生涯管理为前提，使志愿者组织和志愿者个人达到双赢。因此，心理契约对志愿者组织建立高效的志愿者激励机制，调整、控制志愿者行为，激发他们的积极性和创造性，最终实现志愿者组织的目标与志愿者行为的协调一致有很大的帮助。比如，经常举办优秀志愿者事迹报告会、联谊、聚餐、茶话会、真诚的感谢、征求志愿者的意见、倾听信任志愿者、生日祝福、为志愿者的工作尽量提供时间、设备等便利条件，

---

① Herriot P, Manning E G, Kidd J M. The content of the psychological contract, *British Journal of Management*, 1997 (8).

不仅体现了组织对志愿者的人文关怀，更重要的是提高了志愿者的工作士气与满意程度，增强了志愿者组织归属感和凝聚力。对志愿者活动开展得比较好的团队给予肯定和嘉奖，对表现优秀的志愿者进行表彰，授予一定的荣誉称号，根据认证服务时间的长短，授予优秀志愿者服务金奖、银奖、铜奖和服务奖。这些举措从精神层面上都会达到很好的激励效果。

3. *制度激励法*

规范志愿者注册登记制度、志愿服务认证制度以及志愿服务考评体系，发放志愿者徽章和手册，使志愿者身份和价值得到社会的认可；推行“时间银行”等志愿服务时间储蓄制度，把提供志愿服务与优先享受志愿服务结合起来，为志愿者设立志愿服务的“特殊账户”，把志愿者参加服务的时间与服务质量、实效挂钩记录储存起来，在志愿者自身需要社会帮助的时候提取出来，优先得到相应时间的志愿服务；在评优方面适当考虑青年志愿者的名额和指标，把大学生参加志愿者活动的情况纳入到学生党员的发展、学生干部和入党积极分子的培养之中，记入学生的综合测评，与奖、贷、助等方面挂钩，为成绩突出表现优秀的志愿者设立专项奖学金，在升学或就业方面给予志愿者一定的优惠政策；学校可以开设志愿服务相关课程，对志愿者的志愿服务给予一定的学分认定；为优秀志愿者提供更多的学习培训与交流的机会和更好的提升发展空间等等。

4. *团队授权激励法*

团队授权激励可以提高团队成员自主参与管理的意识，使志愿者团队充满创新力和活力。在团队授权的范围内，合理的授权是关键，应充分把握明确性、按预期成果授权、权责对应等相关原则，选准授权对象，授予权利的同时讲明其应承担的责任，并对预期成果进行初步估计，确定预期目标。根据青年志愿者的责任心、服务技能、工作风格可以将其分为生手、初学者、合格者、能手四类[1]。志愿者能力不同，授

① 姚颖：《浅论管理中的授权》，《上海轻工业》2005 年第 1 期。

权方式也有所不同：生手充当管理员角色，组织的管理者应下达明确指令，密切监督工作执行计划；初学者充当辅导员角色，应密切监督工作进程，解释工作任务，鼓励保持热情；合格者充当顾问角色，其工作按通常的方式规划；能手充当协调员的角色，只需指明方向并在绝对必要时给予支援和建议。团队授权的内容包括可以提高成员办事能力的日常、重复、程序化的工作任务、工作计划，具体项目调查、项目研究和项目建议等。管理者通过分派任务、委任权利、明确责任等形式进行灵活的授权。授权不等于放任不管，要进行适当的控制。志愿组织的管理者比青年志愿者掌握更多信息，管理者有责任告诉被授权者，这项工作曾有的历史、可能的困难及如何与其他相关人员协调。授权者应要求被授权者把行动计划提交备案，并进行阶段性跟踪。阶段性总结可以通过报告、面谈、会议等多种方式进行，这样即可以确认已有绩效，同时又可以对授权者进行鼓励加油。授权是自主管理团队的基础，合理授权可以使分散决策和整体决策达到协调与统一，既有利于减轻志愿者组织的工作负担，又可以使青年志愿者发挥其聪明才智，发掘工作潜力，加快青年志愿者人才的培养。团队授权使得团队可支配资源最大限度得到利用，提高青年志愿者的工作积极性与工作效率。

正确、有效地给青年志愿者以激励是青年志愿者行动得以长期健康有序发展的根本保障。虽然志愿者是利用业余时间为社会和他人提供服务的，其目的不是为了物质回报，但社会给他们适当的精神激励、荣誉激励能够使他们感受到服务的价值，产生服务的自豪感。建立具体的激励机制还应注意以下几方面问题。第一，青年志愿者行动的领导机构有必要把对志愿者的评价意见记录在案，定期反馈到其所在单位，作为评选优秀青年志愿者和综合测评的基础。第二，高校作为青年志愿者行动的主要负责单位有必要把大学生参加志愿者活动的情况纳入到学生校园生活的方方面面并制度化。例如，将学生参与志愿服务活动的具体表现与学生党员的发展、学生干部的遴选、奖学金的评定、升学就业推荐以及奖、贷、助等方面的综合评定相挂钩。其他领域的青年志愿者基层组织也可以借鉴高校青年志愿者行动的激励措施，结合自身实际创新激励

机制。第三，青年志愿者行动的领导机构还可根据实际情况给志愿者以精神上奖励，适当的给予荣誉称号或奖品等，有助于激励他们更好地投身到丰富多彩的志愿者活动中去，从而促进整个青年志愿者行动机制的良性循环。第四，注重“人文关怀”，关心青年志愿者的生活和工作状况，避免把他们当成“廉价劳动力”，尊重他们的劳动权利、意愿和成果，采取适当的方式肯定他们的志愿服务精神也是保障青年志愿者行动长效发展不可或缺的环节。

当然，好的激励制度也应该奖惩并重，体现效益与效率并重的原则。高校应该进一步明确志愿者与志愿者组织之间的关系，理顺两者间的权利和义务关系，明确志愿者的职责范围，对于加入组织却不遵守志愿组织管理制度或几乎不参加志愿服务活动的志愿者，应该及时处理，采取一定的惩罚措施，甚至将其清理出队伍。

四、建立健全青年志愿者行动的评价监督机制

大学生志愿者组织应建立一套统一的评估机制，对志愿者的工作成绩及时地认可、赞赏和奖励。对优秀志愿者，除了惯常的年度表彰大会、活动总结大会外，还可以让优秀者充当培训师，组织指导初级志愿者，这些方式不仅代表了组织对志愿者的重视，还提高了志愿者的工作激情与满意度。另外，对志愿者的工作成绩进行科学的评估，并录入统一的志愿者档案系统，该档案将伴随志愿者一生。一方面，志愿者组织在招募服务者时，用人单位在招聘员工时，均能通过该档案系统了解志愿者的评估情况，从而对其工作专长、工作能力等有一定的了解，为用人单位和志愿者组织提供相应的参考。另一方面，该评估体系为志愿者及时提供反馈信息，并为志愿者改进工作、提高技能和未来发展提供指导，对个别不能满足组织要求的志愿者，可以采取重新分派工作或进行再培训等措施进行妥善安置。这样有利于激励志愿者积极地参与学习，提高自身素质，提供更优质的服务。

评价是监督过程的一部分，是监督的继续，它对于保持志愿者的积极性是非常关键的，其重要作用不可忽视。对志愿者活动管理不仅要有

激励机制，而且还要有检查、监督机制，实现激励和监督的统一。虽然志愿者服务是一种奉献行为，但由于种种原因，志愿者难免会中途退出或马虎行事。这就需要完善志愿服务的监督机制，对志愿者任务完成情况和志愿项目的运作情况进行全程监察和督导，以规范志愿者行为。目前，我国许多地区已实现了对志愿者服务的及时评估和规范化考核，但对志愿组织的检查监督做得不够。我国对志愿者组织的登记审核比较严，但准入后的检查监督往往不到位。主要原因是，对志愿组织的检查监督主要依靠政府登记注册部门、业务主管部门和新闻媒体来进行，而政府囿于监督成本，无法包揽对所有志愿组织的检查监督。从国外的经验看，这项工作一般由专业化的“第三部门”或志愿者组织来完成。我国还没有专门从事评估和监督的志愿组织，在这方面，政府要制定相关政策，采取积极措施来推动非政府、非赢利的检查监督机构的建立。可通过优先登记、资金支持等方式来促进信息中心、评估结构、行业管理委员会等民间监督机构的发展。

五、完善大学生志愿服务活动的保障机制

一方面，学校和有关职能部门要为大学生志愿者活动提供必要的经费保障。另一方面，高校要尊重大学生在志愿者行动中的自我发展需要，要协调好志愿者在校学习与社会服务之间的矛盾，为志愿者提供充足的活动时间。此外，要强化志愿服务过程中的安全保障和权益保障，制定行动预案，提高处置突发事件的能力，要为大学生志愿者建立法律援助制度，切实维护他们的正当权益。

总之，雷锋精神这种由中华民族传统美德和共产主义光辉思想相结合的时代精神，是青年志愿者行动永远追求的。社会主义现代化的实现是中国共产党数辈人为之奋斗的，更是青年志愿者奋斗的目标，要让雷锋精神这面光辉的旗帜在青年志愿者行动中高高飘扬。相信通过国家、社会、高校及社会各界的共同努力，我国志愿者行动一定会成为新时期最有朝气、最为光荣的事业，在雷锋精神的巨大推动下，我国志愿者行动也将取得更加辉煌的成就。

参考文献

1. 罗国栋：《论雷锋精神的结构特点和意义》，《广西教育学院学》1999 年第 3 期。

2. 汪盛科、林辉：《青年志愿者行动与学雷锋活动》，《少年研究》2003 年第 1 期。

3. 钟惠英：《雷锋精神时代内涵研究》，《长沙大学学报》2012 年第 7 期。

4. 湖南省公民道德研究基地课题组：《雷锋精神的本质特征、时代意义和实践路径伦》，《理学研究》2012 年第 3 期。

5. 安国启、郭虹：《中国社区志愿者行动手册》，中国社会出版社 2004 年版。

6. 丁元竹等：《志愿活动研究》，天津人民出版社 2001 年版。

7. 丁元竹：《志愿精神在中国》，《联合国志愿人员组织——联合国开发计划署》1999 年。

8. 丁元竹：《建设健康和谐社会》，中国经济出版社 2010 年版。

9. 肖彦：《论志愿者精神及其培育》，中南大学硕士学位论文，2010 年 5 月。

10. 祝灵君：《志愿者组织、志愿精神与政党领导》，《中共中央党校学报》2005 年第 6 期。

11. 桑云川：《大学生青年志愿者活动的时间与思考》，《党政干部论坛》2006 年第 3 期。

12. 汪辛:《雷锋纪事》,解放军出版社 1998 年版。

13. 丁元竹、江汛清:《志愿活动研究类型、评价与管理》,天津人民出版社 2001 年版。

14. 北京志愿者协会:《走进志愿服务》,中国国际广播出版社 2006 年版。

15. 穆青:《如何理解志愿服务与志愿精神》,《北京青年政治学院学报》2005 年第 9 期。

16. 毛世英、张妍:《志愿者行动与学雷锋活动之异同比较》,《绵阳师范学院学报》2010 年第 10 期。

17. 刘孜勤:《中国青年志愿者精神与雷锋精神对比分析》,《山西青年管理干部学院学报》2008 年第 8 期。

18. 张亚月:《志愿精神与雷锋精神的关系辨析及整合前景》,《思想理论研究》2012 年第 8 期。

19.《中共中央关于深化文化体制改革推动社会主义文化大发展大繁荣若十重大问题的决定》, http://www.gov.cn/jrzg/201110/25/content978202。

20. 李长春:《在全国深入开展学雷锋活动座谈会上的讲话》,《人民日报》2012 年 3 月 3 日。

21. 胡锦涛:《坚定不移走中国特色社会主义文化发展道路努力建设社会主义文化强国》,《求是》2012 年第 1 期。

22. 习秋石:《让雷锋精神永驻神州大地》,《求是》2012 年第 6 期。

23. 王锁明:《论学雷锋活动常态化的必然性与实现路径》,《唯实》2012 年第 7 期。

后 记

本书是中国财政经济出版社出版的大型丛书《中国榜样：永远的雷锋》中“研究雷锋”系列中的一本。

在本书编写过程中得到了中共辽宁省委宣传部、辽宁省社会科学界联合会、中共抚顺市委和辽宁石油化工大学等各级领导的亲切关怀和大力支持。辽宁省雷锋研究会承担了本书的编写任务。辽宁省雷锋研究会会长、辽宁石油化工大学党委副书记宋焕斌教授对本书的谋篇布局、章节目的制定，特别是在全书初稿形成后，进行了认真、细致、缜密的修改，他为本书的最后定稿付出了大量的心血。

参加本书编写的人员有：第一章、第三章：辽宁省雷锋研究会秘书长、辽宁石油化工大学雷锋学研究中心主任张仲国，第二章、第四章、第七章：辽宁省雷锋研究会理事、辽宁石油化工大学中国特色社会主义理论教研室主任刘淑艳，第五章、第六章、第八章：辽宁省雷锋研究会理事、辽宁石油化工大学中国特色社会主义理论教研室副主任聂鑫博士。全书由张仲国统稿。

本书在形成的过程中吸收、借鉴了国内外众多专家学者的研究成果，这些成果是本书的重要理论基础，在此对这些学者一并表示衷心的感谢和诚挚的敬意。由于作者理论水平和理论研究能力有限，本书难免存在种种不足之外，恳请读者批评指正。

编著者

2013 年 1 月